Internetvertrieb im Kartellrecht

Schriften zum Medien-, Urheber- und Wirtschaftsrecht

Herausgegeben von Prof. Dr. Georgios Gounalakis

Band 21

PL ACADEMIC RESEARCH

Arne Neubauer

Internetvertrieb im Kartellrecht

Eine kritische Auseinandersetzung mit herstellerseitigen Vertriebsbeschränkungen

PL ACADEMIC RESEARCH

Bibliografische Information der Deutschen Nationalbibliothek
Die Deutsche Nationalbibliothek verzeichnet diese Publikation in der Deutschen Nationalbibliografie; detaillierte bibliografische Daten sind im Internet über http://dnb.d-nb.de abrufbar.

Zugl.: Münster (Westfalen), Univ., Diss., 2014

D 6
ISSN 1867-1012
ISBN 978-3-631-65853-6 (Print)
E-ISBN 978-3-653-05080-6 (E-Book)
DOI 10.3726/ 978-3-653-05080-6

PL Academic Research ist ein Imprint der Peter Lang GmbH.
Peter Lang – Frankfurt am Main · Bern · Bruxelles · New York · Oxford · Warszawa · Wien

Diese Publikation wurde begutachtet.

www.peterlang.com

Meinem Vater

Vorwort

Diese Arbeit entstand während meiner Tätigkeit als wissenschaftlicher Mitarbeiter in der zivilrechtlichen Abteilung des Instituts für Informations-, Telekommunikations- und Medienrecht in Münster. Sie wurde vom Promotionsausschuss der Rechtswissenschaftlichen Fakultät der Westfälischen Wilhelms-Universität Münster im Oktober 2014 als Dissertation angenommen. Literatur und Rechtsprechung wurden bis zum Februar 2014 berücksichtigt.

Herrn Professor Dr. Thomas Hoeren, meinem Doktorvater, danke ich sehr herzlich für seine Unterstützung und sein Engagement. Für die wertvollen Gespräche während meines Forschungsaufenthalts am Max-Planck-Institut für internationales Privatrecht in Hamburg und für die Erstellung des Zweitgutachtens möchte ich mich außerdem bei Herrn Professor Dr. Reinhard Ellger herzlich bedanken.

Ein besonderer Dank gilt zudem Herrn Dr. Helmut Janssen, bei dem ich während meiner Arbeit in Brüssel außerordentlich viel gelernt habe und dessen wertvolle Hinweise sehr zum Gelingen meiner Arbeit beigetragen haben.

Meinen Freunden Johannes Franck und Fabian Hasse danke ich herzlich für die umfassenden Korrekturhilfen.

Hamburg, den 19. Oktober 2014
Arne Neubauer

Inhaltsverzeichnis

Literaturverzeichnis

Lehrbücher und Monographien

Beater	Unlauterer Wettbewerb, Tübingen 2011.
Beutelmann	Selektive Vertriebssysteme im europäischen Kartellrecht, Heidelberg 2004.
Emmerich	Kartellrecht, 12. Aufl. München 2013.
Fezer	Markenrecht, 4. Aufl. München 2009.
Geers	Die Gruppenfreistellung im EG-Kartellrecht – Zur Fortentwicklung des europäischen z durch den Erlass einer allgemeinen Gruppenfreistellungsverordnung, Münster 2000.
Goyder	EU Distribution Law, 5. Aufl. Oxford/Portland 2011.
Hoeren/Sieber/Holznagel	Handbuch Multimedia-Recht, Loseblattsammlung, 36. EL. München 2013.
Honnefelder	Gruppenfreistellungsverordnung für selektive Vertriebssysteme, Baden-Baden 2003.
Kirchhoff	Die kartellrechtliche Beurteilung vertikaler Vertriebsverträge, Köln 1989.
Lach	Das Recht des Alleinvertriebes, Greifswald 1936.
Lange	Handbuch zum deutschen und europäischen Kartellrecht, 2. Aufl. Frankfurt a.M. 2006.
Lettl	Kartellrecht, 3. Aufl. München 2013.
Marco Colino	Vertical Agreements and Competition Law – A Comparative Study of the EU and US Regimes, Oxford/Portland 2010.
Martinek/Semler/Habermeier/Flohr	Handbuch des Vertriebsrechts, 3. Aufl. München 2010.

Mayer/Scharrer/Schmahl	Der Europäische Binnenmarkt – Perspektiven und Probleme, Hamburg 1989.
Mayr	Internetvertrieb und EG-Kartellrecht – Die EG-kartellrechtliche Beurteilung der Integration des Internetvertriebs in herkömmliche Vertriebssysteme, Baden-Baden 2006.
Mestmäcker/Schweitzer	Europäisches Wettbewerbsrecht, 2. Aufl. München 2004.
Meyer	Der Alleinvertrieb – Typus, vertragsrechtliche Probleme und Qualifikation in IPR, St. Gallen 1990.
Niederleithinger/Ritter	Die kartellrechtliche Entscheidungspraxis zu Liefer-, Vertriebs- und Franchiseverträgen, 2. Aufl. Köln 1989.
Oelschlägel/Scholz	Handbuch Versandhandelsrecht, Köln 2013.
Pampel	Rechtsnatur und Rechtswirkungen horizontaler und vertikaler Leitlinien im reformierten europäischen Wettbewerbsrecht, Baden-Baden 2005.
Ruppert	Die neue Vertikal-GVO – Eine kritische Analyse der Änderungsvorschläge der Kommission und ihrer Umsetzung, München 2010.
Schluep	Der Alleinvertriebsvertrag, Bern 1966.
Schulte-Mäter	Alleinvertriebsverträge nach Europäischem und Amerikanischem Kartellrecht, Stuttgart 1970.
Schultze/Wauschkuhn/Spenner/Dau	Der Vertragshändlervertrag, 4. Aufl. Frankfurt a.M. 2008.
Unglaub	Der selektive Vertrieb von Parfum und Luxuskosmetika im Kartell-, Wettbewerbs- und Markenrecht, Frankfurt a.M. 2001.
Whish/Bailey	Competition Law, 7. Aufl. Oxford/New York 2011.
Wiedemann	Handbuch des Kartellrechts, 2. Aufl. München 2008.
Wijckmans/Tuytschaever	Vertical Agreements in EU Competition Law, 2. Aufl. Oxford/New York 2011.

Zschiedrich Binnenmarkt Europa – Einführung in die Grundlagen: freier Warenverkehr, Steuerharmonisierung, technische Handelshemmnisse, europäische Industriepolitik, Wirtschafts- und Währungsunion, EG-Assoziierungsabkommen, Wiesbaden 1993.

Kommentare

Bauer/de Bronett Die EU-Gruppenfreistellungsverordnung für vertikale Wettbewerbsbeschränkungen, Köln 2001.

Bechtold GWB, 7. Aufl. München 2013.

Bechtold/Bosch/Brinker/Hirsbrunner EG-Kartellrecht, 2. Aufl. München 2009.

Bunte/Sauter EG-Gruppenfreistellungsverordnungen, München 1988.

Dauses Handbuch des EU-Wirtschaftsrechts, Loseblattsammlung, 34. Aufl. München 2013.

Jaeger/Pohlmann/ Schroeder Frankfurter Kommentar zum Kartellrecht, Loseblattsammlung, 79. EL. Köln 2013.

Gleiss/Hirsch EWG-Kartellrecht, 3. Aufl. Heidelberg 1978.

Götting/Nordemann UWG, 2. Aufl. Baden-Baden 2013.

Grabitz/Hilf/Nettesheim Das Recht der Europäischen Union, Loseblattsammlung, 51. Aufl. München 2013.

Groeben, von der/ Schwarze Kommentar zum Vertrag über die Europäische Union und zur Gründung der Europäischen Gemeinschaft, 6. Aufl. Baden-Baden 2003.

Immenga/Mestmäcker Wettbewerbsrecht, Band 2: GWB, 4. Aufl. München 2007.

Immenga/Mestmäcker Wettbewerbsrecht, Band 1: EU, 5. Aufl. München 2012.

Langen/Bunte Kommentar zum deutschen und europäischen Kartellrecht, Band 2, 11. Aufl. Köln 2010.

Liebscher/Flohr/Petsche Handbuch der EU-Gruppenfreistellungsverordnungen, 2. Aufl. München 2012.

Loewenheim/Meessen/Riesenkampff Kartellrecht, 2. Aufl. München 2009.

Schulte/Just Kartellrecht, Köln 2011.

Schultze/Pautke/Wagener Vertikal-GVO, 2. Aufl. Frankfurt a.M. 2008.

Schultze/Pautke/Wagener Vertikal-GVO, 3. Aufl. Frankfurt a.M. 2011.

Spindler/Schuster Recht der elektronischen Medien, 2. Aufl. München 2011.

Aufsätze

Ackermann Die neuen Wettbewerbsregeln für vertikale Beschränkungen – Ein Wegweiser durch die geplante Gruppenfreistellungsverordnung und die geplanten Leitlinien der Kommission, EuZW 1999, 741–746.

Ahlert Die Bedeutung des vertraglichen Selektivvertriebs für den freien Wettbewerb und die Funktionsfähigkeit von Märkten, WRP 1987, 215–233.

Amato Internet Sales and the New EU Rules on Vertical Restraints, CPI Antitrust Journal, June 2010 (2).

Baron Überlegungen zur Revision der Vertikal-Gruppenfreistellungsverordnung: Weiter so wie bisher oder Aufbruch zu neuen Ufern?, in: *Hilty et al.* (Hrsg), FS Loewenheim, München 2009, 423–435.

Bauer Kartellrechtliche Zulässigkeit von Beschränkungen des Internetvertriebs in selektiven Vertriebssystemen, WRP 2003, 243–248.

Beck Die wettbewerbspolitische Relevanz des Internet, WuW 1999, 460–467.

Bergmann — Selektive vertikale Vertriebsbindungssysteme im Lichte der kartell- und lauterkeitsrechtlichen Rechtsprechung des Bundesgerichtshofs und des Gerichtshofs der Europäischen Gemeinschaften, ZWeR 2004, 28–50.

Bohlig — Grundig/Consten, GRUR-Ausl 1966, 580–586.

Bonacker — Fälle zur Regulierung des Internethandels in selektiven und sonstigen Vertriebssystemen, GRUR-Prax 2012, 4–7.

Brenning-Louko/Gurin/Peeperkorn/Viertiö — Vertical Agreements: New Competition Rules for the Next Decade, Competition Policy Newsletter, 2/2010, 14–19.

Bühlmann/Schirmbacher — Kartellrecht und Internetvertrieb – Zulässigkeit von Online-Vertriebs- und Werbebeschränkungen, Jusletter 30. Mai 2011.

Bühlmann/Schirmbacher — Kartellrechtskonforme Regelung von Online-Marketing – Maßnahmen in Vertriebsverträgen nach deutschem, schweizerischem und EU-Kartellrecht, CR 2012, 451–460.

Bühlmann/Schirmbacher — Dürfen Firmen Händlern ricardo.ch verbieten?, Beitrag in: NZZ vom 29.6.2012.

Buettner/Coscelli/Vergé/Winter — Selective Distribution by Luxury Goods Suppliers: A Response to Kinsella et al, ECJ 2009, 613–621.

Cabral/Hortaçsu — The Dynamics of Seller Reputation: Evidence from Ebay, Journal of Industrial Economics 2010, 54–78.

Caffarra — Selective Distribution of Luxury Goods: Should Internet Selling be Treated Differently?, in: *Gheur/Petit* (Hrsg.), Vertical Restraints and Distribution Agreements under EU Competition Law, Brüssel 2011, 55–78.

Clark/Hughes/Waelbroeck — Selective Distribution and Luxury Goods: The Challenge of the Internet?, GCP August 2009.

Crozals, de/Heinen	Der Entwurf der neuen Gruppenfreistellungsverordnung für Vertikalbeschränkungen und der neuen Leitlinien für vertikale Beschränkungen – die wesentlichen Änderungen, EWS 2009, 503–510.
Dethmers/Posthuma de Boer	Ten Years On: Vertical Agreements under Articel 81, ECLR 2009, 424–439.
Dethof	Die Beschränkung des Internetvertriebs der Händler nach Pierre Fabre, ZWeR 2012, 503–521.
Dieselhorst/Luhn	Kartellrechtliche Zulässigkeit der Untersagung des Vertriebs über eBay, WRP 2008, 1306–1311.
Dietrich/Menais	Distribution Networks and On-line Sales, Juriscom.net, July 13, 2001.
Dreyer/Lemberg	Möglichkeiten und Grenzen der Beschränkung des Internetvertriebs, BB 2012, 2004–2010.
Düesberg	Wirtschaftliche Analyse der zweiseitigen Alleinvertriebsverträge, WuW 1966, 463–474.
Eilmansberger	EG-Wettbewerbsrecht und Internet, wbl 2001, 501–512.
Ellenrieder	Das Totalverbot des Internetvertriebs im selektiven Vertrieb als bezweckte Wettbewerbsbeschränkung, WRP 2012, 141–143.
Fesenmair	Markenartikel und selektive Vertriebssysteme im Onlinevertrieb, GRUR-Prax 2013, 283–285.
Franck	Zum Schutz des Produktimages im selektiven Vertrieb, WuW 2010, 772–786.
Funke/Just	Neue Wettbewerbsregeln für den Vertrieb: Die Verordnung (EU) Nr. 330/2010 für Vertikalverträge, DB 2010, 1389–1397.
Funke/Just	Die neue Gruppenfreistellungsverordnung für vertikale Verträge – Neue Wettbewerbsregeln für Liefer- und Vertriebsvereinbarungen? KSzW 2010, 151–163.

Galarza/Gissler Selective Distribution of Branded and Luxury Products and the Conjuncture of Online and Offline Commerce in the Light of the European Commission's Revision of the Vertical Restraints Regime, GCP March 2009.

Galarza/Gissler The EU Review of the Vertical Restraints Policy in the Context of Internet Commerce, in: *Gheur/Petit* (Hrsg.), Vertical Restraints and Distribution Agreements under EU Competition Law, Brüssel 2011, 169–179.

Gillieron Accords de distribution et Internet, in: *Gillieron/Ling* (Hrsg.), Les accords de distribution, Lausanne 2005, 155–187.

Goyder Cet Obscur Objet: Object Restrictions in Vertical Agreements, JECLaP 2011, 327–339.

GRUR Stellungnahme der GRUR durch den Fachausschuss für Kartellrecht zu dem Entwurf einer Verordnung über die Anwendung von Art. 81 III EG auf Gruppen von vertikalen Vereinbarungen und aufeinander abgestimmte Verhaltensweisen, GRUR 2010, 37–39.

Gundlach Distribution: Is Free-riding Bad After All?, JECLaP 2013, 96–101.

Haktanir Internetverkaufsverbot, Jusletter 10. September 2012.

Haslinger Wie weit ist der Ausschluss moderner Vertriebsformen beim selektiven Vertrieb möglich? Wohin steuert der selektive Vertrieb? WRP 2009, 279–284.

Hayek Die Anmaßung von Wissen, in: *Böhm et al.* (Hrsg.), ORDO, Stuttgart 1975, 12–21.

Held The more lenient approach of German courts towards prohibition of distribution via internet, ECLR 2010, 343–348.

Heyers Wettbewerbsrechtliche Bewertung sog. Preisparitätsklauseln – ein juristisch-ökonomischer Ansatz, GRUR Int. 2013, 409–414.

Hoeren Europäisches Kartellrecht zwischen Verbots- und Mißbrauchsprinzip – Überlegungen zur Entstehungsgeschichte des Art. 85 EGV, in: *Hübner* (Hrsg.), FS Großfeld, Heidelberg 1999, 405–421.

Hoeren Zoning und Geolocation – Technische Ansätze zu einer Reterritorialisierung des Internet, MMR 2007, 3–6.

Hörnle Competition and E-Commerce, Computer Law & Security Report 2002, 155–163.

Howell Point of origin, New Media Age 28.4.2005, 19–20.

Hülsen, von Ausgewählte praktische Probleme des selektiven Vertriebs aus kartellrechtlicher Sicht, ZVertriebsR 2012, 299–307.

Immenga, Frank Zur Kundenkreisbeschränkung nach der Vertikal-GVO durch Ausschluss des Vertriebs über Internet-Auktionsplattformen, BB 2009, 2561–2562.

Immenga, Frank Internet-Auktionsplattformen im Fokus des Kartellrechts, K&R 2010, 24–28.

Innerhofer E-Commerce im Fokus des Kartellrechts, ZVertriebsR 2013, 266–272.

Jank/Kannan Understanding Geographical Markets of Online Firms Using Spatial Models of Customer Choice, Marketing Science 2005, 623–634.

Kapp Reform der Vertikal-GVO: Der Wind weht schärfer, WuW 2009, 1003.

Kinsella/Melin Who's Afraid of the Internet? Time to Put Consumer Interests at the Heart of Competition, GCP March 2009.

Kinsella/Melin/Schropp Comments in the CRA Paper Entitled „An Economic Analysis of the Use of Selective Distribution by Luxury Goods Suppliers", ECJ 2009, 227–260.

Kirsch Kann das Kartellrecht E-commerce kontrollieren?, WuW 2005, 986–998.

Kirsch/Weesner Can Antitrust Law Control E-commerce? A Comparative Analysis in Light of U.S. and E.U. Antitrust Law, JILP 2006, 297–329.

Kjølbye The new Commission guidelines on the application of Article 81(3): an economic approach to Article 81, ECLR 2004, 566–577.

Klein/Murphy Exclusive Dealing Intensifies Competition for Distribution, Antitrust LJ 2008, 433–366.

Koch Vertrieb von Luxusmarkenware in Discountern, EuZW 2009, 453–458.

Kürten Vertriebssystem der adidas AG: Eine kartellrechtliche Fallstudie, GRUR-Prax 2013, 286–287.

Kunzmann Zur Gruppenfreistellungsverordnung 330/2010 für vertikale Vereinbarungen, Mitt. 2011, 458–462.

Lettl Die neue Vertikal-GVO (EU Nr. 330/2010) – Unter Einbeziehung der Änderungen der Vertikal-Leitlinien im Hinblick auf den Internetvertrieb insbesondere in selektiven Vertriebssystemen, WRP 2010, 807–822.

Lindsey Electronic Sale and Distribution of Goods: Competitive Aspects, Int. Business Lawyer 1999, 253–256.

Mahlstein Vertical Restraints and Competition Policy – Internet Sales, a New Dimension to be Considered, GCP March 2009.

Malec/Bodungen von Die neue Vertikal-GVO und ihre Auswirkungen auf die Gestaltung von Liefer- und Vertriebsverträgen, BB 2010, 2383–2389.

Mankowski — Zum Begriff des „Ausrichtens“ auf den Wohnsitzstaat des Verbrauchers unter Art. 15 Abs. 1 lit. c EuGVVO, VuR 2006, 289–294.

Mankowski — Neues zum „Ausrichten“ unternehmerischer Tätigkeit unter Art. 15 Abs. 1 lit. c EuGVVO, IPRax 2009, 238–245.

Marsden/Whelan — Selective distribution in the age of online retail, ECLR 2010, 26–37.

Martínez-López — Distribution sélective et Internet, Competition Policy Newsletter 2/2001, 7–10.

Murach — Die (neue) Vertikal-Gruppenfreistellungsverordnung, GWR 2010, 210–213.

Möller — Rechtsfragen im Zusammenhang mit dem Postident-Verfahren, NJW 2005, 1605–1609.

Oest/Wagener — Der EuGH bestätigt die Kartellrechtswidrigkeit eines Totalverbots des Internetvertriebs, RIW 2012, 35–43.

Pautke/Schultze — Internet und Vertriebskartellrecht - Hausaufgaben für die Europäische Union, BB 2001, 317–323.

Pautke/Schultze — Vertriebsrecht im Netz, in: *Bettinger/Leistner* (Hrsg.), Werbung und Vertrieb im Internet, Köln 2003, 443–471.

Peeperkorn — Revised EU Competition Rules for Supply and Distribution Agreements, in: Kilpailuoikeudellinen Vuosikirja 2010, Helsinki 2011, 201–220, abrufbar unter: http://ec.europa.eu/competition/speeches/text/sp2011_10_en. pdf.

Petit/Henry — Vertical Restraints Under EU Competition Law: Conceptual Foundations and Practical Framework, in: *Gheur/Petit* (Hrsg.), Vertical Restraints and Distribution Agreements under EU Competition Law, Brüssel 2011,123–168.

Piesker — Aufbau einer Online-Vertriebsstruktur – Die GVO in der Praxis, in: *Taeger* (Hrsg.), Die Welt im Netz, Edewecht 2011.

Piesker — Aufbau einer Online-Vertriebsstruktur – die GVO in der Praxis, K&R 2012, 398–404.

Piltz — Der Like-Button von Facebook – Aus datenschutzrechtlicher Sicht: „gefällt mir nicht", CR 2011, 657–664.

Pischel — Kartellrechtliche Aspekte des Selektivvertriebs über das Internet, GRUR 2008, 1066–1071.

Pischel — Der Internetvertrieb nach der neuen Schirm-Gruppenfreistellungsverordnung für den Vertikalvertrieb und deren Leitlinien, GRUR 2010, 972–977.

Polley — Die neue Vertikal-GVO – Inhaltliche Neuerungen und verpasste Chancen, CR 2010, 625–630.

Rammos — Datenschutzrechtliche Aspekte verschiedener Arten „verhaltensbezogener" Onlinewerbung, K&R 2011, 692–698.

Rheinländer — Beschränkungen des Internet-Einzelhandels in selektiven Vertriebssystemen nach Art. 81 EGV, WRP 2005, 285–290.

Riley — Online Retailing and Antitrust: Taking Acount of the Paradigm Shift, GCP March 2009.

Robertson — Online sales under the European Commission's Block Exemption Regulation on vertical agreements: Part 1, ECLR 2012, 132–137.

Robertson — Online sales under the European Commission's Block Exemption Regulation on vertical agreements: Part 2, ECLR 2012, 179–184.

Romano — ECJ Ruling on the Prohibition of On-line Sales in Selective Distribution Networks, JECLaP 2012, 345–347.

Rösner Aktuelle Probleme der Zulässigkeit von Selektivvertriebssystemen vor dem Hintergrund der Reform der Vertikal-GVO, WRP 2010, 1114–1125.

Ruess/Slopek Discounter als „luxusfreie Zone"? – Vertriebsbeschränkungen für Premiummarken auf dem Prüfstand, WRP 2009, 1021–1029.

Saint-Esteben/Billard/Jouvensal On-line reselling and selective distribution networks: What can be learnt from the French experience?, JECLaP 2010, 245–251.

Schultze/Pautke/Wagener Wasserstandsmeldung aus Brüssel: Änderungsvorschläge der EU-Kommission zur Vertikal-GVO für 2010, BB 2009, 2266–2271.

Schulze zur Wiesche Selektiver Vertrieb und Internet – Eine Bestandsaufnahme nach der neuen Vertikal-GVO und den Leitlinien der Kommission, K&R 2010, 541–545.

Schweda/Rudowicz Verkaufsverbote über Online-Handelsplattformen im Kartellrecht, WRP 2013, 590–600.

Seeliger EG-kartellrechtliche Probleme in Vertikalverhältnissen beim Vertrieb über das Internet, WuW 2000, 1174–1186.

Seeliger/Klauß Auswirkungen der neuen Vertikal-GVO und Vertikal-Leitlinien auf den Internetvertrieb, GWR 2010, 233–236.

Semler/Bauer Die neue EU-Gruppenfreistellungsverordnung für vertikale Wettbewerbsbeschränkungen – Folgen für die Rechtspraxis, DB 2000, 193–200.

Simon Die neue Kartellrechtsverordnung (EU) Nr. 330/2010 für Vertriebs- und Lieferverträge, EWS 2010, 497–503.

Spieker Kartellrechtliche Zulässigkeit des Verbots eines Weitervertriebs über Auktionsplattformen, GRUR-RR 2009, 81–85.

Spieker	Kartellrechtliche Zulässigkeit des Weitervertriebsverbots über Auktionsplattformen, GRUR-RR 2009, 394–397.
Spormann	Europäischer Alleinvertrieb, WRP 1971, 49–55.
Subiotto/Amato	The Reform of the European Competition Policy Concerning Vertical Restraints, Antitrust LJ 2001, 147–193.
Szönyi	Wer ist zur Errichtung einer Website berechtigt: Vertriebshändler oder Hersteller?, GRUR Int. 2004, 567–569.
Telser	Why should manufacturers want fair trade?, Journal of Law and Economics 1960, 86–105.
Themelis	After Pierre Fabre: the future of online distribution under competition policy, IJLIT 2012, 346–369.
Thomas	Die Bindungswirkung von Mitteilungen, Bekanntmachungen und Leitlinien der EG-Kommission, EuR 2009, 423–443.
Vajda/Gahnström	E.C. competition law and the Internet, ECLR 2000, 94–106.
Veelken	Kombination von Alleinvertrieb und selektivem Vertrieb in den vertikalen EG-Gruppenfreistellungsverordnungen, in: *Engel/Möschel* (Hrsg.), Recht und spontane Ordnung, 2006, 487–528.
Velez	Significant changes to the block exemption on vertical restraints, ECLR 2011, 212–219.
Velez	Recent developments in selective distribution, ECLR 2011, 242–247.
Velte	Verbot des Vertriebs von Produkten über das Internet als Wettbewerbsbeschränkung, EuZW 2012, 19–21.

Vergé	An Economic Appraisal of the Draft Guidelines on Vertical Restraints, in: *Gheur/Petit* (Hrsg.), Vertical Restraints and Distribution Agreements under EU Competition Law, Brüssel 2011, 31–53.
Vogel	EU Competition Law Applicable to Distribution Agreements: Review of 2009 and Outlook for 2010, JECLaP 2010, 218–231.
Vogel	EU Competition Law Applicable to Distribution Agreements: Review of 2010 and Outlook for 2011, JECLaP 2011, 245–258.
Vogel	EU Competition Law Applicable to Distribution Agreements: Review of 2011 and Outlook for 2012, JECLaP 2012, 271–286.
Vogel	Efficiency versus Regulation: The Application of EU Competition Law to Distribution Agreements, JECLaP 2013, 277–284.
Wegner	EuGH: Vertriebsverbot im Internet untersagt, BB 2011, 2956–2960.
Westerwelle	Datenschutzrechtliche Aspekte des Geotargeting, in: *Leible/Sosnitza* (Hrsg.), Onlinerecht 2.0: Alte Fragen – Neue Antworten?, 2011, 127–138.
Whish	Regulation 2790/99: The Commission's „New Style" Block Exemption for Vertical Agreements, CMLR 2000, 887–924.
Whish/Bailey	Regulation 330/2010: The Commission's new Block Exemption for Vertical Agreements, CMLR 2010, 1757–1791.
Wijckmans/Tuytschaever	Active Sales Restrictions Revisited, ECLR 2004, 107–113.
Wils	Ten Years of Regulation 1/2003 – A Retrospective, JECLaP 2013, 293–301.

Wiring Kartellrecht und eCommerce – Neue Leitlinien der Kommission konkretisieren kartellrechtliche Vorgaben für den Onlinehandel, MMR 2010, 659–662.

Wrage-Molkenthin Im Fokus des Bundeskartellamts: Einflussnahmen des Lieferanten auf die Wiederverkaufspreise des Abnehmers, MPR 2010, 151–156.

Internetquellen

Alle zuletzt überprüft am 28.1.2014.

Accardo Vertical Antitrust Enforcement. Transatlantic Perspectives on Restrictions of Online Distribution under EU and U.S. Competition Laws, Stanford/Wien 2012, abrufbar unter: http://ttlf.stanford.edu.

Accenture European Cross-border E-commerce, 2012, abrufbar unter: http://www.accenture.com/SiteCollectionDocuments/ PDF/Accenture-ERRT-Brochure.pdf.

Aronsson Selective Distribution and Online Sales – The transformation of European Competition Law into the electronic society, Göteborg 2010, abrufbar unter: http://gupea.ub.gu.se/bitstream/2077/25528/1/ gupea_2077_25528_1.pdf.

Baye Vertical Restraints in Relation to Online Sales, OECD 13.2.2013, abrufbar unter: http://search.oecd.org/officialdocuments/displaydocumentpdf/?cote=DAF/COMP/WD%282013%2917&docLanguage=En.

Bleker Selective distribution in light of increasing online sales: an economic analysis, Amsterdam (Jahr unbekannt), abrufbar unter: http://dare.uva.nl/document/212342.

Boston Consulting Group (BCG) Turning Local – From Madrid to Moscow, the Internet Is Going Native, September 2011, abrufbar unter: http://www.bcg.de/documents/file84709.pdf.

Brand Equity Alliance	The Review of the Vertical Restraints Block Exemption and Guidelines (Beitrag im Rahmen des Konsultationsverfahrens der EU-Kommission), 30.9.2009, abrufbar unter: http://ec.europa.eu/competition/consultations/ 2009_vertical_agreements/.
Buccirossi	Vertical Restraints for On-Line Sales, OECD, 12.2.2013, abrufbar unter: http://search.oecd.org/officialdocuments/displaydocumentpdf/ ?cote=DAF/COMP%282013%291&docLanguage=En.
Buccirossi	Beitrag in: Vertical Restraints for On-Line Sales, OECD, 12.9.2013, 8–44, abrufbar unter: http://www.oecd.org/competition/VerticalRestraintsForOnlineSales2013.pdf.
Bundeskartellamt	Vertikale Beschränkungen in der Internetökonomie, Bonn 10.10.2013, abrufbar unter: http://www.bundeskartellamt.de/SharedDocs/Publikation/DE/ Diskussions_Hintergrundpapier/Bundeskartellamt%20-%20 Vertikale %20Beschr%C3%A4nkungen%20 in%20der%20Internet% C3%B6konomie.pdf?__blob=publicationFile&v=2.
Chanel	Public consultation on the review of the competition rules applicable to vertical agreements (Beitrag im Rahmen des Konsultationsverfahrens der EU-Kommission), 25.9.2009, abrufbar unter: http://ec.europa.eu/competition/consultations/ 2009_vertical_agreements/.
Chevalier	Free Rider Issues and Internet Retailing, Yale 2002, abrufbar unter: http://www.ftc.gov/opp/ecommerce/anticompetitive/panel/ chevalier.pdf.
Coscelli/Buettner/Vergé/ Winter	An Economic Analysis of the Use of Selective Distribution by Luxury Goods Suppliers, CRA International 2008, abrufbar unter: http://ec.europa.eu/competition/sectors/media/ lvmh_economic%20analysis.pdf.

eBay Empowering Consumers by Promoting Access to the 21st Century Market, Juni 2008, abrufbar unter: http://www.ebaymainstreet.com/sites/default/files/ eBay_Empowering-Consumers_Promoting-Access.pdf.

eBay Response to the Public Consultation on the European Commission's Review to the Vertical Restraints Regulation and Guidelines, (Beitrag im Rahmen des Konsultationsverfahrens der EU-Kommission), 28.9.2009, abrufbar unter: http://ec.europa.eu/competition/consultations/ 2009_vertical_agreements/.

E-Commerce-Center Handel (ECC) Wie viel kostet Online-Vertrieb? – Kostenstrukturen im Online-Handel, 2012, abrufbar unter: http://www.ecckoeln.de/PDFs/2012/120910-WhitepaperKostenstrukturen_im_Online-Handel-September_2012-ECC_und_XSITE.pdf.

Europäische Kommission 20 Jahre Europäischer Binnenmarkt, 2012, abrufbar unter: http://ec.europa.eu/internal_market/publications/docs/ 20years/achievements-web_de.pdf.

European Policy Center The Economic Impact of a European Digital Single Market, March 2010, abrufbar unter: http://www.epc.eu/dsm/2/Study_by_Copenhagen.pdf.

Focus Statista App Monitor Deutschland – Nutzung von Smartphone und Tablet Apps, November 2012, abrufbar unter: http://www.medialine.de/media/uploads/projekt/medialine/ docs/forschung/app_monitor/foc-app-monitor-nov2012.pdf.

Frontier Economics Economic study of the consumer benefits of eBay, September 2008, abrufbar unter: http://ec.europa.eu/competition/sectors/media/ ebay_frontier_report.pdf.

Moët Hennessy – Louis Vuitton (LVMH)	Concerning the review of the Community competition rules applicable to vertical restraints (Beitrag im Rahmen des Konsultationsverfahrens der EU-Kommission), 24.9.2009, abrufbar unter: http://ec.europa.eu/competition/consultations/2009_vertical_agreements/.
McKinsey Global Institute (MGI)	Internet matters: The Net's sweeping impact on growth, jobs, and prosperity, May 2011, abrufbar unter: http://www.mckinsey.com/insights/high_tech_telecoms_internet/ internet_matters.
Roland Berger Strategy Consultants	Dem Kunden auf der Spur, 2013, abrufbar unter: http://www.rolandberger.de/media/pdf/Roland_Berger_ Dem_Kunden_auf_der_Spur_rev_20130221.pdf.
UK Office of Fair Trading	Internet Shopping – An OFT Market Study, June 2007, abrufbar unter: http://www.oft.gov.uk/shared_oft/reports/ consumer_protection/oft921.pdf.
Pitkänen	Selective Distribution Under Article 101 TFEU – Devaluation of Brands?, Helsinki 2011, abrufbar unter: https://helda.helsinki.fi/bitstream/handle/10138/28748/ pitkanen.pdf?sequence=4.
Veugelers/Pottelsberghe, van	Memo to the New Digital Agenda Commissioner, Januar 2010, abrufbar unter: http://www.bruegel.org/publications/publication-detail/publication/376-memo-to-the-new-digital-agenda-commissioner/.
Zhang et al.	Crafting Integrated Multichannel Retailing Strategies, Harvard Business School 2010, abrufbar unter: http://www.hbs.edu/faculty/Publication%20 Files/09-125.pdf.

Einleitung

Die überragende Bedeutung des Internets als Vertriebsweg ist längst anerkannt. Vorbei sind die Zeiten, in denen lediglich auf das Potenzial des Internets für den Handel verwiesen wurde.[1] Der Internetvertrieb hat neben dem klassischen Verkauf über Ladengeschäfte seinen festen Platz eingenommen. Dabei stehen die Ziele von Markenherstellern, die den stationären Vertrieb als den zentralen Faktor für ein positives Image ihrer Marke sehen, im offenen Widerstreit mit den Verkaufsstrategien der Händler, die die unbegrenzte Reichweite des Internets als Absatzweg für sich nutzen wollen. Den Herstellerinteressen stehen daneben auch die Interessen der Verbraucher an niedrigen Preisen und einer großen Produktauswahl gegenüber. Zudem bietet der Internetvertrieb eine große Chance für die Verwirklichung eines gemeinsamen europäischen Binnenmarkts. Beschränkungen des Online-Handles können diesem Ziel entgegenwirken. Obwohl es das erklärte Ziel der EU-Kommission ist, durch einen länderübergreifenden Handel für einen ständigen Wettbewerbsdruck zu sorgen,[2] ist es dem europäischen Gesetzgeber bis heute nicht gelungen, im Kartellrecht eine klare Position zum Internetvertrieb zu finden.

Nahezu alle Produkte durchlaufen auf dem Weg zum Verbraucher eine Distributionskette, innerhalb der sich die Hersteller unabhängiger Händler bedienen. Dabei liegt es im Interesse der Hersteller, mittels vertraglicher Gestaltung effiziente Vertriebswege zu schaffen und somit sicherzustellen, dass die Produkte nach den Anforderungen des Marktes und den Bedürfnissen der Verbraucher beworben und vertrieben werden. Allerdings kann die Gestaltung von Vertriebsverträgen auch den Wettbewerb zwischen den Marken sowie den markeninternen Wettbewerb einschränken. Insbesondere bei Exklusivitätsvereinbarungen besteht in diesem Zusammenhang zudem die Gefahr der Marktabschottung. Aber auch selektive sowie offene Vertriebsvereinbarungen können zu spürbaren Wettbewerbsbeschränkungen führen.

1 So noch *Mayr*, Internetvertrieb und EG-Kartellrecht, 2006, S. 33.

2 Siehe dazu Mitteilung der *Kommission*, Ein kohärenter Rahmen zur Stärkung des Vertrauens in den digitalen Binnenmarkt für elektronischen Handel und Online-Dienste („Digitaler Binnenmarkt"), 11.1.2012, KOM(2011) 942 endg.

Die derzeitigen kartellrechtlichen Regelungen zum Internetvertrieb sind fest an die traditionellen Vertriebskonzepte des Selektiv- und Alleinvertriebs gekoppelt. Dadurch wird es den Herstellern erleichtert, den Vertrieb über das Internet zu beschränken und den Händlern spiegelbildlich erschwert, diesen Vertriebsweg mit seinen vielfältigen Möglichkeiten zu nutzen. Vertragliche Beschränkungen des Internetvertriebs werden von den Herstellern in aller Regel damit begründet, dass dieser Vertriebsweg dem Ansehen der Marke schade und für eine Erosion der Ladengeschäfte sorge. Diese Argumente müssen kritisch beleuchtet werden. Denn es dürfte häufig in erster Linie der intensive Preiswettbewerb im Internet sein, dem sich die Markenhersteller nicht stellen wollen.

Die Abgrenzung zwischen freien, effizienzsteigernden Beschränkungen und verbotenen Vertriebsbeschränkungen ohne überwiegenden Effizienzgewinn richtet sich nach Artikel 101 des EU-Arbeitsweisevertrags (AEUV). Die kartellrechtliche Prüfung erfolgt dabei stets in drei Schritten. Zunächst stellt sich die Frage, ob eine Vertriebsvereinbarung gegen das Kartellverbot des Art. 101 Abs. 1 AEUV verstößt. Nach ständiger Rechtsprechung des EuGH werden bestimmte Vertriebsbeschränkungen gar nicht erst vom Kartellverbot erfasst. Soweit das Verbot jedoch greift, können vertikale Wettbewerbsbeschränkungen von der – im Zentrum dieser Arbeit stehenden – Gruppenfreistellung durch die Vertikal-GVO[3] profitieren. Allerdings finden sich in der Vertikal-GVO keinerlei Bezüge zum Online-Vertrieb. Nur in den begleitenden, unverbindlichen Vertikal-Leitlinien[4] äußert sich die Kommission zum Internetvertrieb. Diese stehen jedoch teilweise im Widerspruch zur Vertikal-GVO. Scheidet eine Gruppenfreistellung aus, bleibt für Hersteller die Möglichkeit einer Einzelfreistellung nach Art. 101 Abs. 3 AEUV. Diesen drei Prüfungsschritten – Kartellverbot, Gruppenfreistellung, Einzelfreistellung – folgt auch diese Arbeit.

Für rein nationale Sachverhalte richtet sich die kartellrechtliche Beurteilung nach § 1 GWB. In aller Regel haben Vertriebsvereinbarungen jedoch grenzüberschreitenden Bezug. Nach § 2 Abs. 2 Satz 1 GWB gilt die Vertikal-GVO zudem auch für Freistellungen nach deutschem Recht. Aus Gründen der Vereinfachung wird daher ausschließlich auf den EU-Arbeitsweisevertrag Bezug genommen.

Da die Möglichkeiten und kartellrechtlichen Grenzen der Beschränkung des Internetvertriebs bislang nicht abschließend geklärt sind, untersucht diese Arbeit die gängigen Klauseln, die Hersteller ihren Händlern zur Beschränkung des

---

3 Verordnung (EU) Nr. 330/2010 der *Kommission* vom 20.4.2010, ABl. 2010 L 102/1.

4 Mitteilung der *Kommission*, Leitlinien für vertikale Beschränkungen („Leitlinien"), ABl. 2010 C 130/1.

Online-Verkaufs regelmäßig auferlegen. Dabei werden zwei Ziele verfolgt: Zum einen soll die gegenwärtige Rechtslage umfassend dargestellt werden. Zum anderen erfolgt eine kritische Auseinandersetzung mit dem rechtlichen Status quo, wobei auch Vorschläge zur Änderung der bestehenden Regeln gemacht werden.

Der Verfasser ist der Ansicht, dass der Internetvertrieb weiter geöffnet werden muss und fordert dazu ein klares Bekenntnis der Kommission. Die gegenwärtigen Vorgaben der Kommission sind wettbewerbsfeindlich und schaden sowohl Händlern als auch Verbrauchern. Zudem basieren sie auf einem Konzept, das sich lange vor der Erfindung des Internets etabliert hat und somit nicht mehr an das aktuelle Marktumfeld angepasst ist. Der Kommission ist es nicht gelungen, für einen intensiven Wettbewerbs im Internet zu sorgen. So konterkariert sie ihr eigenes Konzept zur Etablierung eines digitalen Binnenmarkts.

A. Gang der Untersuchung

Nach einer kurzen Einführung in die Grundlagen des Themas Internetvertrieb im Kartellrecht, setzt sich die Arbeit im ersten Kapitel mit Totalverboten des Internetvertriebs auseinander. Sodann werden die kontrovers diskutierten Verbote des Vertriebs über Online-Handelsplattformen wie eBay und Amazon untersucht. Die Frage, ob Hersteller ihre Händler verpflichten können, ein stationäres Ladengeschäft zu unterhalten (Brick-Store-Klausel), steht im Mittelpunkt des dritten Kapitels.

Kapitel vier widmet sich der bei Herstellern beliebten, in der Literatur gleichwohl kaum diskutierten Klausel, nach der die Händler ihre Produkte im Internet nicht günstiger als im Ladengeschäft verkaufen dürfen. Qualitative Vorgaben für den Internetvertrieb stehen im Blickpunkt des fünften Kapitels. Thema des letzten Kapitels ist eine kritische Auseinandersetzung mit der von der Kommission für den Alleinvertrieb gewählten Abgrenzung zwischen aktivem und passivem Verkauf im Internetvertrieb. Ausblick und Zusammenfassung schließen die Arbeit ab.

B. Grundlagen des Internetvertriebs

Diese Arbeit befasst sich ausschließlich mit dem Vertriebskartellrecht, d.h. mit Absprachen im Vertikalverhältnis zwischen Herstellern und Händlern. Die Freistellung wettbewerbsbeschränkender Vertriebsvereinbarungen wird maßgeblich durch die Vertikal-Gruppenfreistellungsverordnung VO 330/2010 geregelt. Nach dieser werden diejenigen „Gruppen" von Vereinbarungen freigestellt, die die Voraussetzungen der Verordnung erfüllen. Innerhalb der Vertikal-GVO müssen die

Marktanteile der beteiligten Unternehmen unter 30 % liegen. Zudem darf die Vertriebsvereinbarung keine der in Art. 4 aufgelisteten Kernbeschränkungen erfüllen. Eines formalen Rechtsakts bedarf die Gruppenfreistellung nicht.

Das Prinzip der Selbstbewertung gilt seit der Verabschiedung der VO 1/2003[5] auch für Einzelfreistellungen. Dies kommt Unternehmen zugute, die entweder die Marktanteilsschwellen der Vertikal-GVO überschreiten, oder eine Klausel, die den Tatbestand einer Kernbeschränkung erfüllt, dennoch durchsetzen wollen. Nach Art. 2 VO 1/2003 liegt die Beweislast für das Vorliegen der Voraussetzungen des Art. 101 Abs. 3 AEUV – der Grundlage sowohl der Vertikal-GVO als auch der VO 1/2003 ist – allerdings bei den Unternehmen. Innerhalb des Anwendungsbereichs der Vertikal-GVO müssen die Parteien lediglich nachweisen, dass die Vereinbarung unter ebenjene Verordnung fällt.[6] Die Vertikal-GVO gilt für alle Vertriebsvereinbarungen, unabhängig vom zugrunde liegenden Vertriebssystem. Dennoch muss innerhalb der Vertikal-GVO sowie bei der Prüfung von Art. 101 Abs. 1 AEUV regelmäßig nach der Art des Vertriebssystems differenziert werden.

I. Begriff des Selektivvertriebs

Gerade unter Herstellern hochwertiger Produkte sind selektive Vertriebssysteme weit verbreitet. Im Selektivvertrieb verpflichten sich die Hersteller, ihre Produkte nur an Händler zu verkaufen, die anhand festgelegter Merkmale ausgewählt werden. Die Händler verpflichten sich ihrerseits, nicht an sog. Systemaußenseiter zu verkaufen (Art. 1 Abs. 1 lit. e Vertikal-GVO). Nach ständiger Rechtsprechung des EuGH fallen sog. rein qualitative selektive Vertriebssysteme in der Regel schon nicht unter Art. 101 Abs. 1 AEUV.[7] Das gilt auch für Klauseln, die den Internetvertrieb betreffen.[8] Daher erfolgt die Prüfung der Wettbewerbsbeschränkung bei selektiven Vertriebsvereinbarungen besonders ausführlich.

II. Offener Vertrieb

Mit offenem bzw. nicht-selektivem Vertrieb werden jene Vertriebssysteme bezeichnet, in denen die Hersteller ihre Händler nicht nach festgelegten Kriterien

5 Verordnung (EG) Nr. 1/2003 des *Rates* vom 16.12.2002, ABl. L 1 vom 4.1.2003.

6 *Schultze/Pautke/Wagener*, Vertikal-GVO, 2011, Rn. 21.

7 Seit *EuGH*, Urt. v. 25.10.1977 – 26/76, Slg. 1977, 1875 (1905), NJW 1978, 480 – Metro; dazu näher unten Kap. 2 B I.

8 *EuGH*, Urt. v. 13.10.2011 – C-439/09, Slg. 2011, I-9419, Ziff. 41, MMR 2012, 50 – Pierre Fabre.

auswählen. Vielmehr wird die Entscheidung, ob ein Händler beliefert wird, stets von Fall zu Fall getroffen. Das hält die Hersteller nicht davon ab, die Händler nur unter der Voraussetzung zu beliefern, dass diese weitgehend vom Internetvertrieb absehen und sie über die Vertriebsvereinbarung entsprechend zu verpflichten. Eine Privilegierung offener Vertriebssysteme innerhalb des Kartellverbots ist nach der bisherigen Rechtsprechung nicht vorgesehen.

III. Allein- bzw. Exklusivvertrieb

Auch die in Alleinvertriebsvereinbarungen typischerweise enthaltenen Gebietsbeschränkungen wurden bisher bei der Prüfung der Wettbewerbsbeschränkung nach Art. 101 Abs. 1 AEUV nicht privilegiert. Bei Alleinvertriebs- bzw. exklusiven Vertriebsverträgen steht die Verpflichtung des Herstellers im Mittelpunkt, in einem bestimmten Gebiet nur einen Händler zu beliefern. Im Gegenzug verpflichtet sich der Händler in aller Regel zu besonderen Werbemaßnahmen und Servicedienstleistungen. Innerhalb der Vertikal-GVO wird der Alleinvertrieb besonders geschützt (Art. 4 lit. b Ziff. i).[9]

9 Vgl. hierzu ausführlich unten Kap. 6.

Kapitel 1: Totalverbot des Internetvertriebs

Der Onlineverkauf befindet sich in einem Spannungsverhältnis zwischen Herstellern und Händlern. Hersteller haben zwar das natürliche Interesse, so viele Produkte wie möglich abzusetzen, wofür sie auch das Internet einsetzen müssen. Gleichzeitig wollen gerade Markenhersteller das Prestige ihrer Marke schützen. Besondere Gefahren für das Ansehen ihrer Marke sehen sie im Internetvertrieb.[10] Dazu wird allerdings regelmäßig kritisch angemerkt, dass das Argument des Imageschutzes auch lediglich ein Vorwand zur Umgehung des starken Preiswettbewerbs sein kann, der vom Internet ausgeht.[11]

Für Händler bietet das Internet positive wettbewerbliche Effektive. Sie können beim Verkauf über das Internet mehr Kunden erreichen und so ihren Absatz erhöhen.[12] Dennoch sehen sie den Internetvertrieb nicht uneingeschränkt positiv. Gerade Händler mit Ladengeschäft fürchten die Konkurrenz durch sog. Trittbrettfahrer („free riding"). Als Trittbrettfahrer bezeichnet man Händler, die beispielsweise nur einen Internethandel betreiben und so von den kostenintensiven Verkaufsanstrengungen, insbesondere durch Präsentation und Beratung, anderer stationärer Händler profitieren.[13] Reine Internethändler haben in aller Regel geringere Vertriebskosten als Händler, die auch ein Ladengeschäft betreiben. Sie können ihre Produkte daher in der Regel im Internet günstiger anbieten als stationäre Händler. Das gleiche kann auch für Händler gelten, die zwar ein Ladengeschäft betreiben, in dieses aber nur geringe Investitionen tätigen.

A. Vor- und Nachteile eines Totalverbots

Hersteller argumentieren regelmäßig, dass Totalverbote des Internetvertriebs ihr Produktimage schützten und zum Erhalt des traditionellen stationären Vertriebs

10 *Oest/Wagener*, RIW 2012, 35.

11 So z.B. *Kinsella/Melin*, Who's Afraid of the Internet?, GCP March 2009, 12.

12 *Oest/Wagener*, RIW 2012, 35 (36).

13 *Schweda/Rudowicz*, WRP 2013, 590 (594); *Petsche/Lager*, in: Liebscher/Flohr/Petsche, EU-Gruppenfreistellungsverordnungen, 2012, § 7, Rn. 7.

beitrügen.[14] Gleichzeitig schränken Verbote, die Vertragsprodukte über das Internet zu verkaufen, den Preiswettbewerb und die Kundenreichweite für die Händler ein. Sie können außerdem die Entwicklung eines digitalen europäischen Binnenmarkts bremsen.

I. Negative Auswirkungen

Wird Händlern der Vertrieb der Vertragsprodukte über das Internet vollständig untersagt, vereitelt dies das Vorhaben der Europäischen Kommission,[15] einen europäischen digitalen Binnenmarkt für den elektronischen Handel zu schaffen. Ein digitaler Binnenmarkt zeichnet sich in erster Linie durch den grenzüberschreitenden Handel mithilfe des Internets aus. Hersteller, die ihren Händlern die Nutzung des Internets versagen, fördern daher die Fragmentierung des Binnenmarktes in viele kleine räumliche Märkte, bzw. die Aufrechterhaltung der nationalen Märkte.

Der Vorteil eines digitalen Binnenmarkts liegt insbesondere in der Intensivierung des Wettbewerbs.[16] Das gilt sowohl für Wettbewerb zwischen den Marken als auch für den markeninternen Wettbewerb. Dieser führt zu niedrigeren Preisen, einer größeren Auswahl an Waren und technologischer Innovation.[17] Davon profitieren in erster Linie die Verbraucher. Gleichzeitig können Händler das Internet zu ihren Gunsten einsetzen. Durch den Internetverkauf wird die Zahl potentieller Kunden um ein Vielfaches erhöht. Die Freigabe des Internetvertriebs lässt zu, dass sich die klassischen positiven Effekte eines funktionierenden Wettbewerbs entfalten können.[18]

II. Positive Auswirkungen

Ein häufiges Argument für die Untersagung des Internetvertriebs ist das „Trittbrettfahrerproblem“.[19] Neben Händlern, die von den Verkaufsanstrengungen anderer Händler profitieren, werden auch Käufer als Trittbrettfahrer

---

14 So u.a. *Chanel*, Stellungnahme im Rahmen des Konsultationsverfahrens zur Überarbeitung der Vertikal-GVO, 25.9.2009, S. 5.

15 Mitteilung der *Kommission*, Digitaler Binnenmarkt, 11.1.2012, KOM(2011) 942 endg.

16 Zu einer detaillierten Auseinandersetzung mit dem Konzept digitaler Binnenmarkt siehe Kap. 6 C I.

17 *Gippini-Fournier/Mojzesowicz*, in: Loewenheim/Meessen/Riesenkampff, Kartellrecht, 2009, Art. 81 Abs. 1, Rn. 1.

18 Siehe zu den Funktionen des Wettbewerbs *Emmerich*, Kartellrecht, 2012, S. 3 ff.

19 Dazu näher unten Kap. 1 D II.

bezeichnet. Das gilt insbesondere dann, wenn sich ein Kunde zunächst in einem Ladengeschäft über ein Produkt informiert um es anschließend zu einem günstigeren Preis im Internet zu bestellen. Trittbrettfahrer ist also derjenige, der sich die Vorteile des stationären Vertriebs ohne finanzielle Aufwendungen zunutze macht. In der Literatur wird regelmäßig vertreten, dass der Internetvertrieb den traditionellen stationären Verkauf in Gefahr bringt.[20]

Die Verkaufspolitik von Betreibern selektiver Vertriebssysteme besteht in aller Regel darin, dass die Kunden bei dem Besuch eines stationären Ladengeschäfts diejenigen Leistungen erhalten, die letztlich zu den hohen Endverkaufspreisen von den selektiv vertriebenen Produkten führen, also insbesondere die hochwertige Präsentation und die persönliche Beratung.[21] Darüber sollen den Verbrauchern auch sogenannte immaterielle Werte vermittelt werden, die anhand der bloßen Produkteigenschaften nicht dargestellt werden können.[22] Dies könne, so die Bedenken, beim Vertrieb über das Internet nicht mehr gewährleistet werden. Daher äußern Hersteller die Sorge, dass das Image ihrer Produkte über den Verkauf im Internet leidet.[23] So komme es beispielsweise vor, dass Händler die Verfügbarkeit eines bestimmten Produkts nur vortäuschen, um weiter oben in den Ergebnislisten der Preisvergleichsmaschinen aufzutauchen. Bestelle ein Kunde ein Markenprodukt bei einem solchen Händler und komme dies gar nicht oder nur deutlich verspätet an, so leide darunter das Image der Marke.[24] Hersteller begründen ihr Interesse an einem Totalverbot also mit dem Kontrollverlust über den Vertrieb, der mit der Öffnung des Internets einhergeht. Darüber hinaus seien bestimmte Produkte gar nicht für den Internetvertrieb geeignet, weil sie eine persönliche Beratung erforderten. Das gelte insbesondere für hochwertige Parfums oder HiFi-Geräte.[25] Auch in diesem Fall würde das Image der Marke leiden, wenn ein Kunde mangels Beratung das falsche Produkt im Internet bestellt.

Kartellrechtlich ist es nicht zu beanstanden, dass Hersteller ein bestimmtes Image ihrer Produkte etablieren oder wahren wollen. Kunden fragen nicht nur

---

20 Zu dieser Diskussion *Buettner/Coscelli/Vergé/Winter*, ECJ 2009, 613; vgl. auch *Velez*, ECLR 2011, 212 (215).

21 *Beutelmann*, Selektive Vertriebssysteme, 2004, S. 152.

22 *Unglaub*, Der selektive Vertrieb von Parfum und Luxuskosmetika, 2001, S. 14.

23 So u.a. *Chanel*, Stellungnahme im Rahmen des Konsultationsverfahrens zur Überarbeitung der Vertikal-GVO, 25.9.2009, S. 5.

24 So die *Brand Equity Alliance*, Stellungnahme im Rahmen des Konsultationsverfahrens zur Überarbeitung der Vertikal-GVO, 30.9.2009, S. 12.

25 *Schulze zur Wiesche*, K&R 2010, 541 (543).

Produkte mit bestimmten Eigenschaften, sondern auch Produkte mit einem bestimmten Image nach.[26] Daher ist das Interesse der Hersteller am Schutz ihrer Marken anzuerkennen.[27]

Daraus wird teilweise geschlossen, dass es Herstellern für bestimmte Produkte nur im stationären Vertrieb möglich ist, ihr Produktimage zu wahren. Bei der Darstellung im Internet verblieben Unzulänglichkeiten im Vergleich zur Präsentation und Beratung in den Ladengeschäften.[28] Ein Totalverbot des Internetvertriebs könne daher ein zur Sicherung des qualitätsangemessenen Vertriebs erforderliches Kriterium sein.[29]

B. Wettbewerbsbeschränkung durch Totalverbot

Bei der kartellrechtlichen Beurteilung eines Vertriebsverbots über Internet-Auktionsplattformen hat das OLG München knapp festgestellt, dass eine solche Klausel eine Einschränkung des Wettbewerbs im Sinne von Art. 81 Abs. 1 EGV a.F. bezweckt.[30] Ebenso knapp könnte die Prüfung eines vollständigen Verbots des Internetvertriebs ausfallen. Totalverbote des Internetvertriebs schränken die wettbewerbliche Handlungsfreiheit der Händler ein. Damit dürfte ein Totalverbot im Vergleich zu einem weniger beschränkenden Plattformverbot erst recht gegen das Kartellverbot des Art. 101 Abs. 1 AEUV verstoßen.

Dass Totalverbote des Internetvertriebs eine Wettbewerbsbeschränkung bezwecken, gilt jedenfalls für nicht-selektive Vertriebssysteme. Soweit also kein selektives Vertriebssystem vorliegt, verstößt ein Totalverbot gegen das Kartellverbot des Art. 101 Abs. 1 AEUV. Selektive Vertriebssysteme werden allerdings nach ständiger Rechtsprechung des EuGH innerhalb des Kartellverbots privilegiert.[31] Seit dem Metro-Urteil des EuGH sind selektive Vertriebssysteme mit dem Kartellverbot vereinbar, „sofern die Auswahl der Händler aufgrund objektiver Gesichtspunkte qualitativer Art erfolgt, die sich auf dessen fachliche Eignung

---

26 *Honnefelder*, Gruppenfreistellungsverordnung, 2003, S. 38.

27 *Franck*, WuW 2012, 772 (778). Zu einer ausführlichen Auseinandersetzung mit dem Produktimage siehe Kap. 2 A III.

28 So *Rheinländer*, WRP 2005, 285 (287).

29 *Rösner*, WRP 2010, 1114 (1119).

30 *OLG München*, Urt. v. 2.7.2009 – U (K) 4842/08, GRUR-RR, 2009, 394 (395); dazu näher unten Kap. 2 D.

31 Seit *EuGH*, Urt. v. 25.10.1977 – 26/76, Slg. 1977, 1875 (1905), NJW 1978, 480 – Metro I; zuletzt *EuGH*, Urt. v. 13.10.2011 – C-439/09, Slg. 2011, I-9419, Ziff. 41 – Pierre Fabre.

seines Personals und seiner sachlichen Ausstattung beziehen, und sofern diese Voraussetzungen einheitlich für alle in Betracht kommenden Händler festgelegt und ohne Diskriminierung angewendet werden."[32] Später hat der EuGH diese Aussage erweitert und hinzugefügt, dass sich ein solches Vertriebssystem aus den Produkteigenschaften ergeben muss.[33] Bei diesen Vorgaben des EuGH handelt es sich um eine tatbestandliche Reduktion des Art. 101 Abs. 1 AEUV.[34] Daher muss die Frage der Wettbewerbsbeschränkung für den Selektivvertrieb gesondert geprüft werden.

Die folgenden Ausführungen beziehen sich daher ausschließlich auf selektive Vertriebssysteme. Wo eine rechtliche Wertung sämtliche Vertriebsvarianten umfasst, wird dies entsprechend deutlich gemacht.

I. Vergleichbarkeit des Internetvertriebs mit dem Versandhandel

Verbote des Katalogversandhandels im Bereich hochwertiger Luxusprodukte stellten nach der Einzelfreistellungspraxis der Kommission, die bis zum Erlass der ersten Vertikal-GVO 2790/1999 im Jahre 2000 galt, keine Wettbewerbsbeschränkung im Sinne des Art. 81 Abs. 1 EGV a.F. dar.[35] Vor diesem Hintergrund können die rechtlichen Wertungen zum Versandhandel möglicherweise auf das Internet übertragen und Verbote des Internetvertriebs als ein mit dem Wettbewerb vereinbarer Bestandteil eingeordnet werden.

Das Verbot, die Produkte im Versandhandel zu vertreiben, sah die Kommission durch die Verpflichtung zur Beratung der Kunden und zur Präsentation der Waren gedeckt.[36] Damit erkannte sie die Argumente der Hersteller an, wonach ein Bedürfnis der Kunden nach persönlicher Beratung und hochwertiger Präsentation bestehe. Wettbewerbsbeschränkungen aus Prestigegründen konnten mithin eine Beschränkung des Wettbewerbs rechtfertigen.

32 *EuGH*, Urt. v. 25.10.1977 – 26/76, Slg. 1977, 1875 (1905), NJW 1978, 480 – Metro I. Das Thema der tatbestandlichen Privilegierung wird unten unter Kap. 2 B I näher behandelt.

33 *EuGH*, Urt. v. 11.12.1980 – 31/80, Slg. 1980, 3775 Ziff. 16, GRUR Int 1981, 315 – L'Oréal.

34 *Dieselhorst/Luhn*, WRP 2008, 1306 (1307); dazu näher *Zimmer*, in: Immenga/Mestmäcker, EU-Wettbewerbsrecht, 2012, Art. 101 Abs. 1 AEUV, Rn. 300.

35 Entscheidung der *Kommission* vom 10.7.1985, ABl. 1985 L 233/1 – Grundig; Entscheidung der *Kommission* vom 16.12.1991, ABl. 1992 L 12/24 – Yves St. Laurent.

36 Entscheidung der *Kommission* vom 10.7.1985, ABl. L 233/1 (5) – Grundig.

1. *Strukturelle Ähnlichkeiten zwischen Versand- und Internethandel*

Der Bundesgerichtshof hat die Ansicht geäußert, dass der Internetvertrieb dem herkömmlichen Versandhandel in vielen Punkten strukturell entspricht.[37] Die Verpflichtung, den Kunden die Gelegenheit zu geben, die Produkte auszuprobieren und sie dazu zu beraten, seien qualitätsbezogene Anforderungen die der Internethandel ebenso wie der klassische Versandhandel nicht erfüllen könne.

Diese Argumente wurden in der Literatur aufgegriffen. Das Verbot des Internetvertriebs beinhalte jedenfalls in den Fällen, die mit den Kommissionsentscheidungen zum Versandhandel vergleichbar seien, keine Wettbewerbsbeschränkung.[38] Die Grundsätze des Versandhandels müssten auch für den Internetvertrieb gelten, da sich die beiden Vertriebsformen nur hinsichtlich der Produktdarstellung unterschieden.[39] Versandhandel und Internetvertrieb seien bezüglich der Warenbeschaffung, -lagerung und -auslieferung identisch.[40] Schon der Begriff „Homepage" suggeriere, dass sich das beworbene Produkt in Papierform ebenso vielfältig darstellen lasse, wie dies im Internet der Fall sei. Marketingmaßnahmen über das Internet böten gegenüber dem Versandhandel keine Vorteile, die eine unterschiedliche rechtliche Behandlung rechtfertigten.[41] Der Internetvertrieb stelle daher nichts anderes als eine Form des Versandhandels dar. Es fehle jede sachliche Begründung, warum Internetvertrieb und Versandhandel getrennte Vertriebsbereiche darstellen sollten. Sämtliche prägende Tätigkeiten seien identisch.[42] Da für den Internetvertrieb nichts anderes gelten könne als für den Versandhandel, stelle das generelle Verbot des Internetvertriebs in selektiven Vertriebssystemen keine Wettbewerbsbeschränkung dar, wenn und soweit es sich als Ausdruck der Selektionskriterien begründen lasse,[43] der Betreiber also ein berechtigtes Interesse am Ausschluss des Internethandels habe.[44]

---

37 *BGH*, Urt. v. 4.11.2003 - KZR 2/02, CR 2004, 295 (297) - Depotkosmetik im Internet; so auch schon *Cour d'appel de Versailles*, Urt. v. 2.12.1999 - 4 Ob 30/00, GRUR Int 2000, 1035 - Pierre Fabre.

38 *Bauer*/de Bronett, EU-Gruppenfreistellungsverordnung, 2001, Rn. 266 f.; a.A. *Pautke/Schultze*, BB 2001, 317 (319).

39 *Bauer*, WRP 2003, 243 (247).

40 *Rheinländer*, WRP 2005, 285 (287).

41 *Rheinländer*, WRP 2005, 285 (287).

42 *Bauer*, WRP 2003, 243 (247); *Bauer*/de Bronett, EU-Gruppenfreistellungsverordnung, 2001, Rn. 267.

43 *Beutelmann*, Selektive Vertriebssysteme, 2004, S. 154 f.; *Bauer*, WRP 2003, 243 (247).

44 *Bergmann*, ZWeR 2004, 28 (40).

Allerdings hat sich die Kommission schon im Jahre 2000 in den Leitlinien festgelegt, dass jeder Vertriebshändler die Freiheit haben müsse, im Internet für Produkte zu werben und auf diesem Wege Produkte zu verkaufen.[45] Demgegenüber wird eingewandt, diese Äußerung beziehe sich nur auf die Freistellung nach der Vertikal-GVO. Sie habe keine Auswirkungen auf die Vereinbarkeit eines solchen Verbots mit dem Kartellverbot nach den Metro-Kriterien.[46] Jedenfalls seien die Aussagen der Kommission widersprüchlich[47] bzw. primär „politisch motiviert"[48]. Wenn der Vertrieb über den Versandhandel ohne Verstoß gegen das Kartellverbot untersagt werden könne, sei nicht klar, warum dies beim Internetvertrieb eine Kernbeschränkung darstellen solle.[49]

2. *Position der Kommission zum Versandhandel unter der Vertikal-GVO a.F.*

Zunächst bedürfen die Ausführungen der Kommission in den Leitlinien zur Vertikal-GVO a.F. einer näheren Betrachtung. Die Kommission stellte darin fest: „Jeder Vertriebshändler muss die Freiheit haben, im Internet für Produkte zu werben und auf diesem Wege Produkte zu verkaufen."[50] Ergänzend fügte sie hinzu: „Dieselben Erwägungen treffen auf den Versandhandel zu."[51] Ein Totalverbot des Verkaufs über das Internet oder per Katalog solle nur dann möglich sein, wenn sachlich gerechtfertigte Gründe vorliegen.[52]

Vordergründig erwecken diese Aussagen tatsächlich den Eindruck der Widersprüchlichkeit. Bis zum Erlass der Vertikal-GVO 2790/1999[53] hatte die Kommission den Ausschluss des Versandhandels nicht als Verstoß gegen das Kartellverbot eingeordnet. Er war durch die Verpflichtung zur Beratung der Kunden und zur Präsentation der Waren gedeckt,[54] bzw. konnte mit einer „Aura

---

45 Mitteilung der *Kommission*, Leitlinien für vertikale Beschränkungen („Leitlinien a.F."), ABl. 2000 C 291/1, Ziff. 51, Satz 1.

46 *Bauer*/de Bronett, EU-Gruppenfreistellungsverordnung, 2001, Rn. 267; *Rheinländer*, WRP 2005, 285 (288).

47 So im Ergebnis *Pautke/Schultze*, BB 2001, 317 (319); vgl. auch *Schulze zur Wiesche*, K&R 2010, 541 (542).

48 *Bauer*, WRP 2003, 243 (247).

49 *Polley*, CR 2010, 625 (629).

50 Leitlinien a.F., Ziff. 51, Satz 1.

51 Leitlinien a.F., Ziff. 51, Satz 9.

52 Leitlinien a.F., Ziff. 51, a.E.

53 Dazu *Ackermann*, EuZW 1999, 741.

54 Entscheidung der *Kommission* vom 10.7.1985, ABl. 1985 L 233/1 (5) – Grundig I; Entscheidung der *Kommission* vom 21.12.1993, ABl. 1994 L 20/15 – Grundig II.

prestigeträchtiger Exklusivität" gerechtfertigt werden.[55] Mit den Leitlinien 2000 stellte sich die Kommission sodann auf den Standpunkt, dass der Internetverkauf frei sein müsse, wobei sie selbst davon ausgeht, dass dieser mit dem Katalogversand vergleichbar sei. Dabei wird jedoch zunächst nicht deutlich, warum ein Verbot des Katalogversands regelmäßig freigegeben wurde, ein Internetverbot unter Geltung der Vertikal-GVO aber eine Kernbeschränkung darstellen und daher nicht von der Gruppenfreistellung erfasst sein soll.

a) Keine Gruppenfreistellung

Bei näherer Betrachtung löst sich dieser Widerspruch gleichwohl auf. Die Kommission war der Ansicht, dass im Anwendungsbereich der Vertikal-GVO 2790/1999 ein Totalverbot des Internetvertriebs zulasten der Einzelhändler unabhängig vom Vertriebssystem nicht möglich sei. So erklärt sich die Aussage der Kommission, wonach jedem Einzelhändler der Internetverkauf frei stehen müsse. Die bisherigen Kriterien zur Vereinbarkeit des Versandhandelsverbots mit Art. 81 Abs. 1 EGV a.F. wollte die Kommission aber beibehalten. Diese bezogen sich auf den Begriff der Wettbewerbsbeschränkung und konnten auf die Frage der Einzelfreistellung erweitert werden. Sie hatten aber keinen Bezug zur Gruppenfreistellung. Ohne Unterscheidung zwischen Internetvertrieb und Katalogversand stellte die Kommission nämlich fest, dass ein Totalverbot zulässig ist, wenn sachlich gerechtfertigte Gründe vorliegen. Damit drückte sie nichts anderes aus, als dass die Gründe, mit denen ein Versandhandelsverbot bisher gerechtfertigt werden konnte, auch bei einem Verbot des Internetvertriebs gelten sollten.[56] „Sachlich gerechtfertigte Gründe" meinte vor diesem Hintergrund, dass nicht nur Gesundheitsschutz, Gefahrenabwehr oder ein öffentliches Verbot ein Totalverbot des Internetvertriebs rechtfertigen konnten. Es kamen auch weiterhin solche Gründe in Betracht, die auf Grundlage der Metro-Kriterien die Vereinbarkeit von Beschränkungen mit dem Kartellverbot rechtfertigen konnten.[57] Ein Verbot des Internetvertriebs konnte folglich auch mit der Beratungsintensität des Produkts begründet werden.[58] Insbesondere die Entscheidung *Yves Saint Laurent* aus dem Jahre 1991 verdeutlicht, was die Kommission unter sachlich gerechtfertigten Gründen verstand.[59]

---

55 Entscheidung der *Kommission* vom 16.12.1991, ABl. 1992 L 12/24 (30) – Yves St. Laurent.

56 *Beutelmann*, Selektive Vertriebssysteme, 2004, S. 154.

57 *Beutelmann*, Selektive Vertriebssysteme, 2004, S. 155.

58 *Vajda/Gahnström*, ECLR 2000, 94 (106).

59 Entscheidung der *Kommission* vom 16.12.1991, ABl. 1992 L 12/24 – Yves St. Laurent.

Zwar erkannte sie, dass die Handlungsfreiheit der Einzelhändler damit eingeschränkt wurde. Das Versandhandelsverbot sei aber nicht als spürbare Beschränkung des Wettbewerbs anzusehen. Die Produkte ließen sich im Übrigen nur dann optimal anbieten, wenn ein direkter Kontakt zwischen den Kunden und dem Personal bestehe. Das Verbot sei eine Ergänzung der anderen Kriterien, die eine „Aura prestigeträchtiger Exklusivität" gewährleisten sollten, und gebe dem Hersteller die Möglichkeit, das Qualitätsniveau seiner Vertriebsorganisation fortlaufend zu überwachen.[60]

b) Bewertung

Vor dem Hintergrund der noch kurzen Geschichte des Internets im Jahr 2000 hatte die Kommission einen streitbaren, aber letztlich ausgewogenen Ansatz gewählt. Die positiven Auswirkungen, die der Internethandel auf den europäischen Binnenmarkt haben konnte, hatte die Kommission erkannt und die Gruppenfreistellung eines Totalverbots des Internetvertriebs ausgeschlossen. Außerdem kam die Ausdehnung der Kriterien zum Katalogversand auf die Vertikal-GVO auch deswegen nicht in Betracht, weil die Gruppenfreistellungsverordnung für alle Vertriebssysteme galt, die Entscheidungen zum Ausschluss des Versandhandels aber nur für den selektiven Vertrieb. Da sich die Hersteller für ihre Vertriebsvereinbarungen weitgehend auf die Vertikal-GVO stützten – der Weg der Einzelfreistellung war zeitraubend und aufwendig,[61] – erreichte die Kommission, dass der Internetvertrieb weitgehend von den Herstellern freigegeben wurde. Betreiber selektiver Vertriebssysteme, die diesen Vertriebsweg ausschließen wollten, konnten den Weg einer Einzelfreistellung gehen und dabei die Argumente heranziehen, die für die Rechtfertigung eines Versandhandelsverbots noch ihre Gültigkeit hatten. So gab die Kommission sich und den Herstellern weiterhin die Möglichkeit, die Wirkungen des Internethandels einerseits auf den Markt und andererseits auf das Produktimage zu testen. Angesichts der Reichweite und des Potentials des Internets durfte dennoch damit gerechnet werden, dass die Kommission Totalverbote des Internetvertriebs strenger beurteilen würde als Verbote des Versandhandels.[62] Dies gilt vor allem dann, wenn man berücksichtigt, dass das Versandhandelsverbot zuletzt als Einschränkung der Handlungsfreiheit der Händler eingestuft wurde. Es war lediglich nicht geeignet, den Wettbewerb

60 Entscheidung der *Kommission* vom 16.12.1991, ABl. 1992 L 12/24 (30) – Yves St. Laurent.

61 *Beutelmann*, Selektive Vertriebssysteme, 2004, S. 155.

62 *Martínez-López*, Competition Policy Newsletter 2/2001, 7 (8); *Beutelmann*, Selektive Vertriebssysteme, 2004, S. 155.

„spürbar" einzuschränken.[63] Bei einem Internetvertriebsverbot konnte die Kommission die Spürbarkeit der Wettbewerbsbeschränkung auch bejahen, ohne ihre früheren Kriterien zum Versandhandel aufzugeben.

3. *Fazit: Einzelfreistellungen zum Versandhandel nicht mehr relevant*

Noch im 2009 veröffentlichten Entwurf der Vertikal-Leitlinien, die die ab 2010 geltende Vertikal-GVO begleiten sollten, wiederholte die Kommission ihre alte Position. Eine völlige Untersagung des Verkaufs „über das Internet oder per Katalog" könne objektiv erforderlich sein und damit nicht unter Art. 81 Abs. 1 EGV a.F. fallen.[64] Damit verbreitete sie weiterhin den Eindruck, dass die Kriterien aus der *Yves Saint Laurent* Entscheidung von 1991[65] noch immer Geltung beanspruchen konnten.

In den endgültigen Leitlinien wurde die Position, wonach der Internetvertrieb mit dem Versandhandel vergleichbar sei, schließlich aufgegeben. Die Aussage, dass die Ausführungen zum Internetvertrieb auch auf den Versandhandel zuträfen, wurde gestrichen.[66] Kernbeschränkungen, also insbesondere ein Totalverbot des Internetvertriebs, könnten nur dann mit Art. 101 Abs. 1 AEUV vereinbar sein, wenn sie erforderlich sind, um einem aus Sicherheits- oder Gesundheitsgründen bestehenden öffentlichen Verbot nachzukommen.[67] Einen Bezug zum Versandhandel nimmt die Kommission an dieser Stelle nicht mehr vor.

Die Aussage des BGH aus dem Jahre 2003, wonach der Versandhandel strukturell mit dem Internetvertrieb vergleichbar sei, mag ihren Ursprung in der damaligen Wettbewerbspolitik der Europäischen Kommission haben. Im aktuellen Kontext träfe sie nicht mehr zu. Es ist aber auch nicht anzunehmen, dass der Bundesgerichtshof sie wieder so treffen würde. Im Übrigen war die Frage, ob der Internetvertrieb mit dem Versandhandel vergleichbar ist, nicht entscheidungrelevant.

Im Jahre 1992 durfte die Europäische Kommission zu Recht davon ausgehen, dass ein Versandhandelsverbot den Wettbewerb nicht spürbar beschränkt. Der Anteil des Versandhandels am innereuropäischen Wirtschaftsverkehr war zu diesem Zeitpunkt um ein Vielfaches geringer als der des Internethandels heute.

---

63 Entscheidung der *Kommission* vom 16.12.1991, ABl. 1992 L 12/24 (30) – Yves St. Laurent.

64 Leitlinien-Entwurf der *Kommission*, SEK(2009) 946, Ziff. 54, Satz 4.

65 Entscheidung der *Kommission* vom 16.12.1991, ABl. 1992 L 12/24 – Yves St. Laurent.

66 Vgl. *Schultze/Pautke/Wagener*, Vertikal-GVO, 2011, Rn. 226 u. 722.

67 Leitlinien, Ziff. 60, Satz 1 f.

Auch zum Zeitpunkt des BGH-Urteils im Jahre 2003 waren die Umsätze des Internethandels noch deutlich niedriger als zum heutigen Zeitpunkt. Insofern war es vertretbar, dass sich der BGH noch auf die Entscheidungspraxis der Kommission zum Versandhandel bezog. Mittlerweile hat sich der Internethandel jedoch längst von einem ergänzenden Vertriebsweg zu einem zentralen Faktor für den Handel entwickelt. Die Bedeutung des Internets geht deutlich über das Potential des Versandhandels hinaus.[68] Das Internet ist weltweit ohne großen Zeitaufwand verfügbar und hat damit eine deutlich höhere Reichweite. Insbesondere müssen die Kunden nicht zunächst den Erhalt des Katalogs abwarten, bevor sie bestellen.[69] Die praktische Akzeptanz des Online-Handels ist außerdem ungleich höher als die des Versandhandels. Preise können im Internet leicht miteinander verglichen werden. So können Verkäufe über das Internet die Preistransparenz erhöhen und darüber den markeninternen Wettbewerb steigern.[70] Nicht nur aus diesem Grund bietet der Internetvertrieb auch ein viel größeres Marketingpotential.[71] Zusätzlich können kommunikative Elemente wie Produkt- und Shopbewertungen durch die Kunden genutzt werden. Auch die Möglichkeit der individualisierten Werbung gab es beim Katalogversand nicht.[72] Sie verdeutlicht ebenfalls die deutliche höhere Relevanz des Internetvertriebs im Vergleich zum Versandhandel.

Diese Aspekte zeigen, dass die Kriterien zur Vereinbarkeit eines Versandhandelsverbots mit dem Kartellverbot nicht pauschal auf den Internetvertrieb übertragen werden können.[73] Es überwiegen die Unterschiede zwischen den beiden Vertriebswegen.[74] Zwar können die Überlegungen der Kommission zu den Versandhandelsverboten bei der Frage, ob ein Totalverbot des Internetvertriebs mit dem Kartellverbot vereinbar ist, durchaus einbezogen werden. Dabei ist aber zu berücksichtigen, dass ein Totalverbot des Internetvertriebs gegenüber einem Versandhandelsverbot deutlich schwerer wiegt und besonders einschneidende

68 *Schultze/Pautke/Wagener*, Vertikal-GVO, 2011, Rn. 724.

69 *Bühlmann/Schirmbacher*, Jusletter 30. Mai 2011, Rn. 87.

70 Schlussanträge des *Generalanwalts* Mazák, 3.3.2011 – C-439/09, Ziff. 56 – Pierre Fabre.

71 *Schultze/Pautke/Wagener*, Vertikal-GVO, 2011, Rn. 724.

72 *Bühlmann/Schirmbacher*, Jusletter 30. Mai 2011, Rn. 87.

73 *Bühlmann/Schirmbacher*, Jusletter 30. Mai 2011, Rn. 88; so auch *Rösner*, WRP 2010, 1114 (1119).

74 *Baron*, in: Loewenheim/Meessen/Riesenkampff, Kartellrecht, 2009, Art. 4 Vertikal-GVO, Rn. 194.

Auswirkungen auf den Wettbewerb hat.[75] So hat ein französisches Berufungsgericht im Jahre 2013 nunmehr richtigerweise festgestellt, dass Kataloghandel und Internetvertrieb unterschiedlich zu beurteilen seien.[76]

II. „Aura prestigeträchtiger Exklusivität“ nur ohne Internetvertrieb?

Selektive Vertriebssysteme werden insbesondere von Herstellern hochwertiger Markenartikel für den Vertrieb ihrer Produkte gewählt.[77] Diese Hersteller fordern von ihren Händlern in aller Regel eine besonders hohe Qualität der Beratung und der Serviceleistungen. Die Präsentation der Produkte in hochwertigen Markenwelten sowie ein haptisches Kauferlebnis sollen eine „Aura prestigeträchtiger Exklusivität“ schaffen bzw. wahren.[78] Die Kommission hat für selektive Vertriebssysteme, die ein solches Ziel verfolgten, unter Hinweis auf die Metro-Rechtsprechung des EuGH bereits mehrfach eine Wettbewerbsbeschränkung im Sinne von Art. 101 Abs. 1 AEUV verneint.[79]

Der Aufbau und der Schutz einer Aura prestigeträchtiger Exklusivität werden auch heute weiter als Argument herangezogen, das Internet als Vertriebsweg vollständig auszuschließen.[80] Da ein haptisches oder olfaktorisches Einkaufserlebnis im Internet nicht möglich sei, könne der Einkauf über einen Online-Shop die Beratungs- und Erlebnisbedürfnisse der Kunden nicht anforderungsgemäß befriedigen.[81] Soweit diese Bedürfnisse der Kunden nicht befriedigt werden können, leide auch das Image der Marke. Insbesondere für Luxusprodukte sei das Einkaufserlebnis im Ladengeschäft von großer Bedeutung für das Markenimage.[82] Der Verbraucher erwarte, das Produkt zu bekommen, das genau zu ihm passe. Dies könne nur durch hochwertige und persönliche Beratung gewährleistet werden.

---

75 *Bühlmann/Schirmbacher*, Jusletter 30. Mai 2011, Rn. 88; so auch *Schultze/Pautke/Wagener*, Vertikal-GVO, 2011, Rn. 724.

76 *Cour d'Appel de Paris*, Urt. v. 31.1.2013 - 2008–23812; dazu *Vogel*, JECLaP 2013, 277 (282 f.).

77 *Zimmer*, in: Immenga/Mestmäcker, EU-Wettbewerbsrecht, 2012, Art. 101 Abs. 1 AEUV, Rn. 299.

78 *Rösner*, WRP 2010, 1114 (1117).

79 Entscheidung der *Kommission* vom 24.7.1992, ABl. 1992 L 236/11 (15) - Givenchy; Entscheidung der *Kommission*, ABl. 1992 L 12/24 - Yves St. Laurent.

80 *Schulze zur Wiesche*, K&R 2010, 541 (543); dazu auch *Kapp*, WuW 2009, 1003.

81 *Rösner*, WRP 2010, 1114 (1117).

82 *Chanel*, Stellungnahme im Rahmen des Konsultationsverfahrens zur Überarbeitung der Vertikal-GVO, 25.9.2009, S. 5.

Fraglich ist also, ob ein Totalverbot des Internetvertriebs aus Gründen der Gewährleistung eines bestimmten Images unter bestimmten Voraussetzungen gerechtfertigt werden kann und somit keine im Sinne des Kartellrechts den Wettbewerb nicht beschränkt.

1. Wettbewerbsbeschränkungen aus Imagegründen

Vereinbarungen fallen nur unter das Verbot des Art. 101 Abs. 1 AEUV, wenn sie eine Verhinderung, Einschränkung oder Verfälschung des Wettbewerbs bezwecken oder bewirken. Maßgeblich ist damit der wettbewerbsbeschränkende Zweck[83] oder die entsprechende Wirkung der Vereinbarung. Die beiden Voraussetzungen sind alternativ. Es genügt insofern, wenn eine von ihnen vorliegt.[84] Nach ständiger Rechtsprechung des EuGH[85] weist die Konjunktion „oder" darauf hin, dass zunächst der Zweck der Vereinbarung zu prüfen ist.[86] Wird ein wettbewerbsbeschränkender Zweck der Maßnahme festgestellt, kommt es auf die tatsächlichen Auswirkungen auf den Markt nicht mehr an.[87] Bei der Prüfung des Zwecks einer Vereinbarung ist auf den Inhalt der Klausel und die mit ihr verfolgten Ziele sowie auf den wirtschaftlichen und rechtlichen Zusammenhang, in dem sie steht, abzustellen,[88] d.h. auf ihr mögliches wettbewerbsbeschränkendes Potential.[89]

Der EuGH hat sich jüngst ausdrücklich zu der Frage geäußert, ob der Schutz des Produktimages eine Wettbewerbsbeschränkung innerhalb des Kartellverbots rechtfertigen kann. Der Gerichtshof hatte sich mit einem selektiven Vertriebssystem zu befassen, in dem ein Kosmetikhersteller in seinen selektiven Vertriebsvereinbarungen vorsah, dass die Produkte nur „in einem physischen Raum (...) in Anwesenheit eines diplomierten Pharmazeuten" verkauft werden.[90] Mit dieser

83 Dazu ausführlich *Goyder*, JECLaP 2011, 327.

84 *Gonzalez Díaz*, in: Loewenheim/Meessen/Riesenkampff, Kartellrecht, 2009, Art. 81 Abs. 1 EGV, Rn. 161.

85 Seit *EuGH*, Urt. v. 30.9.1966 – 56/65, Slg. 1966, 282 (303 f.) – LTM.

86 Langen/*Bunte*, Europäisches Kartellrecht, 2010, Art. 81, Rn. 119.

87 *Emmerich*, in: Immenga/Mestmäcker, EU-Wettbewerbsrecht, 2012, Art. 101 Abs. 1 AEUV, Rn. 172.

88 *EuGH*, Urt. v. 13.10.2011 – C-439/09, Slg. 2011, I-9419, Ziff. 35, MMR 2010, 50 – Pierre Fabre.

89 *Emmerich*, in: Immenga/Mestmäcker, EU-Wettbewerbsrecht, 2012, Art. 101 Abs. 1 AEUV, Rn. 174.

90 *EuGH*, Urt. v. 13.10.2011 – C-439/09, Slg. 2011, I-9419, Ziff. 36, MMR 2010, 50 – Pierre Fabre.

Klausel wurde der Verkauf über das Internet vollständig ausgeschlossen.[91] Der Hersteller begründete das Internetvertriebsverbot unter anderem mit der Notwendigkeit, den Prestigecharakter seiner Produkte zu schützen.[92] Dazu stellte der EuGH knapp fest:

> „Das Ziel, den Prestigecharakter zu schützen, kann kein legitimes Ziel zur Beschränkung des Wettbewerbs sein und kann es daher nicht rechtfertigen, dass eine Vertragsklausel, mit der ein solches Ziel verfolgt wird, nicht unter Art. 101 Abs. 1 AEUV fällt."[93]

Totalverbote des Internetvertriebs zugunsten des Imageschutzes beschränken folglich nach Ansicht des EuGH den Wettbewerb. An früherer Stelle seines Urteils stellte der EuGH zudem ausdrücklich fest, dass selektive Vertriebssysteme zwangsläufig den Wettbewerb im Europäischen Binnenmarkt beeinflussen und solche Vereinbarungen in Ermangelung einer objektiven Rechtfertigung als bezweckte Wettbewerbsbeschränkungen zu betrachten sind.[94] Aus dem Kontext des Urteils wird deutlich, dass der Gerichtshof zu dem Ergebnis kommt, dass mit einem Totalverbot des Internetvertriebs eine Beschränkung des Wettbewerbs auch bezweckt ist. Diese bezweckte Wettbewerbsbeschränkung kann, dem obigen Zitat folgend, auch nicht damit gerechtfertigt werden, dass damit das Image der Produkte geschützt werden soll. Ein solches Ziel gilt nicht als objektive Rechtfertigung für die Beschränkung des Wettbewerbs.[95]

Da Zweck und Wirkung bei der Prüfung der Wettbewerbsbeschränkung alternativ nebeneinander stehen, erübrigte sich damit auch die Prüfung der Auswirkungen einer solchen Klausel auf den Wettbewerb.

2. *Abkehr von früherer Entscheidungspraxis: Keine Rechtfertigung der Wettbewerbsbeschränkung mit Prestigegründen*

In seinen Schlussanträgen zu dem oben genannten Fall äußerte der Generalanwalt die Ansicht, dass bei der Beurteilung der Frage, ob das Totalverbot des Internetvertriebs den Wettbewerb beschränkt, zu berücksichtigen sei, dass die Anwesenheit eines Pharmazeuten bei der Aushändigung der Produkte deren

---

91 So auch unter anderem *Ellenrieder*, WRP 2012, 141 (141); sowie *Haktanir*, Jusletter 10. September 2012, Rn. 1.

92 *EuGH*, Urt. v. 13.10.2011 – C-439/09, Slg. 2011, I-9419, Ziff. 45 – Pierre Fabre.

93 *EuGH*, Urt. v. 13.10.2011 – C-439/09, Slg. 2011, I-9419, Ziff. 46 – Pierre Fabre.

94 *EuGH*, Urt. v. 13.10.2011 – C-439/09, Slg. 2011, I-9419, Ziff. 39 – Pierre Fabre.

95 Vgl. *EuGH*, Urt. v. 13.10.2011 – C-439/09, Slg. 2011, I-9419, Ziff. 47 – Pierre Fabre.; dazu *Janssen*, in: Oelschlägel/Scholz, Versandhandelsrecht, 2013, S. 611.

Image erhöht. Dabei verwies er auf das *Copad* Urteil des EuGH.[96] In dieser markenrechtlichen Entscheidung war der Gerichtshof der Ansicht, dass eine Schädigung der luxuriösen Ausstrahlung geeignet sei, die Qualität der Waren selbst zu beeinträchtigen.[97] Daher prüfte er, ob der Vertrieb von Prestigewaren außerhalb des durch den Hersteller eingeführten selektiven Vertriebssystems die Produkte schädigt.[98] Offenbar beruhte die Qualität der Produkte nach der Einschätzung des EuGH nicht allein auf ihren materiellen Eigenschaften, sondern auch auf ihrer luxuriösen Ausstrahlung.[99]

Vor diesem Hintergrund wurde damit gerechnet, dass der Gerichtshof im Falle des Internetvertriebsverbots das Interesse der Hersteller an der Wahrung der luxuriösen Ausstrahlung der Produkte als möglichen Rechtfertigungsgrund für eine Wettbewerbsbeschränkung zumindest in Betracht ziehen würde.[100] Im Gegensatz zum Generalanwalt hat der EuGH dem Argument des Imageschutzes innerhalb der Prüfung der Wettbewerbsbeschränkung jedoch nicht berücksichtigt.

Will man zwischen *Copad* und *Pierre Fabre* eine Parallele ziehen, ist zu berücksichtigen, dass das erstgenannte Urteil in einem markenrechtlichen Zusammenhang stand. Demgegenüber hatte der EuGH in der *Pierre Fabre* Entscheidung lediglich die Rechtfertigung einer Wettbewerbsbeschränkung aus Prestigegründen unter Art. 101 Abs. 1 AEUV ausgeschlossen. Im Rahmen der Prüfung einer Einzelfreistellung hat das Argument des Imageschutzes weiterhin seinen Platz.[101]

Mit der Aussage, dass der Schutz des Prestigecharakters eine Wettbewerbsbeschränkung nicht rechtfertigen könne, distanziert sich der EuGH deutlich von den früheren Einzelfreistellungen der Europäischen Kommission, sowie von einer Entscheidung des Gerichts der Europäischen Union (EuG), in denen die Gewährleistung einer „Aura prestigeträchtiger Exklusivität" als Rechtfertigungsgrund für die Einrichtung selektiver Vertriebssysteme anerkannt wurde.[102]

---

96 Schlussanträge des *Generalanwalts* Mazák, 3.3.2011 – C-439/09, Ziff. 44 – Pierre Fabre.

97 *EuGH*, Urt. v. 23.4.2009 – C-59/08, Slg. 2009, I-3421, Ziff. 26 – Copad; dazu *Koch*, EuZW 2009, 453 (457).

98 *EuGH*, Urt. v. 23.4.2009 – C-59/08, Slg. 2009, I-3421, Ziff. 27 – Copad.

99 *Oest/Wagener*, RIW 2012, 35 (37 f.).

100 *Oest/Wagener*, RIW 2012, 35 (38).

101 *Wegner*, BB 2011, 2956 (2959); *Dethof*, ZWeR 2012, 503 (512); kritisch *Velte*, EuZW 2012, 19 (21).

102 Entscheidung der *Kommission* vom 16.12.1991, ABl. 1992 L 12/24 – Yves St. Laurent; Entscheidung der *Kommission* vom 24.7.1992, ABl. 1992 L 236/11 (15), Ziff. 5 – Givenchy; bestätigt durch *EuG*, Urt. v. 12.12.1996 – T-88/92, Slg. 1996, II-1961, Ziff. 109.

Zudem hatte das EuG eine hochwertige Produktpräsentation – also ein Selektionskriterium das dem Imagegewinn dient – im stationären selektiven Vertrieb unter Verweis auf die Metro-Rechtsprechung des EuGH als mit dem Kartellverbot vereinbar eingestuft.[103]

Zwar sieht der EuGH in ständiger Rechtsprechung eine tatbestandliche Privilegierung selektiver Vertriebssysteme vor,[104] wovon er auch im *Pierre Fabre* Urteil ausdrücklich nicht abgerückt ist.[105] Gleichwohl hat er bereits festgestellt, dass der Selektivvertrieb zwangsläufig den Wettbewerb beeinflusse[106] und damit einer objektiven Rechtfertigung bedürfe. Bisher konnte diese objektive Rechtfertigung in der Wahrung des Prestigecharakters bestehen,[107] wie die Entscheidungen der Kommission und des EuG zeigen. Dem erteilt der Gerichtshof nun eine Absage.

Teilweise führte das *Pierre Fabre* Urteil in der Literatur zu Konfusionen. Das Urteil sei nicht dahingehend zu interpretieren, „dass der EuGH in Abkehr zu seiner bisherigen Rechtsprechung rein qualitativ selektive Vertriebssysteme nunmehr generell als bezweckte Wettbewerbsbeschränkung im Anwendungsbereich des Art. 101 Abs. 1 AEUV ansieht, die nur bei Vorliegen einer irgendwie gearteten objektiven Rechtfertigung zulässig sind. Eine solche Auslegung würde (...) den Wortlaut des EuGH-Urteils überinterpretieren."[108] Diese Aussage muss richtig gestellt werden. Spätestens seit dem *L'Oréal* Urteil aus dem Jahre 1980 ordnet der EuGH selektive Vertriebssysteme als bezweckte Wettbewerbsbeschränkung ein, auch wenn er dies dort noch nicht ausdrücklich formulierte. Er stellte in diesem Urteil jedoch fest, dass qualitative und diskriminierungsfreie Kriterien nur dann rechtfertigend wirken, wenn die Eigenschaften des in Rede stehenden Erzeugnisses zur Wahrung seiner Qualität und seines richtigen Gebrauchs ein solches selektives Vertriebssystem erfordern.[109] Wenn der EuGH nun im *Pierre Fabre* Urteil feststellt, dass selektive Vertriebssysteme in Ermangelung einer

---

103 *EuG*, Urt. v. 12.12.1996 – T 19/92, Slg. 1996, II-1851, Ziff. 120, GRUR Int 1998, 149.

104 Seit *EuGH*, Urt. v. 25.10.1977 – Rs. 26/76, Slg. 1977, 1875 (1905), Ziff. 20 – Metro I.

105 *EuGH*, Urt. v. 13.10.2011 – C-439/09, Slg. 2011, I-9419, Ziff. 41, MMR 2010, 50 – Pierre Fabre; dazu näher *Oest/Wagener*, RIW 2012, 35 (37).

106 *EuGH*, Urt. v. 13.10.2011 – C-439/09, Slg. 2011, I-9419, Ziff. 39 – Pierre Fabre.; unter Hinweis auf *EuGH*, Urt. v. 25.10.1983 – 107/82, Slg. 1983, 3151, Ziff. 33 – AEG-Telefunken.

107 So auch *Zimmer*, in: Immenga/Mestmäcker, EU-Wettbewerbsrecht, 2012, Art. 101 Abs. 1 AEUV, Rn. 301.

108 *Oest/Wagener*, RIW 2012, 35 (37).

109 *EuGH*, Urt. v. 11.12.1980 – 31/80, Slg. 1980, 3775 Ziff. 16, GRUR Int 1981, 315 – L'Oréal; dazu *Zimmer*, in: Immenga/Mestmäcker, EU-Wettbewerbsrecht, 2012, Art. 101 Abs. 1 AEUV, Rn. 301; sowie *von Hülsen*, ZVertriebsR 2012, 299 (300).

objektiven Rechtfertigung als bezweckte Wettbewerbsbeschränkung zu betrachten sind, ist das nichts anderes als eine Wiederholung der früheren Aussage mit anderen – deutlicheren – Worten. Selektive Vertriebssysteme bezwecken folglich eine Beschränkung des Wettbewerbs, sofern sie nicht aufgrund des Charakters oder der Eigenschaften der vertriebenen Produkte gerechtfertigt sind.

Vor dem Hintergrund der über Jahrzehnte gefestigten Rechtsprechung zur tatbestandlichen Privilegierung selektiver Vertriebssysteme ist die jüngste Feststellung des EuGH zum Schutz des Prestigecharakters dennoch bemerkenswert. Denn immerhin schränkt sie die von ihm entwickelten Kriterien zur Vereinbarkeit selektiver Vertriebssysteme mit dem Kartellverbot deutlich ein. Hersteller können die mit selektiven Vertriebssystemen einhergehenden Wettbewerbsbeschränkungen innerhalb von Art. 101 Abs. 1 AEUV nicht mehr damit rechtfertigen, dass sie ein bestimmtes Image erhalten oder aufbauen wollen, eine gewisse Aura des Luxus anstreben oder eben ein bestimmtes Prestige ihrer Produkte schützen wollen. Der Schutz des Prestigecharakters ist kein legitimes Ziel zur Beschränkung des Wettbewerbs. Anders kann die ohne Einschränkungen getätigte Aussage des EuGH nicht interpretiert werden.

Nicht zuletzt ist wohl auch die Kommission der Ansicht, dass Beschränkungen, die zur Schaffung eines Markenimages beitragen sollen, gegen das Kartellverbot verstoßen, auch wenn sie zu dieser Frage nicht ausdrücklich Stellung bezieht. Zwar können Beschränkungen mit diesem Ziel nach der Vertikal-GVO freigestellt werden.[110] Allerdings fallen Vorgaben an die Präsentation des Produkts aus Sicht der Kommission offenbar unter den quantitativen Selektivvertrieb,[111] der nach gefestigter Rechtsprechung des EuGH gegen das Kartellverbot verstößt.[112]

3. *Bewertung: Privilegierung des Selektivvertriebs ist systemwidrig*

Die tatbestandliche Reduktion des Begriffs der Wettbewerbsbeschränkung für sogenannte qualitative selektive Vertriebssysteme ist systemwidrig. Wie der EuGH bereits 1983 festgestellt hat, beeinflusst der Selektivvertrieb zwangsläufig den Wettbewerb im Gemeinsamen Markt und beschränkt diesen folglich.[113] Da wettbewerbsbeschränkende Abreden mit effizienzsteigernder Wirkung nach

110 Leitlinien, Ziff. 107 lit. i.

111 Leitlinien, Ziff. 188, 1. Absatz.

112 *EuGH*, Urt. v. 3.7.1985 – 243/83, Slg. 1985, 2015 – Binon/AMP; dazu *Zimmer*, in: Immenga/Mestmäcker, EU-Wettbewerbsrecht, 2012, Art. 101 Abs. 1 AEUV, Rn. 304.

113 *EuGH*, Urt. v. 25.10.1983 – 107/82, Slg. 1983, 3151, Ziff. 33 – AEG-Telefunken.

Art. 101 Abs. 3 AEUV freigestellt werden können,[114] besteht auch kein Bedarf für die Privilegierung selektiver Vertriebssysteme im Rahmen des Art. 101 Abs. 1 AEUV.[115] Es ist daher nicht zu erklären, warum der EuGH weiterhin daran festhält, dass selektive Vertriebssysteme unter bestimmten Voraussetzungen nicht unter das Kartellverbot fallen.

Der EuGH hatte die Metro-Kriterien im Jahre 1977 entwickelt.[116] Zu diesem Zeitpunkt galt die Gruppenfreistellungsverordnung für Alleinvertriebsvereinbarungen VO 67/67.[117] Sie stellte Vereinbarungen frei, an denen nur zwei Unternehmen beteiligt waren und in denen ausschließliche Liefer- und/oder Bezugspflichten zum Zwecke des Weiterverkaufs vereinbart worden waren. Eine Gruppenfreistellungsverordnung für selektive Vertriebssysteme existierte nicht. Hersteller, die selektive Vertriebssysteme betrieben, bedurften daher weiterhin einer Einzelfreistellung durch die Kommission. Die Zahl der Anträge überstieg aber deutlich die Kapazitäten der Kommission.[118] Offenbar um die Kommission zu entlasten, entschied sich der Gerichtshof für einen Kunstgriff, und ordnete den selektiven Vertrieb nicht als Beschränkung ein, sondern gliederte ihn als gesunden Bestandteil des Wettbewerbs in den Begriff der Wettbewerbsbeschränkung ein.[119] So wurde die Kommission deutlich entlastet. Eine Vielzahl selektiver Vertriebssysteme bedurfte nunmehr keiner Einzelfreistellung mehr. Es ist der Existenz der VO 67/67 geschuldet, dass der EuGH die tatbestandliche Privilegierung nicht auch auf Alleinvertriebssysteme ausgedehnt hat.

Seit Geltung der Vertikal-GVO 2790/1999, bzw. spätestens mit dem Erlass der VO 1/2003[120] sind die Metro-Kriterien allerdings obsolet. Selektive Vertriebssysteme sind nach der Vertikal-GVO freigestellt, soweit sie keine Kernbeschränkung enthalten. Damit profitieren diese Systeme von einer umfassenden Freistellung.

---

114 Siehe zur Entwicklung des Begriffs der Legalausnahme *Hoeren*, in: FS Großfeld, 1999, S. 417 ff.

115 Dazu *Zimmer*, in: Immenga/Mestmäcker, EU-Wettbewerbsrecht, 2012, Art. 101 Abs. 1 AEUV, Rn. 300.

116 *EuGH*, Urt. v. 25.10.1977 – 26/76, Slg. 1977, 1875 (1905), NJW 1978, 480 – Metro I.

117 Verordnung der *Kommission* Nr. 67/67/EWG vom 22.3.1967, ABl. 57 vom 25.3.1967, 849.

118 Vgl. *Geers*, Die Gruppenfreistellung, 2000, S. 43; sowie *Emmerich*, Kartellrecht, 2012, S. 131.

119 *Zimmer*, in: Immenga/Mestmäcker, EU-Wettbewerbsrecht, 2012, Art. 101 Abs. 1 AEUV, Rn. 300.

120 Verordnung (EG) Nr. 1/2003 des *Rates* vom 16.12.2002, ABl. L 1 vom 4.1.2003, 1; kritisch zu dieser Verordnung *Marco Colino*, Vertical Agreements, 2010, S. 94.

Selbst eine Einzelfreistellung nach Art. 101 Abs. 3 AEUV bedarf gem. Art. 1 Abs. 2 VO 1/2003 keiner vorherigen Entscheidung der Kommission mehr.[121]

Vor diesem Hintergrund ist zu bedauern, dass sich der EuGH im *Pierre Fabre* Urteil nicht vollständig von den Metro-Kriterien verabschiedet hat. Die Differenzierung zwischen qualitativen und quantitativen Auswahlkriterien, sowie die übrigen Schritte zur Prüfung der Vereinbarkeit mit dem Kartellverbot können angesichts der Vertikal-GVO und der VO 1/2003 vollständig aufgegeben werden. Selektive Vertriebssysteme schränken die Handlungsfreiheit der Händler ein und beschränken damit den Wettbewerb. Ob sie dennoch angewendet werden können, ist eine Frage der Freistellung.

Gleichwohl ist zumindest die klare Eingrenzung der tatbestandlichen Beschränkung für selektive Vertriebssysteme, wie sie der EuGH im *Pierre Fabre* Urteil mit seinem Hinweis auf Prestigegründe vorgenommen hat, zu begrüßen.[122] Einer der Hauptgründe für die Einrichtung selektiver Vertriebssysteme ist die Wahrung eines bestimmten Produkt- und Markenimages. Vertriebssysteme, die ausschließlich diesem Ziel dienen, müssen sich künftig an Art. 101 Abs. 3 AEUV messen lassen. Dies muss freilich nicht bedeuten, dass es für Hersteller künftig schwieriger wird, kartellrechtskonforme selektive Vertriebssysteme durchzusetzen. Prestigegründe können sowohl in der Vertikal-GVO als auch in der Einzelfreistellung Berücksichtigung finden.[123]

Noch in jüngerer Zeit wurde in der Literatur die Auffassung vertreten, Totalverbote des Internetvertriebs müssten zur Imagepflege zulässig sein.[124] Dies gelte selbst dann, wenn der Hersteller sich entscheide, einen eigenen Onlineshop zu betreiben.[125] Ausdrücklich wurde außerdem gefordert, ein Totalverbot des Internetvertriebs ohne Verstoß gegen das Kartellverbot dort zuzulassen, wo der Internetvertrieb „nachweislich den Prestigecharakter der Ware schädigt“[126]. Damit komme ein Totalverbot insbesondere beim selektiven Vertrieb „hochwertiger Markenprodukte“ in Betracht.[127] Schließlich wurde der Ansatz des EuGH kritisiert, Wettbewerbsbeschränkungen nicht mehr auf ihre Auswirkungen zu

---

121 Dazu näher *Wils*, JECLaP 2013, 293.

122 Andere Ansicht *Romano*, JECLaP 2012, 345 (346).

123 Vgl. *Dethof*, ZWeR 2012, 503 (512).

124 *Velez*, ECLR 2011, 242 (243 f.); im Ergebnis auch *Buettner/Coscelli/Vergé/Winter*, ECJ 2009, 613 (614).

125 *Ruess/Slopek*, WRP 2009, 1021 (1023).

126 *Rösner*, WRP 2010, 1114 (1119).

127 So im Ergebnis *Immenga*, BB 2009, 2561 (2562).

überprüfen, soweit ein wettbewerbsbeschränkender Zweck festgestellt wurde.[128] Der Gerichtshof habe in *Pierre Fabre* einen zu formalen Ansatz gewählt.[129] Es wurde zudem bemängelt, dass die tatsächlichen Umstände im betreffenden Markt nicht durch den EuGH untersucht wurden und die Entscheidung damit in erster Linie wettbewerbspolitisch geprägt war.[130]

Das Gegenteil ist jedoch der Fall. Gerade mit dem *Pierre Fabre* Urteil verlässt der EuGH den bisherigen formalen Weg, nach dem selektive Vertriebssysteme nach den Metro Kriterien umfassend als mit dem Kartellverbot vereinbar eingestuft wurden. Der Gerichtshof verweist ausdrücklich darauf, dass den Unternehmen der Weg der Einzelfreistellung nach Art. 101 Abs. 3 AEUV weiterhin offen steht.[131] Die Prüfung der Freistellung gewährleistet, dass nur solche Verhaltensweisen zur Anwendung kommen, die eine „höhere gesamtwirtschaftliche Effizienz bewirken, als es ein Verbot des fraglichen wettbewerbsbeschränkenden Verhaltens zur Folge hätte"[132]. So werden alleine solche Vertriebsabreden freigestellt, die wirtschaftlich positive Auswirkungen haben.

Schon der Annahme, der Internetvertrieb schädige das Produktimage, kann nicht gefolgt werden. Umfragen der Europäischen Kommission zeigen, dass die Kundenzufriedenheit beim Online-Einkauf häufig höher ist als beim Einkauf in einem Ladengeschäft.[133] Doch unabhängig davon ist die Frage, ob das Image oder Prestige eines Produkts den Charakter eines Produktbestandteils erlangt und damit schutzwürdig ist,[134] keine Frage der Wettbewerbsbeschränkung.[135] Sie darf erst bei der Prüfung der Freistellung berücksichtigt werden.[136] So ist zusammenfassend festzustellen, dass Totalverbote des Internetvertriebs unabhängig von möglichen Steigerungen des Prestigecharakters bzw. Imagegewinnen bezweckte Wettbewerbsbeschränkungen im Sinne von Art. 101 Abs. 1 AEUV darstellen.

---

128 *Vogel*, JECLaP 2012, 271 (272); sowie *Vogel*, JECLaP 2013, 277 (282).

129 *Vogel*, JECLaP 2012, 271 (271).

130 *Vogel*, JECLaP 2012, 271 (274).

131 *EuGH*, Urt. v. 13.10.2011 – C-439/09, Slg. 2011, I-9419, Ziff. 49, MMR 2010, 50 – Pierre Fabre; auch wenn der *Cour d'Appel Paris*, Urt. v. 31.1.2013 – No 2008–23812, das Internetvertriebsverbot letztlich nicht freigestellt hat.

132 *De Bronett*, in: Schulte/Just, Kartellrecht, 2011, Art. 101 AEUV, Rn. 135.

133 *Commission* Staff Working Document, Report on cross-border e-commerce in the EU, 5.3.2009, SEC(2009) 283 final, § 5.1; vgl. *Kinsella/Melin*, Who's Afraid of the Internet?, GCP March 2009, S. 10.

134 Dazu näher *Franck*, WuW 2010, 772 (778).

135 A.A. *KG Berlin*, Urt. v. 19.9.2013 – 2 U 8/09 Kart, EuZW 2013, 873 – Scout Schulranzen.

136 Dazu unten Kap. 1 D II.

III. Totalverbot zum Schutz vor Trittbrettfahrern

Neben dem Argument, der Internetvertrieb schade dem Image der Marke, berufen sich viele Hersteller auf die sog. Trittbrettfahrer-Problematik. Demnach werden „gute“ Händler, die Kundenservice in ihren Ladengeschäften anbieten, von „schlechten“ Händlern bestraft, welche die Produkte ausschließlich oder hauptsächlich über das Internet an Kunden verkaufen die sich ihre Informationen zuvor bei dem guten Händler eingeholt haben.[137] Es wird behauptet, ein solches Szenario schade nicht nur den Herstellern und stationären Händlern, sondern auf lange Sicht auch und vor allem den Verbrauchern.[138] Nach und nach würden die stationären Ladengeschäfte verschwinden, die mit den niedrigen Preisen der Internethändler nicht mithalten könnten.[139] Am Ende dieses Prozesses blieben die Preise zwar niedrig, die Verbraucher könnten aber keine adäquaten Produktinformationen mehr bekommen. Zudem wären die Hersteller nicht mehr in der Lage, neue Marken am Markt zu etablieren.[140]

1. Position des EuGH

In der Sache *Pierre Fabre* war der Generalanwalt in seinen Schlussanträgen der Ansicht, dass die Gefahr des Trittbrettfahrens im selektiven Vertrieb durchaus zu berücksichtigen sei.[141] Gleichwohl hielt er ein absolutes Verbot des Internetvertriebs für übermäßig und unverhältnismäßig, um dem Problem zu begegnen.[142] Auf das Argument, das Vordringen von Trittbrettfahrern rechtfertige den Ausschluss des Internethandels, ist der EuGH im *Pierre Fabre* Urteil allerdings gar nicht erst eingegangen.[143] Damit macht er deutlich, dass er das Trittbrettfahrer-Argument

137 *Gundlach*, JECLaP 2013, 96 (96).

138 *Bauer*, WRP 2003, 243 (246).

139 *Pitkänen*, Selective Distribution Under Article 101 TFEU, 2011, S. 44.

140 *Gundlach*, JECLaP 2013, 96 (96).

141 Schlussanträge des *Generalanwalts* Mazák, 3.3.2011 – C-439/09, Ziff. 39 – Pierre Fabre.

142 Schlussanträge des *Generalanwalts* Mazák, 3.3.2011 – C-439/09, Ziff. 40 f. – Pierre Fabre; siehe auch *OLG Düsseldorf*, Urt. v. 23.1.2013 – VI-U (Kart) 5/12, NZKart 2013, 125 (127), das es für rechtmäßig hielt, dass ein Verband deutscher Fachgroßhändler für Haustechnik einem reinen Internethändler die Aufnahme versagte, weil sich der stationäre Großhandel gegen die Trittbrettfahrer aus dem Internet wehren müsse.

143 *EuGH*, Urt. v. 13.10.2011 – C-439/09, Slg. 2011, I-9419, Ziff. 49 – Pierre Fabre.

als objektiven Rechtfertigungsgrund für ein Totalverbot des Internetvertriebs im Rahmen des Art. 101 Abs. 1 AEUV nicht anerkennt.[144]

2. *Bewertung*

Die Entscheidung des Gerichtshofs ist richtig. Es besteht kein Grund, Totalverbote des Internetvertriebs zum Schutz vor Trittbrettfahrern vom Kartellverbot auszunehmen. Dies gilt unabhängig davon, ob es sich um ein selektives, exklusives oder offenes Vertriebssystem handelt. Verbote des Internetvertriebs beinhalten erhebliche Beschränkungen der Handlungsfreiheit der Händler. Auch hier gilt: Ob ein Trittbrettfahrerproblem besteht und ob es ausschließlich mit einem Totalverbot des Internetvertriebs effizient bekämpft werden kann, ist eine Frage der Einzelfreistellung. Diese Frage wird daher an der entsprechenden Stelle diskutiert.[145]

IV. Totalverbot zum Schutz vor Produktfälschungen

Hersteller führen als Grund für die Untersagung des Internetvertriebs weiterhin regelmäßig an, dass beim Handel über das Internet das Risiko des Vertriebs von Produktfälschungen steige.[146] Zwar ist das Interesse der Hersteller, drohende Fälschungen zu vermeiden, durchaus zu berücksichtigen.[147] Es liegt nicht nur im Interesse der Hersteller, sondern insbesondere auch im Interesse der Verbraucher, keine Produktfälschungen zu verkaufen bzw. zu erwerben. Es leuchtet jedoch nicht ein, warum das Risiko des Verkaufs von Produktfälschungen mit einer Öffnung des Internetvertriebs steigen sollte.[148] Den Herstellern stehen vielfältige Maßnahmen zur Verfügung, den Verkauf von Produktfälschungen im Internet zu vermeiden. In einem selektiven Vertriebssystem könnten Hersteller beispielsweise eine Liste autorisierter Händler auf ihrer Internetseite veröffentlichen, bei denen die Verbraucher garantiert Originalprodukte erwerben. Dies würde auch den ausgewählten Händlern als Marketinginstrument dienen. So könnten diese ihrem Internetshop einen Link auf die Seite des Herstellers unter der Überschrift „Autorisierter Händler" beifügen.

---

144 *Oest/Wagener*, RIW 2012, 35 (38); *Dethof*, ZWeR 2012, 503 (509 f.).

145 Siehe dazu unten Kap. 1 D II.

146 So argumentierte insbesondere Pierre Fabre laut den Schlussanträgen des *Generalanwalts* Mazák, 3.3.2011 - C-439/09, Ziff. 38.

147 Schlussanträge des *Generalanwalts* Mazák, 3.3.2011 - C-439/09, Ziff. 39 - Pierre Fabre.

148 *Dethof*, ZWeR 2012, 503 (510).

Ein Totalverbot des Internetvertriebs gegenüber den ausgewählten Händlern zum Schutz vor Produktfälschungen ist ohnehin ungeeignet, wenn dadurch der Verkauf von Fälschungen durch nicht zugelassene Händler verhindert werden soll. Gegen nicht zugelassene Händler können die Hersteller markenrechtlich vorgehen. Nach der Rechtsprechung des BGH sind Verkäufer gegenüber den Markeninhabern verpflichtet, den Vertrieb von Originalware nachzuweisen.[149] Sind sie dazu nicht in der Lage, hat der Markeninhaber einen Unterlassungsanspruch nach § 14 Abs. 2 und 4 MarkenG.[150]

Richtigerweise hatte der EuGH dem Argument, ein Totalverbot des Internetvertriebs schütze vor Produktfälschungen, keine Beachtung geschenkt.[151] Damit machte er deutlich, dass dadurch eine Beschränkung des Wettbewerbs nicht gerechtfertigt werden kann.[152] Angesichts der Möglichkeiten, die das Markengesetz den Markeninhabern als Schutz gegen Produktfälschungen bietet, sind Fälle schlichtweg undenkbar, in denen ein Totalverbot des Internetvertriebs als unerlässlich eingestuft werden kann, um den Schutz vor Produktfälschungen zu gewährleisten. Auch wenn Unternehmen im Einzelfall darlegen könnten, dass das Risiko von Produktfälschungen beim Internetvertrieb steigt,[153] kann das mildeste Mittel, um diesem Risiko zu begegnen, nicht in einem Totalverbot liegen. Insofern wird dieses Thema auch bei der Frage der Einzelfreistellung nicht wieder aufgegriffen. Der Schutz vor Produktfälschungen kann ein Totalverbot des Internetvertriebs nicht rechtfertigen, weder unter Art. 101 Abs. 1 AEUV noch unter Abs. 3.

V. Totalverbot aus Sicherheits- oder Gesundheitsgründen

Nach Ansicht der Kommission können Totalverbote des Internetvertriebs mit dem Kartellverbot vereinbar sein, wenn das Verbot erforderlich ist, um „einem aus Sicherheits- oder Gesundheitsgründen bestehenden öffentlichen Verbot, gefährliche Stoffe an bestimmte Kunden abzugeben, nachzukommen."[154] Soweit ein Hersteller mit einem Verbot des Internetvertriebs einem gesetzlichen Verbot nachkommt, sich also bei einer Freigabe des Internetvertriebs behördlichen

149 *BGH*, Urt. v. 15.03.2012 – I ZR 52/10, GRUR 2012, 626 – Converse.

150 Dazu näher *Fezer*, Markenrecht, 2009, § 14 MarkenG, Rn. 13 ff.; sowie *Krüger/Biehler*, in: Martinek/Semler/Habermeier/Flohr, Vertriebsrecht, 2010, § 33, Rn. 98.

151 *EuGH*, Urt. v. 13.10.2011 – C-439/09, Slg. 2011, I-9419, MMR 2010, 50 – Pierre Fabre.

152 *Oest/Wagener*, RIW 2012, 35 (38).

153 So *Dethof*, ZWeR 2012, 503 (510).

154 Leitlinien, Ziff. 60 Satz 2; dazu *Mayr*, Internetvertrieb, 2006, S. 189 f.

Maßnahmen ausgesetzt sähe, ist ein Totalverbot demnach mit Art. 101 Abs. 1 AEUV vereinbar.

Dieser Einschätzung der Kommission ist zuzustimmen. Im Übrigen folgt sie damit der ohnehin herrschenden Lehre. Ziel des Kartellrechts ist es, wettbewerbsbeschränkende Vereinbarungen zwischen Unternehmen zu verhindern. Soweit ein Hersteller mit einem Totalverbot des Internetvertriebs lediglich einem gesetzlichen Verbot nachkommt, beruht der Internetausschluss nicht auf seiner autonomen Entscheidung. Das Verbot ist dann kartellrechtsfest.[155] So kann zum Beispiel das Verbot des Online-Glücksspiels nach § 4 Abs. 4 GlüStV das Kartellverbot wirksam verdrängen.[156]

1. Totalverbot ohne gesetzliches Verbot

Fraglich ist jedoch, ob Totalverbote des Internetvertriebs aus Gesundheits- oder Sicherheitsgründen auch dann nicht gegen Art. 101 Abs. 1 AEUV verstoßen, wenn ein ausdrückliches gesetzliches Verbot des Onlineverkaufs nicht existiert und der Hersteller das Verbot lediglich aus eigener Anschauung für erforderlich hält. Zu dieser Frage gibt die Kommission keine eindeutige Antwort. Zwar hält sie Totalverbote aus Sicherheits- oder Gesundheitsgründen für möglich. Als Beispiel nennt sie aber nur den Fall, dass der Hersteller damit einem „bestehenden öffentlichen Verbot“ nachkommt.[157]

Teilweise wird die Ansicht geäußert, dass Totalverbote dann nicht gegen das Kartellverbot verstoßen, wenn der Kaufberatung im Ladengeschäft „neben Erklärungs- auch Belehrungsfunktion zukommt und ohne eine solche Sicherheits- oder Gesundheitsgefahren drohen“[158]. Diese Sichtweise stellt also allgemein darauf ab, ob mit dem Gebrauch des Produkts Gefahren verbunden sind. Danach könnte wohl der Onlineverkauf von Produkten wie Rasenmähern, Motorsägen, Feuerwerkskörpern, Sportbögen und verschreibungs- sowie teilweise nicht verschreibungspflichtigen Medikamenten verboten werden – um nur wenige Beispiele zu nennen. Auch der Generalanwalt im Fall *Pierre Fabre* äußerte in den Schlussanträgen die Ansicht, dass in bestimmten Ausnahmefällen Beschränkungen des Internetvertriebs aufgrund der Produkteigenschaften oder

155 *Nordemann*, in: Loewenheim/Meessen/Riesenkampff, Kartellrecht, 2009, § 1 GWB, Rn. 189.

156 Vgl. *Nordemann*, in: Loewenheim/Meessen/Riesenkampff, Kartellrecht, 2009, § 1 GWB, Rn. 198.

157 Leitlinien, Ziff. 60 Satz 2.

158 *Rösner*, WRP 2010, 1114 (1119).

des Empfängerkreises sachlich gerechtfertigt sein könnten. Daher könne „das Verbot von Verkäufen über das Internet sachlich gerechtfertigt sein (…), auch wenn es keine national- oder gemeinschaftsrechtlichen Vorschriften gebe.“[159] Das verfolgte legitime Ziel müsse öffentlich-rechtlicher Natur sein, d.h. dem Schutz des Allgemeininteresses dienen, und über den Schutz des Images der betreffenden Produkte hinausgehen.

2. *Bewertung*

Auch wenn der Generalanwalt damit nicht den Argumenten von *Pierre Fabre* und anderer Hersteller folgte, die den Internetverkauf von hochpreisigen Kosmetik- und anderen Luxusprodukten ohne jede belastbare Begründung als Risiko für die Gesundheit und Sicherheit der Konsumenten bezeichnet haben,[160] ist seine Sichtweise abzulehnen.

Soweit der Internetvertrieb nicht durch ein gesetzliches Verbot untersagt ist, werden sich stets minder schwere Beschränkungen finden lassen, mittels derer die Gesundheits- oder Sicherheitsbedenken ausgeräumt werden können.[161] Auf den Produkten können Sicherheitshinweise angebracht werden. Auch die Bedienungsanleitung kann auf Gefahren hinweisen. Zudem kann der Verkäufer den Käufer per Telefon oder E-Mail über die richtige Anwendung des Produkts aufklären. Auch die Verpflichtung, dass ein Händler die im Internet bestellten Produkte durch Fachpersonal persönlich an den Besteller ausliefern muss, ist als milderes Mittel denkbar.

Häufig wird noch einschränkend geäußert, zumindest für gemeingefährliche oder gesundheitsgefährdende Waren oder Substanzen, wie z.B. Waffen oder giftige Rohstoffe, könne der Internetvertrieb ohne Kartellverstoß untersagt werden.[162] Doch selbst für diese Produkte lässt sich der Internetvertrieb so organisieren, dass den gesetzlichen Vorschriften Rechnung getragen wird. Waffenbestellungen über das Internet genügen den gesetzlichen Anforderungen beispielsweise dann, wenn der Besteller seine Original-Waffenbesitzkarte vorab beim Händler einsendet und seine Identität beim Empfang der Sendung durch

159 Schlussanträge des *Generalanwalts* Mazák, 3.3.2011 – C-439/09, Ziff. 35 – Pierre Fabre.

160 So *LVMH*, Stellungnahme im Rahmen des Konsultationsverfahrens zur Überarbeitung der Vertikal-GVO, 24.9.2009, Ziff. 10.

161 *Ellenrieder*, WRP 2012, 141 (143).

162 *Schultze/Pautke/Wagener*, Vertikal-GVO, 2011, Rn. 732; *Dreyer/Lemberg*, BB 2012, 2004 (2006).

das PostIdent-Verfahren feststellen lässt.[163] Damit wird gewährleistet, dass nur diejenigen Personen in den Besitz einer Waffe kommen, die auch eine entsprechende Berechtigung haben. Zwar ist zuzugeben, dass durch den postalischen Versand von Waffen die Missbrauchsgefahr steigt. Doch ist es die Aufgabe des Gesetzgebers und der Behörden, öffentliche Sicherheits- und Gesundheitsinteressen durchzusetzen.[164] Ein Totalverbot des Waffenverkaufs über das Internet, das ein Hersteller seinen Händlern auferlegt, wäre damit nicht erforderlich und verstieße gegen das Kartellverbot. Die gleichen Überlegungen gelten für ein Internetvertriebsverbot für verschreibungspflichtige Medikamente.

Dies entspricht auch der Sichtweise von Bundeskartellamt, Europäischer Kommission und EuGH. So verpflichtete *Yamaha* ihre Händler, sie vor dem Verkauf ihrer Musikinstrumente über das Internet „aus Sicherheitsgründen" zu informieren. Nach Einschätzung der Kommission waren diese Gründe nur vorgeschoben.[165] Die Klausel verstieß damit gegen das Kartellverbot.[166] Das Bundeskartellamt erklärte seinerseits ein Verbot, Kontaktlinsen über das Internet zu vertreiben, als kartellrechtswidrig.[167] Selbst wenn eine Beratung durch einen Optiker wünschenswert sei, so sei doch jeder Kunde in der Lage, diese Produkte eigenverantwortlich, d.h. ohne vorherige Beratung zu erwerben. Der Internetverkauf berge daher keine zusätzlich Risiken. Insbesondere für den Nachkauf von Produkten sei dieser Vertriebsweg geeignet. Schließlich gebe es auch hier mildere Mittel zum Schutz der Gesundheit der Käufer. Dazu gehörten insbesondere Beipackzettel.[168] Im Übrigen sei es lebensfremd, anzunehmen, bei jedem stationären Verkauf von Medikamenten erfolge eine Beratung.[169] Ein in Polen geltendes gesetzliches Verbot, Kontaktlinsen über das Internet zu vertreiben, wurde schließlich vom EuGH als gemeinschaftsrechtswidrig verworfen. Der Verkauf von Kontaktlinsen erfordere keine ärztliche Beratung.[170] Darüber hinaus hat der Gerichtshof im Fall *Pierre Fabre* die Argumente des Generalanwalts zum Schutz

163 Näher zum PostIdent-Verfahren *Möller*, NJW 2005, 1605.

164 So *Peeperkorn* von der Generaldirektion Wettbewerb der Europäischen Kommission, in: Kilpailuoikeudellinen Vuosikirja 2010, 2011, 201 (219).

165 Entscheidung der *Kommission* vom 16.7.2003, COMP/37.975 PO/Yamaha, Ziff. 109.

166 Vgl. *Amato*, CPI Antitrust Journal, June 2010 (2), 6.

167 Entscheidung des *BKartA* vom 25.9.2009, B 3 – 123/08, Ziff. 23 – Ciba Vision; näher dazu *Wrage-Molkenthin*, MPR 2010, 151.

168 Entscheidung des *BKartA* vom 25.9.2009, B 3 – 123/08, Ziff. 24 – Ciba Vision.

169 Entscheidung des *BKartA* vom 25.9.2009, B 3 – 123/08, Ziff. 25 – Ciba Vision.

170 *EuGH*, Urt. v. 2.12.2010 – C-108/09, Slg. 2010, I-12213, GRUR 2011, 243 – Ker Optika.

vor Gefahren zu recht nicht aufgegriffen,[171] und bestätigte damit die Sichtweise der französischen Wettbewerbsbehörde.[172] Nach der Rechtsprechung des EuGH kann der Internetvertrieb damit nur dann ohne Verstoß gegen Art. 101 Abs. 1 AEUV untersagt werden, wenn für das Verbot eine gesetzliche Pflicht besteht.[173]

Dieser Sichtweise des EuGH ist zu folgen. Verbote des Internetvertriebs schränken die Handlungsfreiheit der Händler ein und verstoßen damit in all jenen Fällen gegen das Kartellverbot, in denen das Verbot nicht ausdrücklich durch ein Gesetz vorgeschrieben ist. Fehlt eine gesetzliche Regelung, ist es eine Frage der Einzelfreistellung, ob das Kartellverbot ausnahmsweise nicht zur Anwendung kommen soll.

VI. Zeitlich befristetes Verbot des Internetvertriebs bei Markteinführungen

Regelmäßig wird unter dem Stichwort „Totalverbot des Internetvertriebs" auch die Möglichkeit zeitlich befristeter Internetverbote bei der Einführung eines neuen Produkts oder einer neuen Marke diskutiert.[174]

Nach den Leitlinien der Kommission sollen Hersteller die Möglichkeit zeitlich begrenzter Verbote des Internetvertriebs dann bekommen, wenn sie eine neue Marke etablieren oder mit einer bestehenden Marke in einen neuen nationalen Markt vorstoßen, sodass von einem „echten Eintritt in den relevanten Markt" gesprochen werden kann.[175] Alleinvertriebshändler müssten in diesem Fall regelmäßig beträchtliche Investitionen tätigen, um das Produkt am Markt zu etablieren.[176] Dazu seien sie an aller Regel nur dann bereit, wenn sie für einen bestimmten Zeitraum vor aktiven und passiven Verkäufen, was auch den Internetvertrieb einschließt, durch andere Händler geschützt werden.[177] Soweit diese Händler tatsächlich beträchtliche Mittel aufwenden müssen, um den neuen Markt zu erschließen, fallen nach Ansicht der Kommission die erforderlichen

---

171 *EuGH*, Urt. v. 13.10.2011 – C-439/09, Slg. 2011, I-9419, Ziff. 41 – Pierre Fabre; dazu näher *Innerhofer*, ZVertriebsR 2013, 266 (269).

172 Entscheidung des *Conseil de la concurrence* vom 29.19.2008, 08-D-25 – Pierre Fabre; dazu näher *Saint-Esteben/Billard/Jouvensal*, JECLaP 2010, 245 (247).

173 *Vogel*, JECLaP 2012, 271 (274).

174 So *Schultze/Pautke/Wagener*, Vertikal-GVO, 2011, Rn. 736 ff.; sowie *Seeliger/Klauß*, GWR 2010, 233 (234); und *Wiring*, MMR 2010, 659 (660).

175 Leitlinien, Ziff. 61 Satz 1.

176 Dazu auch *Piesker*, in: Taeger, Die Welt im Netz, 2011, 369 (376) = *Piesker*, K&R 2012, 398 (401).

177 Leitlinien, Ziff. 61 Satz 2.

Beschränkungen passiver Verkäufe, die der Hersteller anderen Händlern für das Markterschließungsgebiet auferlegt, „in den ersten zwei Jahren (…) nicht unter Art. 101 Abs. 1 AEUV“[178] Der Schutz vor Passivverkäufen soll die Amortisation der Investitionen gewährleisten. Der Kommission geht es folglich darum, dass die Investitionen von Alleinvertriebshändlern für den Zeitraum der Markteinführung geschützt werden sollen.[179] Ihnen soll die Belieferung des Gebiets exklusiv vorbehalten sein. Damit besteht allerdings keine Notwendigkeit, dem eingesetzten Alleinvertriebshändler den Internetvertrieb zu untersagen. Ziel der Regelung ist es, den benachbarten Händlern Verkäufe in das Markterschließungsgebiet zu untersagen. Aus zwei Gründen kann in diesem Zusammenhang daher nicht von einem „Totalverbot des Internetvertriebs“ gesprochen werden: Erstens muss dem eingesetzten Alleinvertriebshändler der Internetvertrieb gestattet werden. Zweitens darf den anderen Händlern zwar der Verkauf in das Markterschließungsgebiet untersagt werden.[180] Der (Internet-)Verkauf in Gebiete, in denen das neue Produkt oder die neue Marke bereits etabliert ist, muss jedoch frei bleiben.

1. Begriff der „neuen Marke“

Ein Verbot von Internetverkäufen in ein Markterschließungsgebiet soll dann mit dem Kartellverbot vereinbar sein, wenn dort eine „neue Marke“ eingeführt werden soll.[181] Zunächst ist also zu klären, was unter dem Begriff der neuen Marke zu verstehen ist.

Eine wörtliche Auslegung, die sich allein am Begriff der Marke orientiert, würde die Einführung neuer Produkte unter einer bestehenden Marke von der Privilegierung ausschließen. Spiegelbildlich wäre aber eine Beschränkung für etablierte Produkte unter einem neuen Markennamen von der Regelung in den Leitlinien erfasst.[182] Dieser Befund führt aber zu unsinnigen Ergebnissen und kann so von der Kommission nicht bezweckt sein.[183] Die Auslegung der Regelung für zeitlich begrenzte Verbote des aktiven und passiven Verkaufs kann damit jedenfalls nicht allein anhand des Wortlauts vorgenommen werden, sondern muss sich vielmehr an Sinn und Zweck dieser vorübergehenden Vereinbarkeit

---

178 Leitlinien, Ziff. 61 Satz 4.

179 Leitlinien, Ziff. 63 Satz 3.

180 Vgl. *Wijckmans/Tuytschaever*, Vertical Agreements, 2011, Rn. 6.181, 2. Spiegelstrich.

181 Leitlinien, Ziff. 61 Satz 1.

182 *Bühlmann/Schirmbacher*, Jusletter 30. Mai 2011, Rn. 59.

183 *Seeliger/Klauß*, GWR 2010, 233 (234).

mit Art. 101 Abs. 1 AEUV orientieren.[184] Die Ratio der Regelung besteht darin, Markterschließungsmaßnahmen zu privilegieren, da diese letztlich – spätestens also nach Ablauf der zwei Jahre – den Wettbewerb intensivieren können.[185] Folglich sollen zweierlei Fälle erfasst werden. Zunächst gilt die Privilegierung für solche Hersteller, wie die Leitlinien selbst deutlich machen,[186] die mit Hilfe eines Alleinvertriebshändlers erstmals in einen neuen Markt eintreten wollen. Die Grenzen des Marktes, ob national oder aufgrund anderer Kriterien, sind dabei irrelevant. Darüber hinaus werden nach Sinn und Zweck der Regelung auch solche Fälle privilegiert, in denen ein völlig neuartiges Produkt unter einer bestehenden Marke neu eingeführt werden soll und dafür vergleichbare Aufwendungen gemacht werden müssen, wie für die Einführung einer neuen Marke in einen neuen räumlichen Markt.

2. *Bewertung*

Die Kommission hat ihre Sichtweise deutlich gemacht. Bei entsprechenden Markterschließungsmaßnahmen betrachtet sie ein Verbot von Internetverkäufen in das neue Gebiet für bis zu zwei Jahre als mit dem Kartellverbot vereinbar. Diese Einschätzung kann aber nur dort zutreffen, wo ein beschränkbarer Wettbewerb in dem Erschließungsgebiet noch nicht besteht.[187] Das ist in aller Regel nur dann möglich, wenn ein Hersteller mit einem völlig neuen Produkt in den europäischen Markt eintritt. Das von der Kommission darüber hinaus gewählte Beispiel ist dagegen kritisch zu betrachten. Danach gilt die Vereinbarkeit mit dem Kartellverbot auch dann, wenn ein auf einem nationalen Markt etablierter Hersteller in einen anderen nationalen Markt eintritt.[188] In einem solchen Fall kann die Wettbewerbsbeschränkung durch ein zeitlich befristetes Verbot des Internetverkaufs in das Markterschließungsgebiet nur dann verneint werden, wenn der Hersteller nachweisen kann, dass bis dahin aus diesem Gebiet keine Nachfrage bestand und es folglich keinen gebietsüberschreitenden Wettbewerb gibt, der durch die Vereinbarung beschränkt werden könnte. Ist das nicht der Fall, würde ein Internetvertriebsverbot bestehenden Wettbewerb beschränken bzw. sogar ausschließen.

---

184 Vgl. *Schultze/Pautke/Wagener*, Vertikal-GVO, 2011, Rn. 738.

185 *Wiring*, MMR 2010, 659 (660).

186 Leitlinien, Ziff. 61 Satz 1.

187 Vgl. Entscheidung des *BKartA* vom 25.9.2009, B 3 – 123/08, Ziff. 30 – Ciba Vision.

188 Leitlinien, Ziff. 61 Satz 3.

In den meisten Fällen ist die Nichtanwendbarkeit des Kartellverbots damit eine Frage der Einzelfreistellung. Die vier in Art. 101 Abs. 3 AEUV genannten Voraussetzungen gewährleisten, dass nur solche zeitlich befristeten Internetverbote zur Anwendungen kommen, die tatsächlich Effizienzvorteile mit sich bringen. Dies macht die Kommission in den Leitlinien letztlich auch selbst deutlich. Dort weist sie darauf hin, dass Unternehmen für Kernbeschränkungen die Einrede der Effizienz nach Art. 101 Abs. 3 AUEV erheben können.[189]

C. Freistellung eines Totalverbots nach der Vertikal-GVO

Für eine Freistellung nach der Vertikal-GVO dürfte ein Totalverbot des Internetvertriebs nicht unter eine der in Art. 4 Vertikal-GVO geregelten Kernbeschränkungen fallen. Eine Kernbeschränkung nach Art. 4 lit. b Vertikal-GVO liegt dann vor, wenn das Gebiet oder der Kundenkreis,[190] in das oder an den ein Händler verkaufen darf, beschränkt wird. Ausnahmsweise sind nach Art. 4 lit. b Ziff. i Beschränkungen des aktiven Verkaufs möglich. Für selektive Vertriebssysteme gilt nach Art. 4 lit. c, dass weder der aktive noch der passive Verkauf an Endverbraucher beschränkt werden darf.

I. Beschränkung des Kundenkreises

Vereinzelt wurde in der Literatur die Ansicht geäußert, Totalverbote des Internetvertriebs erfüllten in bestimmten Fällen nicht den Tatbestand der Kernbeschränkung und könnten von der Gruppenfreistellung profitieren. Die Beschränkung eines Kundenkreises liege nicht vor, wenn dem Händler „nur untersagt wird, ein bestimmtes Vertriebsmittel zu benutzen (das Internet), er aber im übrigen frei bleibt, die Vertragsprodukte an jeden beliebigen Kunden zu veräußern."[191] Ein Totalverbot des Internetvertriebs verwirkliche nur dann den Tatbestand der Kundenkreisbeschränkung gem. Art. 4 lit. b Vertikal-GVO, wenn der Abnehmer seine Kunden ausschließlich mit Hilfe des Internets erreichen könne. Ohne Begründung wurde zudem behauptet, nicht-selektiven Händlern dürfe – im Gegensatz zu selektiven Händlern – der Internetvertrieb untersagt werden.[192]

---

189 Leitlinien, Ziff. 60 Satz 3.

190 Zum Begriff des Kundenkreises siehe unten Kap. 2 C I 2 c).

191 *Bauer*/de Bronett, EU-Gruppenfreistellungsverordnung, 2001, Rn. 256; kritisch auch *Simon*, in: Lange, Kartellrecht, 2006, Rn. 471.

192 *Lettl*, WRP 2010, 807 (820).

II. Bewertung

Richtig ist, dass dem Begriff des Kundenkreises entscheidende Bedeutung zukommt. Zunächst sei im Vorgriff auf spätere Ausführungen darauf hingewiesen, dass die deutsche Übersetzung der Vertikal-GVO sowohl in Art. 4 lit. b als auch in Art. 4 lit. b Ziff. i den Begriff der Kundengruppe nutzt. Diese Begriffe jedoch können nicht in der gleichen Weise interpretiert werden.[193] Daher wird im Rahmen dieser Ausführungen für lit. b der Begriff des Kundenkreises und für lit. b Ziff. i der Begriff der Kundengruppe genutzt.[194]

Als Kundenkreis wird die Zusammenfassung einer Mehrheit von Kunden nach abstrakten Merkmalen bezeichnet.[195] Diese Merkmale können für Kundenkreise sowohl subjektiver als auch objektiver Natur sein.[196] Entscheidend ist, dass den Merkmalen eine hinreichende Unterscheidungskraft zukommt. Ein Kundenkreis kann damit unter anderem durch die Einkaufsgewohnheiten der Kunden abgegrenzt werden. Kunden, die bereit und in der Lage sind, über das Internet einzukaufen, bilden damit einen eigenen Kundenkreis – den Kundenkreis der Internetkunden.[197] Dafür spricht auch, dass Art. 4 lit. b Vertikal-GVO erkennbar das Ziel hat, dass die Reichweite, über die Händler ihre potentiellen Kunden ansprechen können, nicht eingeschränkt wird. Ein Totalverbot des Internetvertriebs führt aber dazu, dass ein Händler nur regional tätig sein kann. Das Internet gibt ihm die zumindest theoretische Möglichkeit, seine Kunden weltweit zu erreichen. Es kann daher nicht darauf ankommen, dass ein Händler einen Kunden, den er wegen eines Internetverbots nicht online erreichen kann, über sein Ladengeschäft ansprechen kann. Internetkunden bilden folglich einen Kundenkreis. Ein Totalverbot des Internetvertriebs stellt damit eine Kernbeschränkung i.S.d. Art. 4 lit. b Vertikal-GVO dar.

Dies entspricht auch der mittlerweile ganz herrschenden Meinung in Rechtsprechung und Literatur. Nach einem Urteil des OLG München bildet die Gesamtheit der Käufer, die in der Lage und bereit sind, über das Internet einzukaufen, einen Kundenkreis.[198] Diese Ansicht wird vom Bundeskartellamt geteilt.[199]

---

193 Siehe dazu die Ausführungen unten unter Kap. 2 C I 2.

194 So auch *Schultze/Pautke/Wagener*, Vertikal-GVO, 2011, Rn. 591.

195 *Ellger*: in: Immenga/Mestmäcker, EU-Wettbewerbsrecht, 2012, Art. 4 Vertikal-GVO, Rn. 42.

196 Siehe dazu die Ausführungen unten unter Kap. 2 C I 2 b).

197 *Ellger*: in: Immenga/Mestmäcker, EU-Wettbewerbsrecht, 2012, Art. 4 Vertikal-GVO, Rn. 58.

198 *OLG München*, Urt. v. 2.7.2009 – U (K) 4842/08, GRUR-RR 2009, 394 (395).

199 Entscheidung des *BKartA* vom 25.9.2009, B 3 – 123/08, Ziff. 19 – Ciba Vision.

Die Ausnahme des Art. 4 lit. b Ziff. i Vertikal-GVO, wonach Beschränkungen des aktiven Verkaufs an bestimmte Kundengruppen keine Kernbeschränkung darstellen, gilt aus zwei Gründen nicht für ein Totalverbot. Die Einordnung der Internetkunden als eigene Kundengruppe und das damit einhergehende Verbot des aktiven Verkaufs an diese Gruppe würde zwingend auch passive Verkäufe einschränken, die nach Art. 4 lit. b Vertikal-GVO (und nach Art. 4 lit. c) aber frei bleiben müssen.[200] Damit können Internetkunden nicht als Kundengruppe im Sinne von lit. b Ziff. i definiert werden.[201] Darüber hinaus wird der Internetvertrieb von der Kommission als Form des passiven Verkaufs eingeordnet.[202] Der EuGH folgte dieser Ansicht und urteilte, dass ein Totalverbot eine Beschränkung des passiven Verkaufs an Endverbraucher bezweckt.[203] Damit erfüllt ein Verbot des Internetvertriebs nach seiner Ansicht sowohl die Voraussetzungen von Art. 4 lit. b als auch von Art. 4 lit. c Vertikal-GVO. Auch der BGH ordnete den vollständigen Ausschluss des Internethandels als Verstoß gegen Art. 4 lit. c Vertikal-GVO a.F. ein.[204] Nach alldem herrscht Klarheit, dass ein Totalverbot des Internetvertriebs nach der Vertikal-GVO nicht freigestellt ist.[205] Das gilt sowohl für den nicht-selektiven als auch für den selektiven Vertrieb.

D. Einzelfreistellung eines Totalverbots

Totalverbote des Internetvertriebs profitieren nicht von der Gruppenfreistellung. Ihnen bleibt nur die Möglichkeit der Einzelfreistellung gem. Art. 101 Abs. 3 AEUV. Eine Einzelfreistellung setzt zunächst voraus, dass die Vertikalabreden zur Verbesserung der Warenerzeugung und -verteilung oder zur Förderung des technischen oder wirtschaftlichen Fortschritts beitragen. Darüber hinaus müssen die Verbraucher an dem dadurch entstehenden Gewinn angemessen beteiligt werden. Zudem dürfen den beteiligten Unternehmen durch die Vereinbarungen keine Beschränkungen auferlegt werden, die für die Verwirklichung dieser Ziele

---

200 Vgl. dazu unten die Ausführungen unter Kap. 6 A.

201 So auch *Schultze/Pautke/Wagener*, Vertikal-GVO, 2011, Rn. 721; zum Begriff der Kundengruppe s.u. Kap. 2 C I 2 b).

202 Leitlinien, Ziff. 52 Satz 2 f.

203 *EuGH*, Urt. v. 13.10.2011 – C-439/09, Slg. 2011, I-9419, Ziff. 54 – Pierre Fabre.

204 *BGH*, Urt. v. 4.11.2003 – KZR 2/02, MMR 2004, 536 – Depotkosmetik im Internet.

205 So im Übrigen auch *Hoffmann*, in: Dauses, EU-Wirtschaftsrecht, 28. EL. 2011, Art. 101 AEUV, Rn. 259; *Beutelmann*, Selektive Vertriebssysteme, 2004, S. 154; *Rösner*, WRP 2010, 1114 (1119); *Kunzmann*, Mitt. 2011, 458 (461); *Marsden/Whelan*, ECLR 2010, 26 (32); *Bühlmann/Schirmbacher*, Jusletter 30. Mai 2011, Rn. 54 und 91; *Rheinländer*, WRP 2005, 285 (288); *Schulze zur Wiesche*, K&R 2010, 541 (543).

unerlässlich sind. Schließlich dürfen sich durch die Vertriebsabreden keine Möglichkeiten eröffnen, für einen wesentlichen Teil der betreffenden Vertragsprodukte den Wettbewerb auszuschalten.[206]

Die Kommission vermutet, dass Vereinbarungen, die unter den Tatbestand der Kernbeschränkung gem. Art. 4 Vertikal-GVO fallen, die Voraussetzungen des Art. 101 Abs. 3 AEUV „wahrscheinlich" nicht erfüllen.[207] Dies entspricht auch der Ansicht der Literatur[208] sowie der Gerichte. Da Gruppenfreistellungsverordnungen nur feststellten, was ohnehin gelte oder jedenfalls konkretisierten, was nach der Einzelfreistellung freigestellt ist, könne eine nach der Vertikal-GVO nicht freigestellte Kernbeschränkung grundsätzlich nicht nach Art. 101 Abs. 3 AEUV freigestellt sein.[209] Zwar haben die Unternehmen im Einzelfall die Möglichkeit, wettbewerbsfördernde Wirkungen eines Totalverbots nachzuweisen.[210] Doch angesichts der Vermutung, dass die Voraussetzungen der Einzelfreistellung in aller Regel nicht vorliegen, wird dieser Nachweis sehr schwer zu führen sein. Teilweise wird angenommen, dass die Tür zur Einzelfreistellung bei Totalverboten des Internetvertriebs so schmal ist, dass die Freistellung praktisch ausgeschlossen ist.[211]

Zudem muss bei der Prüfung der Einzelfreistellung berücksichtigt werden, dass eines der Kernziele der Europäischen Union ist, einen gemeinsamen Markt zu errichten.[212] Insofern sind die Regelungen des AEUV wirtschaftspolitisch nicht neutral.[213] Der Internetvertrieb ist mehr als alle anderen Vertriebswege geeignet, grenzüberschreitenden Handel zu ermöglichen und zu etablieren und leistet daher einen bedeutenden Beitrag zu diesem Ziel der Europäischen Union.[214] Dies hat die Europäische Kommission selbst in ihrer Digitalen Agenda[215] sowie ihrer

---

206 *Ellger*, in: Immenga/Mestmäcker, EU-Wettbewerbsrecht, 2012, Art. 101 Abs. 3 AEUV, Rn. 1.

207 Leitlinien, Ziff. 47 Satz 3.

208 *Bechtold*, GWB, 2013, § 2 Rn. 28; Langen/*Bunte*, Deutsches Kartellrecht, 2010, § 2 Rn. 61; *Lettl*, WRP 2010, 807 (813).

209 *KG*, Urt. v. 19.9.2013 – 2 U 8/09 Kart, EuZW 2013, 873.

210 Leitlinien, Ziff. 47 Satz 4.

211 *Vogel*, JECLaP 2012, 271 (275).

212 *Ellger*, in: Immenga/Mestmäcker, EU-Wettbewerbsrecht, 2012, Art. 101 Abs. 3 AEUV, Rn. 3.

213 *Ellger*, in: Immenga/Mestmäcker, EU-Wettbewerbsrecht, 2012, Art. 101 Abs. 3 AEUV, Rn. 3.

214 Vgl. *Themelis*, IJLIT 2012, 346 (352).

215 Mitteilung der *Kommission*, Eine Digitale Agenda für Europa („Digitale Agenda"), KOM(2010) 245.

Initiative für einen digitalen Binnenmarkt[216] deutlich gemacht. Totalverbote des Internetvertriebs konterkarieren das Ziel, einen digitalen Binnenmarkt zu etablieren. Eine Intensivierung des Internethandels führt zu mehr Wettbewerb und bewirkt damit günstigere Preise und eine größere Produktauswahl für die Verbraucher.[217] Daher müssen im Falle eines Totalverbots in der vorzunehmenden Abwägung die Vorteile für die Verbraucher besonders deutlich werden.

I. Imagegründe

Totalverbote des Internetvertriebs zum Imageschutz werden ausschließlich für sog. Luxusprodukte diskutiert. Dazu zählen insbesondere hochpreisige Parfums und Kosmetika, Kleidung und Accessoires sowie Uhren und Schmuck. Im Verlauf dieser Arbeit wurde bereits deutlich gemacht, dass das Interesse der Hersteller am Schutz ihres Markenimages anzuerkennen ist.[218] Die Kommission ist richtigerweise der Ansicht, dass vertikale Beschränkungen unter anderem gerechtfertigt sein können, wenn sie zur Schaffung eines Markenimages beitragen und dadurch die Attraktivität des Produkts für die Verbraucher erhöht wird.[219] Durch die Befriedigung psychologischer Bedürfnisse der Verbraucher kann das Markenimage selbst den Charakter eines Produktbestandteils erlangen.[220] Daneben kann ein positives Markenimage eine hohe Produktqualität signalisieren.[221]

Zwar zeigen Umfragen der Europäischen Kommission, dass die Kundenzufriedenheit beim Online-Einkauf häufig höher ist als beim Einkauf in einem Ladengeschäft.[222] Doch kann dies nicht pauschal für sämtliche Produkte gelten. Für bestimmte Produktgruppen kann es zutreffen, dass ein hohes Image in erster Linie über den Verkauf der Produkte in Ladengeschäften generiert wird. Hersteller und Händler von Luxusprodukten tätigen häufig erhebliche Investitionen in die

---

216 Mitteilung der *Kommission*, Digitaler Binnenmarkt, 11.1.2012, KOM(2012) 942 endg.

217 Vgl. u.a. *BCG*, Turning Local, September 2011, S. 12; *MGI*, Internet matters, Mai 2011, S. 3.

218 Siehe schon oben Kap. 1 A II, sowie ausführlich unten unter Kap. 2 A III; dazu auch *Caffarra*, in: Gheur/Petit, Vertical Restraints, 2011, S. 55 (58 ff.).

219 Leitlinien, Ziff. 107 lit. i.

220 *Franck*, WuW 2010, 772 (778); vgl. auch *Hülsen*, ZVertriebsR 2012, 299 (300).

221 *Franck*, WuW 2010, 772 (781 f.).

222 *Commission* Staff Working Document, Report on cross-border e-commerce in the EU, 5.3.2009, SEC(2009) 283 final, § 5.1; vgl. *Kinsella/Melin*, Who's Afraid of the Internet?, GCP March 2009, S. 10.

Verkaufsberatung. Teilweise werden Show-Rooms für die Produkte geschaffen – ggf. mit einer Espresso- oder Champagner-Bar für ein Kundengespräch in einem exklusiven Ambiente.[223] Solche Maßnahmen sind geeignet, das Image eines Produkts zu erhöhen.[224] Mit Totalverboten des Internetvertriebs können Hersteller gewährleisten, dass sich die Investitionen der Händler auf ihre Ladengeschäfte beschränken, die für den Aufbau eines Markenimages aus ihrer Sicht besonders geeignet sind.

1. *Imageschutz als Verbesserung der Warenerzeugung*

Soweit ein Hersteller also nachweisen kann, dass ein hohes Markenimage für seine Produkte von den Verbrauchern nachgefragt wird, dient der Erhalt oder die Verbesserung des Prestige der Verbesserung der Warenerzeugung, wie von Art. 101 Abs. 3 AEUV gefordert. Die Verbraucher werden auch an dem Gewinn aus den Maßnahmen zum Erhalt des Markenimages beteiligt, da sie ohne diese Maßnahmen keine Produkte erwerben könnten, die das von ihnen nachgefragte Image aufweisen. Entscheidend ist jedoch, ob ein Totalverbot des Internetvertriebs überhaupt zum Schutz des Markenimages erforderlich ist. Das wäre dann nicht der Fall, wenn mildere Mittel zur Verfügung stehen, die in gleicher Weise geeignet sind, das von den Verbrauchern nachgefragte Image zu gewährleisten. Das Kriterium der Unerlässlichkeit ist Ausdruck des Verhältnismäßigkeitsgrundsatzes: Die Beschränkungen dürfen nicht weiter gehen, als dies erforderlich ist, um die positiven Auswirkungen der Wettbewerbsbeschränkungen zu erreichen.[225]

Bei der Prüfung des Kriteriums der Unerlässlichkeit eines Totalverbots ist die Feststellung des EuGH zu berücksichtigen, wonach der Preiswettbewerb nicht die einzige wirksame Form des Wettbewerbs sei, die folglich auch nicht unter allen Umständen Vorrang erhalten müsse.[226] Jedenfalls für den Bereich der Luxuswaren trifft diese Behauptung zu. Diese definieren sich zu einem hohen Umfang gerade erst durch einen hohen Preis.[227] Besonders niedrige Preise können den Produkten daher den Prestigecharakter nehmen, der von den Abnehmern gefordert wird.[228] In diesem Fall könnten reine Internethändler, die die Produkte zu

---

223 *Coscelli/Buettner/Vergé/Winter*, CRA International, 2008, Rn. 43.

224 *Honnefelder*, Gruppenfreistellungsverordnung, 2003, S. 39; *Schulze zur Wiesche*, K&R 2010, 541 (544); *Velez*, ECLR 2011, 242 (245).

225 *Ellger*, in: Immenga/Mestmäcker, EU-Wettbewerbsrecht, 2012, Art. 101 Abs. 3 AEUV, Rn. 253.

226 *EuGH*, Urt. v. 25.10.1977 – 26/76, Slg. 1977, 1875 (1905), NJW 1978, 480 – Metro I.

227 Dazu *Unglaub*, Der selektive Vertrieb von Parfum und Luxuskosmetika, 2001, S. 9.

228 Vgl. *Pitkänen*, Selective Distribution Under Article 101 TFEU, 2011, S. 48.

deutlich niedrigeren Preisen verkaufen, das Markenimage schädigen. Die Hersteller sind aber in der Lage, reine Internethändler aus ihrem Vertriebssystem auszuschließen, wenn sie ein selektives Vertriebssystem wählen.[229] Darüber hinaus können sie von ihren Abnehmern auch verlangen, die Produkte mindestens in einem nach Wert oder Menge bestimmten Umfang offline zu verkaufen, um so einen effizienten Betrieb des Ladengeschäfts zu gewährleisten.[230] Von sämtlichen Händlern kann also verlangt werden, dass diese die Produkte auch über ein Ladengeschäft verkaufen, dessen Betrieb mit erheblichen Investitionen verbunden ist. So kann auch gewährleistet werden, dass die Preise nicht so weit sinken, dass das Markenimage darunter leidet. Nicht zuletzt könnten die Hersteller auch etwas gegen sinkende Preise unternehmen indem sie die Preise anheben, die sie den Händlern berechnen. Hersteller von Luxusprodukte müssen schließlich auch nicht Internetseiten jeglicher Qualität zulassen. Sie können Qualitätsanforderungen an die Verwendung des Internets stellen.[231] Bemerkenswert ist auch, dass weder der Luxushersteller *Louis Vuitton* (*LVMH*) noch *Chanel* in den Konsultationen der Europäischen Kommission gefordert hatte, ein Totalverbot des Internetvertriebs zuzulassen.[232] Auch Luxushersteller sind also der Ansicht, dass ein Totalverbot des Internetvertriebs zum Schutz ihres Markenimages nicht erforderlich ist.

2. *Bewertung*

Das Internet ist ein Teil des Lebens der Menschen geworden der nicht mehr wegzudenken ist. Ein großer Teil der Interaktion mit anderen Menschen findet online statt. Insbesondere vor dem Kauf teurer Produkte informiert sich ein großer Teil der Verbraucher im Internet. Soweit behauptet wird, der Internetvertrieb sei für manche Produkte nicht geeignet,[233] oder ein Totalverbot des Internetvertriebs könne für mehr Wettbewerb sorgen,[234] fehlt es dafür an einer schlüssigen Begründung. Angesichts der Ubiquität des Internets ist es nicht mehr vorstellbar, dass der einfache Umstand, dass bestimmte Produkte auch im Internet gekauft

229 Leitlinien, Ziff. 54 Satz 3; dazu näher s.u. Kap 3.

230 Leitlinien, Ziff. 52 lit. c; dazu näher s.u. Kap 3 C II.

231 Leitlinien, Ziff. 53 Satz 3; dazu näher s.u. Kap 5.

232 Siehe *LVMH*, Stellungnahme im Rahmen des Konsultationsverfahrens zur Überarbeitung der Vertikal-GVO, 24.9.2009; sowie *Chanel*, Stellungnahme im Rahmen des Konsultationsverfahrens zur Überarbeitung der Vertikal-GVO, 25.9.2009.

233 *Buccirossi*, in: OECD, Vertical Restraints for On-line Sales, 12.9.2013, 9 (26); *Schulze zur Wiesche*, K&R 2010, 541 (544).

234 *Vogel*, JECLaP 2012, 271 (273).

werden können, zu einem schlechteren Image dieser Waren führt. Hersteller können eine Reihe von Maßnahmen ergreifen, die milder sind als ein Totalverbot des Internetvertriebs, um ihr Markenimage zu schützen. Ein Totalverbot des Internetvertriebs zum Schutz des Markenimages ist daher nicht unerlässlich. Eine Einzelfreistellung zu diesem Ziel kommt daher in Betracht.

II. Schutz vor Trittbrettfahrern

Es sei nochmal an die in diesem Kontext zentralen Voraussetzungen einer Einzelfreistellung erinnert: Die Wettbewerbsbeschränkung muss unerlässlich sein und die Verbraucher müssen am durch die Wettbewerbsbeschränkung erzielten Gewinn beteiligt werden. Hersteller, die ein Totalverbot des Internetvertriebs mit dem Schutz ihrer stationären Händler vor Trittbrettfahrern begründen wollen, stehen vor einer großen Herausforderung. Zunächst müssen sie nachweisen, dass die Image- und Service-Investitionen der Händler von den Kunden geschätzt und nachgefragt werden. Dabei stellt sich auch die Frage, warum diese Investitionen nicht ebenso effektiv im Internetvertrieb getätigt werden können, bzw. warum der Hersteller bei der Öffnung des Internetvertriebs nicht den Erhalt eines bestimmten Images bzw. einer bestimmten Servicequalität gewährleisten kann. Schließlich dürfen ihm keine weniger beschränkenden Alternativen zur Verfügung stehen, mit denen er sein Image und die Servicequalität ebenso gut erhalten kann.

Das „free-riding" Argument wurde ursprünglich von Lester Telser im Jahre 1960 entwickelt.[235] Telser erläuterte das Interesse vieler Hersteller an vertikalen Preisbindungen anhand des Trittbrettfahrer-Phänomens. Gleiche Endverkaufspreise schützten nach seiner Einschätzung Einzelhändler, die große Investitionen in den Verkauf der Produkte des Herstellers tätigten, vor solchen Händlern, die die Produkte ohne Verkaufsinvestitionen zu niedrigeren Preisen verkaufen wollten.[236] Diese Argumentation wird heute regelmäßig auf den Internetvertrieb übertragen.

Gerade im Luxussegment tätigten stationäre Händler in der Regel erhebliche Investitionen in das Image ihrer Geschäfte und das Image der bei ihnen vertriebenen Produkte. Ein einzelner Internethändler könne von den Investitionen aller stationären Händler profitieren und ohne jegliche eigene Investitionen einen großen Teil der Verkäufe für sich beanspruchen, also auf den Anstrengungen

235 *Telser*, Journal of Law and Economics 1960, 86.
236 *Telser*, Journal of Law and Economics 1960, 86 (93).

der anderen Händler „trittbrettfahren".[237] Internethändler stählen folglich den Betreibern von Ladengeschäften ihre Kunden.[238] Dadurch sinke die Bereitschaft der stationären Händler, weiterhin Investitionen für die Marke zu tätigen.[239] Sie können ihre Aufwendungen für die Verkaufsförderung und die hohe Qualität des Vertriebs nicht mehr vollständig internalisieren.[240] Argumentiert wird auch mit der angeblichen Unmündigkeit der Kunden. Der Ausschluss der sog. Trittbrettfahrer-Händler bewahre Kunden davor, „Produkte ohne ausreichenden Service (...) oder ohne das für ein Luxusprodukt erforderliche Einkaufserlebnis zu erwerben."[241] Im Ergebnis könne das Trittbrettfahren der Online-Händler dazu führen, dass dieser zusätzliche Vertriebskanal nicht – wie gewünscht – zu mehr sondern zu weniger Wettbewerb führt. Der ausschließliche Internetvertrieb als vermeintlich logische Folge des free-riding führe zu einer geringeren Auswahl und schlechterer Qualität beim Service und damit letztlich auch bei den Produkten.[242] Darüber hinaus seien die Inhaber prestigeträchtiger Marken bei einem freien Internetvertrieb nicht mehr in der Lage, ihr hochwertiges Image aufrechtzuerhalten.[243] Teilweise sieht man das System des selektiven Vertriebs insgesamt durch den Online-Handel in Gefahr.[244] Die Möglichkeit, nur Händler die auch ein Ladengeschäft betreiben zum Online-Handel zuzulassen,[245] sei nicht ausreichend, da Ladengeschäfte nur eine sehr geringe Reichweite hätten.[246] Angesichts der Ubiquität des Internets sei die Gefahr des Trittbrettfahrens damit nicht gebannt.

Diese Argumentation lässt sich auf drei zentrale Punkte reduzieren:

1. Internethändler stehlen den stationären Händlern ihre Kunden. Darunter leiden die Betreiber der Ladengeschäfte und das Produktimage.

---

237 *Coscelli/Buettner/Vergé/Winter*, CRA International, 2008, S. 7; *Schulze zur Wiesche*, K&R 2010, 541 (544).

238 *Pitkänen*, Selective Distribution Under Article 101 TFEU, 2011, S. 43.

239 *Velez*, ECLR 2011, 242 (245); dazu auch *Coscelli/Buettner/Vergé/Winter*, CRA International, 2008, S. 7.

240 *Franck*, WuW 2010, 772 (776); so auch *Pitkänen*, Selective Distribution Under Article 101 TFEU, 2011, S. 43.

241 *Pischel*, GRUR 2008, 1066 (1067).

242 *Dethmers/Posthuma de Boer*, ECLR 2009, 424 (439).

243 *Vajda/Gahnström*, ECLR 2000, 94 (104).

244 *Pitkänen*, Selective Distribution Under Article 101 TFEU, 2011, S. 44.

245 Leitlinien, Ziff. 52 lit. c.

246 *Pitkänen*, Selective Distribution Under Article 101 TFEU, 2011, S. 44.

2. Für Luxusprodukte ist ein besonderes Einkaufserlebnis „erforderlich". Dies wird zum Vorteil aller Kunden angeboten. Nur der stationäre Vertrieb ist dazu in der Lage.
3. Internethändler tätigen keine Investition in die Marke. Sie operieren quasi außerhalb der Vorgaben des selektiven Vertriebssystems. Mildere Mittel zum Schutz des Produktimages als ein Totalverbot des Internetvertriebs kommen folglich nicht in Betracht.

1. Bislang kein Nachweis für free-riding

Das Trittbrettfahrer-Argument der Hersteller wurde in der rechtswissenschaftlichen Literatur bislang weitgehend unwidersprochen übernommen.[247] Innerhalb vertraglicher Vertriebssysteme seien die Händler darauf aus, Sondervorteile zu erlangen. Dies könne ihnen insbesondere durch besonders niedrige Preise gelingen. Niedrige Preise führten „im Geschäft des Ausreißers zu einem gewaltigen Nachfragezuwachs, da die optimierenden Verbraucher zum Preisbrecher überlaufen werden."[248] Wenn die Hersteller zur Belieferung von Internethändlern verpflichtet seien, führe das zur Gefahr des Untergangs von selektiven Vertriebssystemen insgesamt.[249] Selbst die Europäische Kommission ist der Ansicht, dass Preisbindungen Trittbrettfahren auf der Vertriebsebene verhindern können,[250] ohne sich dabei kritisch mit dem Phänomen des Trittbrettfahrens auseinanderzusetzen.

Zu Recht hat eBay in den Konsultationen zur neuen Vertikal GVO darauf hingewiesen: „The claims of ‚free-riding' by online retailers are simply unsubstantiated."[251] Es besteht die Vermutung, dass das Argument des Free-Riding nur vorgeschoben wird, um tatsächlich wettbewerbsbeschränkende Verhaltensweisen dahinter zu verstecken.[252] Jedenfalls muss das Phänomen des Trittbrettfahrens näher untersucht werden.

---

247 Vgl. statt vieler *Ellger*, in: Immenga/Mestmäcker, EU-Wettbewerbsrecht, 2012, Art. 4 Vertikal-GVO Rn. 95.

248 *Martinek*, in: Martinek/Semler/Habermeier/Flohr, Vertriebsrecht, 2010, § 2, Rn. 61.

249 *Schmittmann*, Teil 9, in: Hoeren/Sieber/Holznagel, Multimedia-Recht, 28. EL. 2011, Rn. 87; *Bauer*, WRP 2003, 243 (246).

250 Leitlinien, Ziff. 225, Satz 7, kritisch gegenüber Preisbindungen *Ellger*, in: Immenga/Mestmäcker, EU-Wettbewerbsrecht, 2012, Art. 4 Vertikal-GVO, Rn. 26; sowie *Hoffmann*, in: Dauses, EU-Wirtschaftsrecht, 28. EL. 2011, § 2, Rn, 269.

251 *Ebay*, Stellungnahme im Rahmen des Konsultationsverfahrens zur Überarbeitung der Vertikal-GVO, 28.9.2009, S. 6.

252 *Kinsella/Melin/Schropp*, ECJ 2009, 227 (239).

Untersuchungen des vermeintlichen Trittbrettfahrer-Phänomens legen nahe, dass dieses Problem nicht in der bisher behaupteten Weise besteht. In Deutschland liegt der Anteil des Onlineabsatzes am Gesamtumsatz im Einzelhandel bei etwa 14 % – ohne Berücksichtigung von Lebensmitteln und Drogerieartikeln. Bei Elektronikprodukten und Mode liegt der Anteil mit 17 % geringfügig höher.[253] Diese Zahlen machen deutlich, dass noch immer ein Großteil des Umsatzes im stationären Handel erzielt wird, obwohl Internetshops längst weit verbreitet sind. Dies spricht also nicht dafür, dass der stationäre Handel in akuter Gefahr schwebt. Untersuchungen zeigen außerdem, dass 20 % der Käufe im Internet durch einen Besuch in einem Ladengeschäft vorbereitet werden.[254] Dieser Umstand allein würde das klassische Trittbrettfahrer-Argument unterstützen. Allerdings werden umgekehrt 17 % der stationären Käufe mit Online-Recherchen vorbereitet.[255] Zwar ist der Prozentwert hier niedriger. Berücksichtigt man jedoch das viel größere Umsatzvolumen des Offline-Handels, so zeigt sich, dass sich in absoluten Zahlen viel mehr Kunden zunächst online informieren, bevor sie im Ladengeschäft einkaufen, als dass sie die Services der Ladengeschäfte nutzten und anschließend günstiger im Internet einkaufen.[256] Andere Studien kommen sogar zu dem Ergebnis, dass bis zu 78 % der Einkäufe in einem Ladengeschäft zuvor online vorbereitet werden, während dies umgekehrt nur für 8 % der Internetbestellungen der Fall sei.[257]

Vor diesem Hintergrund muss das Trittbrettfahrer-Argument ganz neu bewertet werden.[258] Die Studien zeigen, dass sich Free-Riding in beide Richtungen vollzieht,[259] wobei sogar ein Großteil der Käufer zunächst im Internet recherchiert („research shopping“[260]) und anschließend das Produkt persönlich einkauft. Damit wird also deutlich, dass das Verhalten der Konsumenten größere Möglichkeiten für stationäre Händler bietet, die tatsächlich nicht zu

---

253 *IFH Köln*, Umsatz: Online-Handel legt nochmal 15 Prozent drauf, Pressemeldung vom 2.5.2013, abrufbar unter: http://www.ifhkoeln.de/News-Presse/Umsatz-Online-Handel-legt-nochmal-15-Prozent-drauf.

254 *Roland Berger Strategy Consultants*, Dem Kunden auf der Spur, 2013, S. 25.

255 *Roland Berger Strategy Consultants*, Dem Kunden auf der Spur, 2013, S. 25.

256 *Bundeskartellamt*, Vertikale Beschränkungen, 10.10.2013, S. 18.

257 *Zhang et al.*, Multichannel Retailing, 2010, S. 8; dazu auch *Gundlach*, JECLaP 2013, 96 (97) m.w.N.

258 Vgl. *Robertson*, ECLR 2012, 132 (135).

259 So auch *Aronsson*, Selective Distribution and Online Sales, 2010, S. 45; sowie *Chevalier*, Free Rider Issues and Internet Retailing, 2002, S. 3.

260 *Gundlach*, JECLaP 2013, 96 (96).

vernachlässigenden Investitionen der Internethändler für sich zu nutzen, als für Internethändler in umgekehrter Richtung.[261] Ein Trittbrettfahrer-Problem, wie von Teilen der Literatur und den entsprechenden Herstellern behauptet, existiert also nicht.

Die Ursachen dafür sind vielfältig. Ein Grund für den Einkauf im Ladengeschäft ist häufig die Möglichkeit, das Produkt direkt mitnehmen zu können. Darüber hinaus besteht in vielen Fällen eine größere Vertrautheit zum Shopping-Center. Außerdem, und das ist den Verbrauchern offenbar besonders wichtig, sinkt beim stationären Kauf das Risiko des Fehlkaufs. Nicht zuletzt wird auch die Beratung durch einen Verkäufer geschätzt.[262] Es wird also deutlich, dass die Grundannahme, niedrige (Internet-)Preise führten zu einem gewaltigen Online-Nachfragezuwachs, nicht zutrifft. Die Kunden sind bereit, im stationären Handel höhere Preise zu zahlen als im Internet.[263] Die Erkenntnisse aus den Studien können Betreiber von Ladengeschäften für sich nutzen. Sie können damit rechnen, auf gut informierte Kunden zu treffen[264] und ihr Konzept entsprechend anpassen. So bietet es sich zum Beispiel an, dass ein Kunde im Internet eine bestimmte Vorauswahl an Modeartikeln trifft, die er gerne im Geschäft anprobieren möchte. Dafür vereinbart er online einen Termin, zu dem ein Verkäufer oder eine Verkäufern bereits mit den ausgewählten Artikeln auf den Kunden wartet. Dies macht es den Geschäften auch leichter, schon vorher andere Artikel bereitzulegen, von denen sie ausgehen, dass diese dem Kunden ebenfalls gefallen könnten. Ist ein Artikel im Geschäft nicht verfügbar, können die Verbraucher wiederum auf den eigenen Online-Shop verwiesen werden. So kann die Einbindung des Internetvertriebs sogar dazu genutzt werden, die Kunden enger an ein bestimmtes Ladengeschäft und damit auch an eine bestimmte Marke zu binden.

2. Bedarf nach Service und Exklusivität

Es mag zutreffen, dass es den Internethandel mit Luxusprodukten ohne den stationären Handel nicht gäbe.[265] Verbraucher kaufen gerade Kosmetikprodukte häufig nur, nachdem sie das Produkt testen konnten oder es ihnen durch einen Verkäufer empfohlen wurde. Dennoch kann nicht pauschal von der

---

261 *Gundlach*, JECLaP 2013, 96 (97).

262 Alle Angaben aus *Roland Berger Strategy Consultants*, Dem Kunden auf der Spur, 2013, S. 22.

263 *Roland Berger Strategy Consultants*, Dem Kunden auf der Spur, 2013, S. 23.

264 Vgl. *Aronsson*, Selective Distribution and Online Sales, 2010, S. 46.

265 *Bauer*, WRP 2003, 243 (246).

Erforderlichkeit eines besonderen Einkaufserlebnisses für Luxusprodukte gesprochen werden.[266] Sobald der Kunde das Produkt kennt, besteht die einzige Serviceleistung in einem Ladengeschäft häufig darin, dass er an der Kasse danach gefragt wird, ob er eine Tragetasche braucht.[267] In einem solchen Fall könnte er das Produkt aber ebenso gut im Internet bestellen, da ein besonderer Service in diesem Fall nicht mehr erforderlich ist.

a) Heterogenität der Konsumenten

Es ist zwischen zwei Verbrauchertypen zu unterscheiden – auch als Heterogenität der Konsumenten bezeichnet:[268] Informierte Käufer und Impulskäufer. Konsumenten, die über Produkte bereits gut informiert sind – etwa weil sie das gleiche Produkt schon einmal in einem Ladengeschäft gekauft haben oder weil sie sich im Internet informiert haben – werden tendenziell eher im Internet bestellen. Dagegen richten sich Ladengeschäfte häufig insbesondere an Impulskäufer. Diese können leicht durch ein besonderes Image, die Umgebung beim Einkauf und durch einen besonderen Service angezogen werden.[269]

Der Umstand, dass die Einkaufswünsche der Verbraucher nicht homogener, sondern heterogener Natur sind, macht deutlich, dass das Argument, der Ausschluss des Internethandels verhindere die Erosion des stationären Handels und sei so auf lange Sicht zum Vorteil der Verbraucher,[270] nicht greift. Diese Aussage legt ein einheitliches Bild der Konsumenten zugrunde, das nicht der Realität entspricht. Ein Totalverbot des Internetvertriebs würde den Käufern die Wahlmöglichkeit nehmen, ob sie den besonderen Service des Ladengeschäfts in Anspruch nehmen wollen, oder ob sie – zu einem regelmäßig geringeren Preis – online einkaufen wollen. Die Verbraucher wären ohne den Onlineverkauf dazu gezwungen, auch dann für den zusätzlichen Service zu zahlen, wenn sie ihn gerade nicht wollen oder brauchen.[271] Folglich ist zusätzlicher Service nicht zum Vorteil aller Verbraucher.

b) Rein stationärer Vertrieb fördert Unmündigkeit der Verbraucher

Wer einseitig die Vorteile des stationären Vertriebs betont, geht von einem unmündigen Verbraucher aus. Es wird suggeriert, die Konsumenten können sich

266 So *Pischel*, GRUR 2008, 1066 (1067).
267 *Kinsella/Melin*, Who's afraid of the Internet?, GCP March 2009, S. 10.
268 *Coscelli/Buettner/Vergé/Winter*, CRA International, 2008, Rn. 18.
269 *Coscelli/Buettner/Vergé/Winter*, CRA International, 2008, Rn. 18.
270 Vgl. *Bauer*, WRP 2003, 243 (246).
271 *Marsden/Whelan*, ECLR 2010, 26 (31).

in aller Regel nicht selbst über Produkte informieren und benötigten daher stets den Service des stationären Handels. Darüber hinaus wird ihnen Kurzsichtigkeit vorgeworfen, wenn man behauptet, sie nutzten diesen Service aus und zerstörten durch ihr allein vom Preis bestimmten Einkaufsverhalten den stationären Handel. Beides ist nicht der Fall.[272] Die Konsumenten sind in der Lage, sich weitgehend selbst über Produkte zu informieren. Bekommen sie zusätzlichen Service in einem Ladengeschäft, honorieren sie dies in aller Regel auch indem sie ihren Kauf in dem Geschäft tätigen. Schließlich wird regelmäßig ignoriert, dass umgekehrt viele Bedürfnisse der Verbraucher allein durch das Internet befriedigt werden können. Die Lieferung nach Hause gehört zu den größten Vorteilen des Online-Handels.

3. Bewertung: Imageschutz und hohe Servicequalität im Internetvertrieb

Vor diesem Hintergrund wird deutlich, dass sich Hersteller nicht einseitig auf den stationären Vertrieb konzentrieren können, wenn sie die Interessen der Verbraucher berücksichtigen und zu ihren Gunsten handeln wollen. Es wird nicht bezweifelt, dass das Ziel, den stationären Handel zu schützen, legitim ist. Doch ein Totalverbot des Internetvertriebs wäre die falsche Maßnahme, um dieses Ziel zu erreichen.[273] Es hat sich auch herausgestellt, dass der Verdacht, eine Öffnung des Internetvertriebs führe zwangsläufig zur Erosion der Ladengeschäfte, nicht zutrifft. Die unkritische Übernahme des Free-Riding-Arguments durch Kartellbehörden und Gerichte würde dazu führen, dass empfindliche Wettbewerbsbeschränkungen mit unbewiesenen Mutmaßungen gerechtfertigt werden könnten.[274]

Verfechter der Trittbrettfahrer-Theorie vermitteln häufig den Eindruck, als handele es sich bei Internethändlern und stationären Händlern um unterschiedliche Händler mit gegenläufigen Interessen. Tatsächlich können selektive Vertriebssysteme aber so organisiert werden, dass alle Händler verpflichtet sind, ein oder mehrere stationäre Ladengeschäft zu betreiben.[275] Wenn alle Händler den gleichen Betriebsbedingungen unterliegen, wird die Möglichkeit, die Investitionen der anderen für sich zu nutzen, deutlich eingeschränkt.[276] Insofern schützt

---

272 *Roland Berger Strategy Consultants*, Dem Kunden auf der Spur, 2013, S. 22; *Gundlach*, JECLaP 2013, 96 (97) m.w.N.

273 *Kinsella/Melin/Schropp*, ECJ 2009, 227 (239).

274 *Themelis*, IJLIT 2012, 346 (362).

275 Leitlinien, Ziff. 54 Satz 3; dazu näher unten Kap. 3.

276 *Marsden/Whelan*, ECLR 2010, 26 (31).

schon der Betrieb eines selektiven Vertriebssystems davor, dass Händler die Investitionen anderer für sich ausnutzen.[277] Die Gefahr, dass einzelne Händler die Vertriebsstandards bewusst unterlaufen, kann dadurch reduziert werden, dass die Händler ihre Investitionen in den stationären Service sowie in die hohen Qualitätsstandards ihres Internetshops gegenüber dem Hersteller nachweisen müssen.[278] Zudem ist auch der Betrieb einer Internetseite mit erheblichen Kosten verbunden.[279]

Teilweise wird noch behauptet, die Möglichkeit der Hersteller, von ihren Händlern den Betrieb eines Ladengeschäfts zu verlangen, reiche zum Schutz des stationären Handels – der für den Aufbau eines hochwertigen Markenimages benötigt werde – nicht aus. Die Händler könnten lediglich ein Alibi-Geschäft mit vergleichsweise geringen Investitionen unterhalten und parallel den Großteil der Produkte über das Internet verkaufen.[280] Bisher wurde jedoch kein Nachweis erbracht, dass solche Verhaltensweisen der Realität entsprechen. Hohe Anforderungen an die Ausstattung und die Lage des Ladengeschäfts machen es darüber hinaus sehr schwierig, dieses Geschäft nur als Alibi zu betreiben.

Letztlich schränkt der Ausschluss des Internethandels den Wettbewerb ein und nimmt den stationären Händlern den Anreiz, in innovative Konzepte zur Produktpräsentation und besseren Service zu investieren. Ein Internetverbot würde den Verbrauchern nur geringe Vorteile gegenüber einer Reihe von erheblichen Nachteilen bringen.[281] Es wurde bereits aufgezeigt, wie die Vorteile beider Vertriebskanäle miteinander kombiniert werden können. So können Multichannel-Strategien die Verkaufszahlen erhöhen und gleichzeitig die Vertriebskosten senken.[282] Diese Chance besteht insbesondere im selektiven Vertrieb, wo der Hersteller für ein einheitliches Vertriebskonzept sorgen kann.

III. Sicherheits- und Gesundheitsgründe

Eine Einzelfreistellung eines Totalverbots des Internetvertriebs aus Sicherheits- und Gesundheitsgründen wird kaum zu erlangen sein. Selbst Vertreter der Europäischen Kommission sind der Ansicht, dass es Aufgabe des Gesetzgebers bzw.

277 *Bleker*, Selective distribution in light of increasing online sales, S. 10; *Pischel*, GRUR 2008, 1066 (1067).

278 *Clark/Hughes/Waelbroeck*, Selective Distribution and Luxury Goods, GCP Aug. 2009, S. 21.

279 *Mahlstein*, Vertical Restraints, GCP March 2009, S. 10.

280 *Pitkänen*, Selective Distribution Under Article 101 TFEU, 2011, S. 45.

281 *Mahlstein*, Vertical Restraints and Competition Policy, GCP March 2009, S. 3.

282 *Gundlach*, JECLaP 2013, 96 (99).

der Verwaltung ist, die Bevölkerung vor Sicherheits- und Gesundheitsgefahren zu schützen.[283] Soweit ein öffentliches Verbot des Internetvertriebs nicht besteht – liegt es vor, verstößt ein Internetverbot nicht gegen Art. 101 Abs. 1 AEUV – muss der Hersteller zunächst nachweisen können, dass der Vertrieb seiner Produkte über das Internet mit besonderen Gefahren verbunden ist.[284] Ein Totalverbot ist gem. den Voraussetzungen von Art. 101 Abs. 3 AEUV nur einzelfreistellungsfähig, wenn keine milderen Mittel vorhanden sind, um Gesundheit oder Sicherheit der Verbraucher zu schützen. Vorstellbar sind insbesondere Warnhinweise auf den Waren und in der Betriebsanleitung, die Verkäufer können außerdem verpflichtet werden, die Käufer telefonisch oder per E-Mail über die Gefahren aufzuklären. Möglich sind auch Altersbeschränkungen. In aller Regel können die Produkte jedoch auch ohne jegliche Beratung in einem Ladengeschäft erworben werden können. Gerade in diesen Fällen ist für eine Einzelfreistellung eines Totalverbots kein Raum.

IV. Zeitlich begrenztes Totalverbot des Internetvertriebs

Es wurde deutlich gemacht, dass die Kommission der Ansicht ist, dass Beschränkungen des aktiven und passiven Verkaufs bei Markteinführungen unter bestimmten Voraussetzungen für die Dauer von zwei Jahren nicht gegen das Kartellverbot verstoßen.[285] Dies kann allerdings nur dort zutreffen, wo auf dem neuen Markt noch kein Wettbewerb für das neue Produkt besteht.

Eine Einzelfreistellung eines vollständigen Verbots des Internetvertriebs ist, daran sei nochmal erinnert, auch bei sog. echten Markteintritten ausgeschlossen.[286] Vorstellbar ist nur, dass der Hersteller allen Händlern ein Verbot auferlegt, in den neuen räumlichen Markt über das Internet zu verkaufen. Dem neu eingesetzten Alleinvertriebshändler muss der Internetvertrieb freilich freigestellt werden, denn Ziel des Verbots ist sein Schutz vor anderen Händlern. Teilweise wird die Möglichkeit der zeitlich befristeten Einschränkung des Internetvertriebs als „Vermarktungsvorsprung für Offline-Händler" bezeichnet.[287] Diese Bezeichnung ist missverständlich, denn sie suggeriert, dass die Kommission den ausschließlich stationären Handel vorübergehend zulässt. Tatsächlich geht es aber

283 *Peeperkorn*, in: Kilpailuoikeudellinen Vuosikirja 2010, 2011, 201 (219).

284 S.o. Kap. 1 B V.

285 Leitlinien, Ziff. 61, Satz 4; dazu *Schultze/Pautke/Wagener*, Vertikal-GVO, 2011, Rn. 736 ff.

286 S.o. Kap. 1 B VI.

287 *Seeliger/Klauß*, GWR 2010, 233 (234); ähnlich *Wiring*, MMR 2010, 659 (660).

lediglich um den Schutz der Investitionen des neuen Alleinvertriebshändlers. Es besteht keine Notwendigkeit, ihm den Online-Vertrieb zu untersagen.

Selektive Vertriebssysteme können so ausgestaltet werden, dass nur Händler mit einem stationären Geschäft zugelassen werden. In diesem Fall ist der Schutz der Ladengeschäfte schon durch die Wahl des Vertriebssystems gewährleistet. Ein zeitlich befristetes Verbot des Internetvertriebs kommt daher nur für Gebiete in Betracht, in denen der Hersteller einen Alleinvertriebshändler einsetzt. Es kann auch notwendig sein, selektiv ausgewählte Händler für den Produkteinführungszeitraum vor den Verkäufen eines Alleinvertriebshändlers zu schützen. Voraussetzung ist, dass der Alleinvertriebshändler gegenüber den selektiven Händlern deutliche Kostenvorteile hat und die Produkte daher billiger anbieten kann. Betreibt der Hersteller einheitlich ein selektives Vertriebssystem und unterliegen alle Händler damit den gleichen Vertriebsbedingungen, besteht kein Bedarf für Beschränkungen des Internetvertriebs bei Produkt- oder Markeneinführungen.[288] Eine Einzelfreistellung kommt in diesem Fall nicht in Betracht.

Die Kommission erwähnt lediglich Beschränkungen der Händler zugunsten eines vom Hersteller für das Markterschließungsgebiet eingesetzten Alleinvertriebshändlers.[289] Die gleichen Überlegungen treffen aber auch dann zu, wenn der Hersteller das Gebiet selbst erschließen will. Es besteht dabei kein sachlicher Unterschied zu dem erstgenannten Fall. Investitionen des Herstellers zur Erschließung eines neuen Markts sind nicht weniger schützenswert als solche eines Alleinvertriebshändlers.[290]

Einzelfreistellungen für zeitlich begrenzte Verbote für Verkäufe in das Markterschließungsgebiet, kommen in zwei Konstellationen in Betracht:

1. Ein Hersteller will mit seiner bestehenden Marke einen neuen räumlichen Markt erschließen.
2. Ein Hersteller möchte eine neue Marke oder ein neuartiges Produkt am Markt etablieren.

Den Zeitraum der Privilegierung hat die Europäische Kommission auf zwei Jahre festgelegt. Damit sucht sie offenbar einen Kompromiss zwischen den negativen Auswirkungen eines Wettbewerbsverbots und den positiven Auswirkungen in Form der Verbreitung von Produkt und Marke durch Investitionen in den Markt.

---

288 Vgl. *Marsden/Whelan*, ECLR 2010, 26 (31).
289 Leitlinien, Ziff. 61, Satz 2.
290 *Schultze/Pautke/Wagener*, Vertikal-GVO, 2011, Rn. 739.

1. *Eintritt in einen neuen räumlichen Markt*

Setzt ein Hersteller einen Händler ein, damit dieser eine bestehende Marke auf einem neuen Markt anbietet, kann es vorkommen, dass dieser zu den notwendigen Investitionen zur Erschließung des Markts nur bereit ist, wenn er nicht mit Billigverkäufen von Produkten dieser Marke über das Internet aus anderen räumlichen Märkten rechnen muss. In einem solchen Fall kann es zu wettbewerblichen Vorteilen führen, wenn der eingesetzte Alleinvertriebshändler für die Dauer von zwei Jahren vor anderen Händlern geschützt wird. Mit den Investitionen des eingesetzten Händlers kann gewährleistet werden, dass die Verbraucher sachgerecht über das Produkt informiert werden und eine zukünftig hohe Nachfrage gesichert wird. Für die Einzelfreistellung eines zeitlich begrenzten Gebietsschutzes müssen allerdings die folgenden Voraussetzungen vorliegen.

In dem neuen Markt darf die Marke noch nicht vertreten sein. Ist die Marke in dem vermeintlich neuen räumlichen Markt bereits durch Internetverkäufe aus benachbarten Märkten etabliert, kann nicht mehr von einem echten Markteintritt gesprochen werden. In einem solchen Fall liegt die Vermutung nahe, dass der Hersteller ein Internetverbot lediglich durchsetzen will, um in dem entsprechenden Gebiet die Preise für die Produkte seiner Marke anzuheben. Darüber hinaus muss es sich um komplexe Produkte handeln, für deren Verkauf die Verbraucher verhältnismäßig viel Geld ausgeben müssen.[291] Lohnt es sich für die Kunden aus Kosten- und Zeitgründen nicht, im Internet nach günstigeren Angeboten zu suchen, besteht kein Bedarf für einen besonderen Schutz des Alleinvertriebshändlers.[292]

2. *Etablierung einer neuen Marke oder eines neuartigen Produkts*

Entscheidet sich ein Hersteller, bestimmte bereits etablierte Produkte unter einer neuen, luxuriösen Marke zu verkaufen, kann der Erfolg der Marke davon abhängen, den Verkauf für den Zeitraum der Produkteinführung auf bestimmte Vorzeigegeschäfte zu beschränken.[293] Das gleiche gilt, wenn ein völlig neuartiges Produkt am Markt eingeführt werden soll und für Produkte dieser Gattung bisher keine Nachfrage bestand. Zwar erfassen die Leitlinien in Ziff. 61 nicht den Fall, dass neuartige Produkte unter einer bestehenden Marke eingeführt werden. Zweck der Privilegierung von Markterschließungsmaßnahmen ist aber

291 Vgl. Leitlinien, Ziff. 107 lit. c.
292 Vgl. Leitlinien, Ziff. 107 lit. a.
293 Vgl. Leitlinien, Ziff. 107 lit. c.

die Sicherung der dafür erforderlichen Investitionen.[294] Daher kann es keinen Unterscheid machen, ob ein Hersteller eine neue Marke oder ein neuartiges Produkt am Markt etablieren will.

Da die Marke oder das neue Produkt in aller Regel im gesamten europäischen Binnenmarkt unbekannt sein wird, ist davon auszugehen, dass alle eingesetzten Händler einander vergleichbare Aufwendungen tätigen müssen, um die Marke bzw. das Produkt in ihrem Gebiet zu etablieren. Nur wenn bestimmte Alleinvertriebshändler effizienter arbeiten und die Produkte der Marke daher günstiger anbieten können als andere benachbarte Alleinvertriebshändler, kommt auch hier ein zeitlich begrenztes Wettbewerbsverbot beim Internetvertrieb in Betracht. Vorstellbar ist zum Beispiel, dass ein deutscher Alleinvertriebshändler die Produkte aufgrund seiner Größenvorteile günstiger anbieten kann, als der niederländische Händler. In diesem Fall kann es notwendig sein, den niederländischen Händler für die Dauer von zwei Jahren vor Verkäufen des deutschen Händlers in die Niederlande zu schützen.

Betreibt der Hersteller einheitlich ein selektives Vertriebssystem, besteht auch hier kein Bedarf für einen Schutz der Händler im Markterschließungsgebiet vor Internetverkäufen benachbarter Händler. Der Hersteller kann von vornherein nur solche Händler für das Produkt auswählen, die über die gewünschten Vorzeigegeschäfte verfügen. Wird Allein- und Selektivvertrieb kombiniert, kommen gegenseitige Wettbewerbsbeschränkungen für den Zeitraum der Produkteinführung in Betracht.

E. Fazit

Es hat sich gezeigt, dass sich aus Totalverboten des Internetvertriebs kaum Vorteile für die Verbraucher ergeben. Insbesondere konnten die Vertreter des Free-Riding-Arguments nicht nachweisen, dass der stationäre Vertrieb bei einer Öffnung des Internetvertriebs tatsächlich gefährdet wäre. Vielmehr bewirkt ein Internetvertriebsverbot eine erhebliche Einschränkung des Preiswettbewerbs, beschränkt die Angebotsvielfalt und läuft dem Ziel des EU-Arbeitsweisevertrags zuwider, einen einheitlichen europäischen Binnenmarkt zu schaffen.

Spätestens seit dem *Pierre Fabre* Urteil des EuGH[295] besteht nunmehr auch ein weitgehender Konsens, dass Totalverbote nicht durchsetzbar sind. Das hält die Hersteller aber nicht davon ab, andere Wege zur Beschränkung des Internetvertriebs zu gehen, wie sich im weiteren Verlauf dieser Arbeit zeigen wird.

---

294 *Wiring*, MMR 2010, 659 (660); *Bühlmann/Schirmbacher*, Jusletter 30. Mai 2011, Rn. 59.
295 *EuGH*, Urt. v. 13.10.2011 – C-439/09, Slg. 2011, I-9419, MMR 2010, 50 – Pierre Fabre.

Kapitel 2: Verbote des Vertriebs über Online-Plattformen

Internetverkäufe über Plattformen Dritter sind vielen Herstellern ein Dorn im Auge. Insbesondere Anbieter hochwertiger Produkte, die üblicherweise besonders auf ihr Markenimage achten, wollen ihren Vertriebspartnern häufig den Verkauf im Internet über Fremdportale untersagen.[296]

Amazon Marketplace und eBay sind die derzeit populärsten Drittplattformen in Deutschland und vielen weiteren EU-Mitgliedsstaaten. Amazon begann zunächst ausschließlich mit eigenständigem Verkauf fremder Produkte. Nun bietet der Online-Händler seine Plattform unter der Rubrik Marketplace auch Dritten für Verkäufe an. Dagegen ist eBay nie selbst als Internethändler aufgetreten. Die Plattform hat von vornherein nur die Infrastruktur für die Internetkäufe und deren Vermittlung angeboten. Unter den Online-Handelsplattformen steht insbesondere die Auktionsplattform eBay in dem Ruf, das hochwertige Erscheinungsbild und prestigeträchtige Image von Marken zu schädigen.[297] Aber auch Amazon genügt nach Einschätzung vieler Hersteller[298] nicht ihren Anforderungen an die Präsentation der Markenprodukte.

Allerdings haben die genannten Internet-Kaufhäuser einige Anstrengungen unternommen, um selbst ein starkes Markenimage aufzubauen und so das Vertrauen der Käufer in ihre Plattformen zu stärken.[299] Vor diesem Hintergrund sind die positiven und negativen Effekte der Verbote von Drittplattformen zu untersuchen. Ob und wie derartige Vertriebsbeschränkungen kartellrechtlich gestattet sind, ist zwischen den Gerichten und in der Literatur umstritten.

A. Vor- und Nachteile von Plattformverboten

Die folgende Auseinandersetzung mit Drittplattformen widmet sich zu Beginn kurz den populärsten Plattformen. Im Anschluss werden die negativen

296 Dazu u.a. *Heid*, ECLR 2010, 343 (343).

297 So u.a. *KG*, Urt. v. 19.9.2013 – 2 U 8/09 Kart, EuZW 2013, 873 (875).

298 So unter anderem Adidas, vgl. *Kürten*, GRUR-Prax 2013, 286.

299 Dazu *Marsden/Whelan*, ECLR 2010, 26 (30); einen besonderen Fokus auf das ebay-Bewertungssystem legen *Cabral/ Hortaçsu*, Journal of Industrial Economics, 2010, 54.

Auswirkungen von Plattformverboten thematisiert. Einem solchen Verbot stehen im Einzelfall aber auch positive Effekte gegenüber. Nach dem wettbewerblichen Effizienzgebot sollten Verbote von Drittplattformen nur zulässig sein, wenn die positiven Effekte gegenüber den negativen Effekten überwiegen.[300] Aus diesem Grund sollen die negativen und positiven Aspekte gegenübergestellt werden.

I. Drittplattformen

Vor einer eingehenden Erörterung der kartellrechtlichen Problematik muss zunächst analysiert werden, wie Online-Handelsplattformen funktionieren. Wie erwähnt, sind eBay und Amazon Marketplace die Drittplattformen mit den höchsten Besucherzahlen.[301] Daneben sind unter anderem Zalando und MeinPaket.de sehr gut besucht. Auf diesen Plattformen konkurrieren sowohl die Produkte verschiedener Hersteller (Inter-Brand-Wettbewerb) als auch die Angebote verschiedener Händler für das gleiche Produkt (Intra-Brand-Wettbewerb). Im Zusammenhang mit den folgenden Ausführungen sind daher ausschließlich Plattformen gemeint, die ein eigenes Logo tragen. Hosting-Plattformen, die der Kunde als solche nicht wahrnehmen kann, sind nicht Teil dieser Auseinandersetzung.[302]

eBay begann zunächst als sog. C2C-Plattform („Consumer to Consumer"), auf der Verbraucher als Privatpersonen meist gebrauchte Produkte an andere Verbraucher über eine „Auktion" verkauften. Dadurch sieht sich die Plattform bis heute dem Vorwurf ausgesetzt, ihr hafte ein „Flohmarkt-Image" an.[303] Nachdem eBay die Möglichkeit anbot, Produkte auch über Festpreise zu verkaufen, stieg daneben der B2C-Handel („Business to Consumer"). Mittlerweile werden 68 Prozent aller Produkte zu Festpreisen verkauft.[304] Gewerbliche Verkäufer, sog. „Powerseller", haben die Möglichkeit einen eigenen eBay-Shop zu errichten, der

300 Vgl. *Ellger*, in: Immenga/Mestmäcker, EU-Wettbewerbsrecht, 2012, Art. 101 Abs. 3, Rn. 130.

301 *Statista*, Besucherzahlen der größten Online-Shops in Deutschland im Juni 2013 (in Millionen), http://de.statista.com/statistik/daten/studie/158229/umfrage/online-shops-in-deutschland-nach-besucherzahlen/ (zuletzt abgerufen am 28.1.2014).

302 Vgl. zum Hosting einer Website, ohne dass dies für den Kunden sichtbar wird *Wiring*, MMR 2010, 659 (661).

303 So z.B. *OLG Karlsruhe*, Urt. v. 25.11.2009 – 6 U 47/08 Kart, GRUR-RR 2010, 109 – Schulranzen; *Aronsson*, Selective Distribution and Online Sales, 2010, S. 44; *Bühlmann/Schirmbacher*, Jusletter 30. Mai 2011, Rn. 110; *Rösner*, WRP 2010, 1114 (1121).

304 *eBay*, Handelsupdate im 4. Quartal 2012, Pressemitteilung vom 17.1.2013, abrufbar unter: http://presse.ebay.de/pressrelease/4163 (zuletzt abgerufen am 28.1.2014).

in die Plattform integriert wird. Insbesondere können die Händler eine individuelle Internetadresse wählen, ein eigenes Logo hinzufügen und ihren Shop weiter individuell anpassen.

Bei Amazon können die Kunden sowohl direkt von Amazon als auch – über Marketplace – von Drittanbietern einkaufen. Händler, die über Marketplace verkaufen, haben vielfältige Möglichkeiten, ihre Produkte dort anzubieten. Bereits bei Amazon gelistete Produkte können zum Beispiel um das eigene Angebot ergänzt werden. In diesem Fall können die Kunden direkt den Amazon-Preis und den anderer Händler vergleichen. Bei Amazon besteht darüber hinaus ebenfalls die Möglichkeit, einen eigenen Shop zu eröffnen.[305] Zudem können die Händler auch die Logistik von Amazon nutzen, und ihre Produkte durch den Internetversandhändler verschicken lassen. Amazon hat den Ruf, die Produkte deutlich schneller als andere Internethändler zu verschicken. Davon können die Händler also profitieren. Im Unterschied zu eBay verläuft die Bezahlung über Amazon als Dienstleister. Die Plattform gibt den Verkaufserlös an die Verkäufer weiter. Das Partnerprogramm von Zalando ist mit Amazon Marketplace vergleichbar, allerdings noch im Aufbau befindlich.

II. Negative Auswirkungen von Plattformverboten[306]

Der Wettbewerb kann seine Aufgaben (u.a. Effizienz in der Produktion und der Warenverteilung, Förderung des technischen Fortschritts und niedrige Preise) nur erfüllen, wenn die auf dem Markt tätigen Unternehmen ihr Wettbewerbsverhalten gegenüber ihren Lieferanten, Abnehmern und Konkurrenten selbstständig bestimmen können.[307] Ein funktionierender Wettbewerbs setzt eine dezentrale Entscheidungsautonomie der Marktteilnehmer, also auch der Einzelhändler, voraus.[308] Dies hatte der EuGH schon mehrfach unter dem Stichwort „Selbstständigkeitspostulat" deutlich gemacht, wonach „jeder Unternehmer selbstständig zu bestimmen hat, welche Politik er auf dem Gemeinsamen Markt zu betreiben gedenkt, eingeschlossen die Wahl der Personen, denen er Angebote unterbreitet und verkauft."[309] Bereits in seiner ersten Entscheidung

305 Der Sportartikelhersteller Puma betreibt unter anderem einen eigenen Shop auf Amazon.

306 Gliederung nach *Schweda/Rudowicz*, WRP 2013, 590 (591 ff.).

307 *Ellger*, in: Immenga/Mestmäcker, EU-Wettbewerbsrecht, 2012, Art. 101 Abs. 3, Rn. 6.

308 *Ellger*, in: Immenga/Mestmäcker, EU-Wettbewerbsrecht, 2012, Art. 101 Abs. 3, Rn. 6.

309 *EuGH*, Urt. v. 16.12.1975 – verb. Rs. 40–48, 50, 54–56, 111, 113 und 114/73, Slg. 1975, 1663 (1965), Ziff. 173f. – Suiker Unie; *EuGH*, Urt. v. 8.7.1999, Rs. C-49/92 P, Slg. 1999, I-4125, Ziff. 116 – Anic Partecipationi.

zur Kartellrechtskonformität von Vertriebsvereinbarungen machte der EuGH zudem deutlich, dass ein Mindestmaß an interbrand-Wettbewerb, also ein Handel mit den Produkten derselben Marke zwischen den Mitgliedsstaaten bzw. zwischen den vom Hersteller festgelegten Gebieten des Alleinvertriebssystems, gewährleistet sein muss.[310] Auch Händler müssen daher, vorbehaltlich entgegenstehender schützenswerter Interessen des Herstellers, selbstständig entscheiden können über welche Vertriebsformen sie ihre Produkte absetzen wollen.[311]

1. Verhinderung eines digitalen Binnenmarkts

Die Möglichkeit, verschiedene Onlineshops aus unterschiedlichen Ländern aufzurufen und die Preise für dasselbe Produkt zu vergleichen, ist einer der zentralen Vorteile des Internethandels für die Verbraucher.[312] Allerdings fehlt es den Kunden häufig noch an Vertrauen in den grenzüberschreitenden Handel.[313] Bedenken bei der Zahlungssicherheit und beim Datenschutz sind gewichtige Gründe für den Verzicht auf den grenzüberschreitenden Online-Einkauf.[314] Darüber hinaus zweifeln viele Verbraucher auch daran, dass die bestellte Ware überhaupt bei ihnen ankommen wird.[315] Vertrauenswürdigkeit ist daher ein hohes Gut im Online-Geschäft. Die Reputation der Plattform, auf der Produkte angeboten werden, ist für potentielle Käufer von höchster Relevanz.[316]

Verbraucher in der Europäischen Union bringen den etablierten Plattformen eBay und Amazon großes Vertrauen bei der Zahlungssicherheit und dem Produktversand entgegen.[317] Gerade diese Plattformen können also einen starken Beitrag für den grenzüberschreitenden Handel liefern.[318] Hinzu kommt, dass individuell von Einzelhändlern betriebene Internetshops in vielen Fällen im Internet nicht gefunden werden. Jedenfalls hinken sie hinsichtlich ihrer Auffindbarkeit weit hinter eBay und Amazon zurück. Die Konsumenten haben bereits

310 *EuGH*, Urt. v. 13.7.1966 – Rs. 56 und 58/64, Slg. 1966, 322 (388 ff.) – Grundig/Consten; siehe dazu *Spormann*, WRP 1971, 49 (51).

311 *Schweda/Rudowicz*, WRP 2013, 590 (592).

312 *Riley*, Online Retailing and Antitrust, GCP March 2009, 3.

313 *Schweda/Rudowicz*, WRP 2013, 590 (592).

314 Mitteilung der *Kommission*, Digitale Agenda, KOM(2010) 245, S. 14.

315 *UK Office of Fair Trading*, Internet Shopping – An OFT Market Study, June 2007, S. 152.

316 *Marsden/Whelan*, ECLR 2010, 26 (30).

317 *Marsden/Whelan*, ECLR 2010, 26 (30); zur Händlerreputation bei eBay siehe *Cabral/ Hortaçsu*, Journal of Industrial Economics 2010, 54.

318 *Schweda/Rudowicz*, WRP 2013, 590 (592); siehe auch *Accenture*, European Crossborder E-commerce, 2012, S. 2.

gezeigt, dass sie den Online-Handel in einem großen Umfang nutzen wollen. Es wird daher erwartet, dass das Volumen des Online-Handels mit zunehmendem Vertrauen in die Sicherheit von Einkäufen im Internet steigen wird.[319] Dafür ist aber die Nutzung etablierter Plattformen notwendig. Plattformverbote versagen Händlern wie Verbrauchern die Möglichkeit, vom europäischen Binnenmarkt zu profitieren und Unterschiede im Preis und im Service auszunutzen.[320] Im Umkehrschluss führen diese Verbote zur Fragmentierung des Marktes.[321]

Letztlich vereiteln Plattformverbote damit das Ziel der Europäischen Kommission, einen „echten digitalen Binnenmarkt" zu schaffen,[322] und bremsen deutlich das Wirtschaftswachstum, das durch einen digitalen Binnenmarkt erreicht werden könnte [323]

2. Einschränkung des Preiswettbewerbs

Plattformverbote sehen sich dem Vorwurf ausgesetzt, dass diese in erster Linie den Preiswettbewerb über den Online-Handel verhindern, um den stationären Verkauf zu schützen.[324] Der Schutz des stationären Handels durch Plattformverbote soll zu anhaltend hohen Preisen führen.[325] Tatsächlich zeichnen sich Online-Handelsplattformen durch einen lebhaften markeninternen Wettbewerb aus.[326] Hersteller fürchten das Risiko des Preisverfalls, das insbesondere von eBay ausgeht.[327] Studien bestätigen dies teilweise und zeigen, dass die Preisersparnisse bei eBay gegenüber dem herkömmlichen Vertrieb in Deutschland von 20 Prozent für Elektronikprodukte bis zu 50 Prozent bei Telekommunikationsprodukten betragen können.[328]

---

319 *Marsden/Whelan*, ECLR 2010, 26 (31).

320 *Kinsella/Melin*, Who's Afraid of the Internet?, GCP March 2009, S. 14.

321 *Robertson*, ECLR 2012, 132 (134).

322 Vgl. *Themelis*, IJLIT 2012, 346 (355); zur Strategie der Kommission siehe Mitteilung der *Kommission*, Digitaler Binnenmarkt, 11.1.2012, KOM(2011) 942 endg., S.1.

323 Vgl. *MGI*, Internet Matters, Mai 2011, S. 2; sowie *European Policy Center*, The Economic Impact of a European Digital Single Market, März 2010, S. 35.

324 *Held*, ECLR 2010, 343 (343); *Kinsella/Melin*, Who's Afraid of the Internet?, GCP March 2009, S. 14.

325 *Kinsella/Melin*, Who's Afraid of the Internet?, GCP March 2009, S. 12.

326 *Schweda/Rudowicz*, WRP 2013, 590 (592).

327 Entscheidung des *BKartA* vom 25.9.2009 – B3–123/08, Rn. 36– CIBA Vision; zu dieser Entscheidung *Wrage-Molkenthin*, MPR 2010,151.

328 *Frontier Economics*, Economic study of the consumer benefits of eBay, September 2008, S. 17.

Auf Online-Plattformen stehen sich die Angebote unterschiedlicher Händler für ein und dasselbe Produkt unmittelbar gegenüber.[329] Die von diesen Plattformen ausgehende Transparenz führt dazu, dass nicht nur die Verbraucher sondern auch die Wettbewerber die Preise leicht vergleichen können.[330] Dieser Umstand schafft für die Händler einen starken Anreiz, knapp zu kalkulieren und kann so zu niedrigen Preisen führen.[331] So zeigen sich auf Online-Plattformen die pro-wettbewerblichen Effekte des Internethandels in Form günstiger Angebote besonders deutlich.

Darüber hinaus kann der Ausschluss von Drittplattformen sogar dazu führen, dass kleine Händler insgesamt vom Internethandel Abstand nehmen – was wohl auch häufig die Intention eines Plattformverbots sein wird. Hohe Einrichtungskosten sowie hohe laufende Kosten bei händlereigenen Shops stellen die Profitabilität des Internetverkaufs in Frage.[332] Die Händler müssen immense Aufwendungen für die Werbung auf sich nehmen, um im Internet überhaupt gefunden zu werden.[333] Bei einem Verkauf über eine populäre Drittplattform wären diese Kosten erheblich geringer.

3. *Einschränkung der Kundenreichweite*

Die Kommission schreibt den Herstellern vor, dass sie den Händlern die Möglichkeit geben, über das Internet mehr Kunden zu erreichen. Verpflichtungen, die die Vertragshändler davon abhalten, das Internet zu benutzen, um mehr und andere Kunden zu erreichen, und die nicht gleichwertig mit den Kriterien für den stationären Verkauf sind, gelten als nicht freistellbare Kernbeschränkung.[334]

Händler können mit den Online-Handelsplattformen kostengünstig und effizient eine große Anzahl potentieller Kunden erreichen.[335] Nicht nur profitieren sie von den geringen Kosten zur Einrichtung und zum Unterhalt ihres Online-Shops, sondern auch von dem bereits angesprochenen Bekanntheitsgrad der Plattformen.[336] Die Bewertungs- und Zertifizierungssysteme für Händler, Shop-in-Shop-Systeme, sicheren Zahlungssysteme und die verfügbaren

329 *Schweda/Rudowicz*, WRP 2013, 590 (592).
330 *Robertson*, ECLR 2012, 132 (134).
331 *Schweda/Rudowicz*, WRP 2013, 590 (592).
332 Dazu *ECC*, Wie viel kostet Online-Vertrieb?, 2012, S. 7 ff. und 15 ff.
333 Vgl. *LG Kiel*, Urt. v. 8.11.2013 – 14 O 44/3 Kart.
334 Leitlinien, Ziff. 56, Satz 4.
335 *Schweda/Rudowicz*, WRP 2013, 590 (592); zu diesem Ergebnis kommt auch das *LG Kiel*, Urt. v. 8.11.2013 – 14 O 44/3 Kart.
336 *Schweda/Rudowicz*, WRP 2013, 590 (592).

Produktbewertungen erhöhen die Attraktivität dieser Plattformen. Darüber hinaus schätzen Kunden den geringen Suchaufwand beim Einkauf über Online-Handelsplattformen. Teilweise wird daher behauptet, Plattformverbote erhöhten für die Verbraucher den Suchaufwand.[337] Dies trifft aber nur in einem begrenzten Umfang zu. Preissuchmaschinen sind mittlerweile fest etabliert. Sie bieten Internetnutzern die Möglichkeit, die Preise verschiedener Online-Shops für ein bestimmtes Produkt kostenlos und innerhalb weniger Sekunden miteinander zu vergleichen.

Dennoch versagen Plattformverbote den Händlern die Möglichkeit, etablierte Vertriebswege im Internet zu nutzen. Die Händler werden gezwungen, einen eigenen Internetshop zu hohen Kosten einzurichten und selbst Anstrengungen zu unternehmen, um einen hohen Bekanntheitsgrad und eine hohe Reputation zu erreichen. Online-Drittplattformen bieten Händlern eine leicht zugängliche und kostengünstige Möglichkeit, mehr und andere Kunden zu erreichen. Ein Verbot schränkt demzufolge die Kundenreichweite ein.[338]

Eine Auseinandersetzung mit dem widersprüchlichen Umgang der Kommission mit Plattformverboten und der Einschränkung der Kundenreichweite erfolgt im weiteren Verlauf dieses Kapitels.[339]

4. Erschwerter Zugang zum Online-Markt

Handelsverbote über Online-Plattformen erschweren Einzelhändlern den Eintritt in den Online-Markt und versagen ihnen die Möglichkeit, selbst ihr bevorzugtes Vertriebsmodell zu wählen.[340] Die Händler sind nicht in der Lage, ihre wirtschaftlichen Entscheidungen selbstständig zu bestimmen.[341]

Online-Handelsplattformen senken die Marktzutrittsschranken für neue Händler, indem sie ihnen durch niedrige Investitionen ermöglichen, einen großen Kreis potentieller Kunden im Internet anzusprechen.[342] Insbesondere die Auffindbarkeit eines Online-Shops gehört zu den wichtigsten Faktoren für hohe Absatzzahlen im Internet.[343] Shops, die nur wenigen Verbrauchern bei der Suche nach einem bestimmten Produkt auffallen, werden kaum Bestellungen

---

337 *Schweda/Rudowicz*, WRP 2013, 590 (592).

338 *LG Kiel*, Urt. v. 8.11.2013 – 14 O 44/3 Kart.

339 Siehe unten Kap. 2 C I.

340 *Themelis*, IJLIT 2012, 346 (355).

341 Näher zum Selbstständigkeitspostulat statt vieler *Aicher et al*, in: Grabitz/Hilf, Das Recht der Europäischen Union, 40. EL. 2009, Art. 81, Rn. 10.

342 *Schweda/Rudowicz*, WRP 2013, 590 (592); so auch *Spieker*, GRUR-RR 2009, 81 (82)

343 *Bühlmann/Schirmbacher*, CR 2012, 451 (454).

verzeichnen können. So gehören Ausgaben für Marketing im Internet zu den größten Posten im laufenden Geschäft.[344] Fast die Hälfte aller Online-Händler gibt die laufenden Marketingkosten als den größten Kostentreiber an.[345] Diese Kosten können bei einem Verkauf über eBay oder Amazon deutlich reduziert werden.

Ein Verbot von Online-Plattformen hindert Einzelhändler daran, einen solchen kostengünstigen, effizienten und sicheren Weg für den Einstieg in den Online-Handel zu wählen,[346] und erschwert so den Zutritt zum Online-Markt.

5. *Erschwerter Zugang zum M-Commerce*

Neben dem E-Commerce, der sich schon längst durchgesetzt hat, entwickelt sich auch der Mobile Commerce (M-Commerce) immer stärker. Unter M-Commerce versteht man das Marketing und den Vertrieb über mobile Endgeräte wie Handys bzw. Smartphones und Tablet-Computer.[347] Zwar sind diese Geräte in aller Regel in der Lage, auch klassische Internetseiten darzustellen. Dennoch erfreuen sich die für die mobilen Geräte entwickelten Apps großer Beliebtheit,[348] da deren Darstellung an die kleinen Bildschirme angepasst ist und sie kürzere Ladezeiten als klassische Internetseiten haben.

eBay und Amazon bieten eigene Apps für ihre Handelsplattformen an. Kunden können also auf ihren mobilen Geräten nicht nur die Angebote einsehen, sie können auch den gesamten Bestellvorgang über ihr Handy oder ihr Tablet abwickeln. Mehr als ein Viertel aller Smartphone-Nutzer hat die eBay-App im Oktober 2012 in Deutschland genutzt, in absoluten Zahlen sind dies über sechs Millionen Nutzer. Auf Amazon Mobil wurde immerhin von knapp über 15 Prozent aller Smartphones zugegriffen. Bei Nutzern im Alter von unter 30 Jahren waren die Nutzungsanteile sogar noch höher.[349]

Mehr als Nutzer stationärer Endgeräte scheuen die Käufer auf mobilen Endgeräten lange Recherchen, was vor allem auf die kleinen Bildschirme und die teilweise langsamen Verbindungen zurückzuführen ist.[350] Da Amazon und eBay den Ruf besonders günstiger Produkte haben, begnügen sich die Käufer daher

---

344 *LG Kiel*, Urt. v. 8.11.2013 – 14 O 44/3 Kart.

345 *ECC*, Wie viel kostet Online-Vertrieb?, 2002, S. 16.

346 *Kinsella/Melin*, Who's Afraid of the Internet?, GCP March 2009, S. 13.

347 *Micklitz/Schirmbacher*, in: Spindler/Schuster, 2011, § 312c BGB, Rn. 62b f.

348 *Schweda/Rudowicz*, WRP 2013, 590 (592).

349 Alle Angaben aus *Focus Statista*, App Monitor Deutschland, S. 11 ff.

350 *Schweda/Rudowicz*, WRP 2013, 590 (592).

häufig mit einem Blick auf deren Apps.[351] Händler, die über eBay und Amazon verkaufen, profitieren über diese Apps automatisch vom stark im Wachstum befindlichen M-Commerce.

Betrachtet man die hohen Zahlen bei der Nutzung der Apps von eBay und Amazon, wird deutlich, dass den Händlern mit einem Plattformverbot ein weiterer lukrativer Vertriebsweg abgeschnitten wird. Auch wenn es den Händlern letztlich frei steht, eigene Apps zu entwickeln, stehen dem jedoch die hohen Kosten und der geringe Bekanntheitsgrad dieser neuen Apps entgegen.

6. *Einschränkung der Inter-Brand-Wettbewerbs*

Gleich drei marktstarke Sportartikelhersteller sollen nach Informationen des Bundeskartellamts ihren Händlern den Verkauf über Drittplattformen verbieten. Die Vertriebssysteme der Hersteller Adidas, Asics und Nike sind demnach alle darauf ausgerichtet, dass die Händler nicht über eBay und Amazon Marketplace verkaufen.[352] Dieser Fall liefert ein Beispiel für mögliche kumulative Effekte von mehreren auf demselben Markt auferlegten Plattformverboten.

Entscheiden sich gleich mehrere auf demselben Markt tätige Hersteller für Plattformverbote, beschränkt das nicht nur den Intra-Brand-Wettbewerb. Auch der Inter-Brand-Wettbewerb kann beeinträchtigt werden, da mit den Online-Handelsplattformen gerade der Vertriebsweg mit dem intensivsten markeninternen Wettbewerb ausgeschlossen wird, was mittelbar auch den Wettbewerb zwischen den Marken beschränkt.[353] Es gehört jedoch zu den erklärten Zielen der Kommission, eine Verringerung des Markenwettbewerbs zu verhindern.[354]

Die Kommission hat in den Leitlinien ein Beispiel für den selektiven Vertrieb mit kumulativer Wirkung gebildet, bei dem sie davon ausgeht, dass der Rechtsvorteil der Vertikal-GVO entzogen werden muss.[355] Nach Art. 7 VO 19/65/EWG[356] iV.m. Art. 29 VO 1/2003 kann die Kommission im Einzelfall den Vorteil

351 *LG Kiel*, Urt. v 8.11.2013 – 14 O 44/3 Kart.

352 Siehe *Markt intern*, Kartellamt vs. Sportbranche?, Ausgabe 09/2013 vom 28.2.2013, abrufbar unter: http://www.markt-intern.de/redaktionen/sport-fachhandel/aktuelles/kartellamt-vs-sportbranche/ (zuletzt abgerufen am 28.1.2014); zum Vertriebssystem von Adidas siehe auch *Kürten*, GRUR-Prax, 2013, 286.

353 *Schweda/Rudowicz*, WRP 2013, 590 (593); siehe zur Beeinträchtigung des Inter-Brand Wettbewerbs auch *Robertson*, ECLR 2012, 132 (134).

354 Leitlinien, Ziff. 100 lit. b, Ziff. 178.

355 Leitlinien, Ziff. 188, 3. Absatz.

356 Verordnung 19/65/EWG des *Rates* vom 2.3.1965, ABl. 36 vom 6.3.1965, S. 533; dazu näher *Mestmäcker/Schweitzer*, Europäisches Wettbewerbsrecht, 2004, § 13, Rn. 21.

der Gruppenfreistellungsverordnung entziehen, wenn ein Vertriebssystem, das unter die GVO fällt, Wirkungen entfaltet, die mit den Voraussetzungen des Art. 101 Abs. 3 AEUV unvereinbar sind.[357] So hält die Kommission in dem von ihre gewählten fiktiven Beispiel die einfache Tatsache, dass mehrere Sportartikelhersteller parallel einen selektiven Vertrieb eingerichtet haben, in dem hohe Anforderungen an den stationären Verkauf gestellt werden, für wettbewerblich problematisch. Sie erwartet dadurch eine Einschränkung des Inter-Brand-Wettbewerbs,[358] mit der Folge geringerer Wahlmöglichkeiten und höherer Preise für die Verbraucher.[359] In diesem Fall wird daher ein Entzug der Freistellung erwogen.

Diese Überlegungen gelten also insbesondere für Plattformverbote, die über die einfachen Bindungen des Selektivvertriebs hinausgehen. Auch wenn Wettbewerb durch andere Hersteller vorhanden ist,[360] wird der Wettbewerb doch zu einem so großen Umfang ausgeschlossen, dass in dem betreffenden Markt höhere Preise durchgesetzt werden können, als dies ohne ein solches Verbot der Fall wäre.

III. Positive Auswirkungen von Plattformverboten[361]

Den negativen Effekten durch ein Verbot von Online-Handelsplattformen können auch positive Effekte gegenüberstehen. Diese ergeben sich insbesondere aus dem Schutz des Markenimages. So wird häufig argumentiert, dass Verbraucher selbst Marken mit einem gewissen Luxusimage nachfragen und dass diese Nachfrage nicht mehr befriedigt werden kann, wenn die Produkte über imageschädigende Online-Plattformen verkauft werden.[362]

Damit stellt sich zunächst die Frage, ob das Interesse der Hersteller, ihr Markenimage zu schützen, überhaupt anzuerkennen ist. Eine solche Argumentation setzt weiter voraus, dass Online-Handelsplattformen überhaupt ein negatives Image anhaftet. Darüber hinaus muss dieses negative Image, sofern es nachgewiesen ist, auch auf die über die Plattform verkauften Produkte durchschlagen. Erst wenn diese Voraussetzungen erfüllt sind, kann ein Plattformverbot

357 *Schuhmacher*, in: Liebscher/Flohr/Petsche, EU-Gruppenfreistellungsverordnungen, 2012, § 7, Rn. 77.
358 Leitlinien, Ziff. 188, 2. Absatz.
359 Leitlinien, Ziff. 188, 3. Absatz.
360 Der Sportartikelhersteller Puma betreibt z.B. einen eigenen Shop bei Amazon.
361 Gliederung nach *Schweda/Rudowicz*, WRP 2013, 590 (593 ff.).
362 So unter anderem *LVMH*, Stellungnahme im Rahmen des Konsultationsverfahrens zur Überarbeitung der Vertikal-GVO, 24.9.2009, Ziff. 7.

tatsächlich positive Auswirkungen auf das Produktimage und damit für die Verbraucher haben, die ein solches Image nachfragen.

1. Imageschutz als anerkennenswertes Interesse

Der EuGH urteilte im Fall *Pierre Fabre*, dass „das Ziel, den Prestigecharakter zu schützen, (...) kein legitimes Ziel zur Beschränkung des Wettbewerbs sein [kann]".[363] Damit versagte der EuGH aber nur die Möglichkeit, dass ein Totalverbot des Internetvertriebs zum Imageschutz als Teil des Wettbewerbs eingestuft wird und damit nicht unter das Kartellverbot fällt. Er ließ folglich offen, ob das Argument des Imageschutzes innerhalb einer möglichen Freistellung berücksichtigt werden kann.

So können vertikale Beschränkungen nach Ansicht der Kommission unter anderem gerechtfertigt sein, wenn sie zur „Schaffung eines Markenimages beitragen, indem den Händlern bestimmte Standards zur Sicherung der Produkteinheitlichkeit und -qualität auferlegt werden", und damit die Attraktivität des Produkts für die Verbraucher erhöht wird.[364] Ausdrücklich erkennt die Kommission damit das Interesse der Hersteller an, ihr Markenimage zu schützen. Sie ergänzt sogar, dass es notwendig sein kann, dem Händler vertikale Beschränkungen zur Schaffung eines Markenimages für die gesamte Dauer der Belieferung mit den Vertragsprodukten aufzuerlegen, die Beschränkungen also nicht von begrenzter Dauer sein müssen.[365]

Die Entscheidung der Kommission, den Schutz des Markenimages als Rechtfertigungsgrund für vertikale Beschränkungen anzuerkennen, ist richtig.[366] Das Markenimage kann, indem es psychologische Bedürfnisse der Verbraucher befriedigt, selbst den Charakter eines Produktbestandteils erlangen.[367] Der EuGH erkannte dies selbst in seiner markenrechtlichen Rechtsprechung an.[368] Parfums werden beispielsweise in erster Linie durch ihr Image und nur sekundär durch ihre chemische Zusammensetzung und dem sich daraus ergebenden Duft

---

363 *EuGH*, Urt. v. 13.10.2011 – C-439/09, Slg. 2011, I-9419, Ziff. 46, MMR 2010, 50 – Pierre Fabre.

364 Leitlinien, Ziff. 107 lit. i.

365 Leitlinien, Ziff. 108, Satz 3.

366 *Schweda/Rudowicz*, WRP 2013, 590 (593); bejahend auch *Honnefelder*, Gruppenfreistellungsverordnung, 2003, S. 38 f.; *Unglaub*, Der selektive Vertrieb von Parfum und Luxuskosmetika, S. 8; sowie *Rheinländer*, WRP 2005, 285 (287).

367 *Unglaub*, Der selektive Vertrieb von Parfum und Luxuskosmetika, 2001, S. 9; *Franck*, WuW 2010, 772 (778); vgl. auch *Hülsen*, ZVertriebsR 2012, 299 (300).

368 *EuGH*, Urt. v. 23.4.2009 – C-59/08, Slg. 2009, I-3421, Rn. 24 – Copad.

definiert.[369] So ermöglicht der Konsum bestimmter Markenartikel dem Konsumenten, sich über das Produktimage eine Identität zu verschaffen und diese nach außen zu tragen.[370]

Neben der Befriedigung psychologischer Bedürfnisse kann ein positives Markenimage in Märkten mit Informationsdefiziten auch eine hohe Produktqualität signalisieren. Ist der Verbraucher selbst nicht in der Lage, vor dem Kauf die Qualität des Produkts zu beurteilen, handelt er rational, wenn er sich für das günstigste Produkt entscheidet.[371] Dieses Produkt kann sich aber auf lange Sicht als qualitativ ungenügend erweisen. Ein positives Markenimage, das ständig durch eine hohe Produktqualität bestätigt werden muss, kann dem entgegenwirken.[372]

Verbraucher fragen Produkte mit einem bestimmten Produktimage nach. Würde das Kartellrecht diesen Gesichtspunkt unberücksichtigt lassen und den Herstellern den Aufbau eines bestimmten Markenimages nicht gestatten, bewirkte es ein Funktionsdefizit des Marktes, was dem Ziel des Kartellrechts zuwiderläuft.[373] Das Ziel der Hersteller, ein bestimmtes Markenimage aufzubauen und zu schützen ist folglich anzuerkennen. Ob allerdings Plattformverbote für ein positives Image notwendig sind, ist damit noch offen.[374]

2. *Image von Online-Plattformen*

Von Online-Plattformen müsste ein negatives Image ausgehen, damit Hersteller entsprechende Verkaufsverbote rechtfertigen können.

Im Konsultationsprozess der Europäischen Kommission zur Überarbeitung der Vertikal-GVO äußerten einige Hersteller sog. Luxusprodukte die Ansicht, dass der Verkauf ihrer Produkte über solche Plattformen ihrem Markenimage erheblich schade.[375] Das Alleinstellungsmerkmal der Markenprodukte

---

369 *Coscelli/Buettner/Vergé/Winter*, CRA International 2008, Rn. 44; dies bestreiten auch nicht *Kinsella/Melin/Schropp*, ECJ 2009, 227 (255), die sich in ihrem Aufsatz mit Coscelli et al. kritisch auseinandersetzen; siehe auch *Unglaub*, Der selektive Vertrieb von Parfum und Luxuskosmetika, S. 16 f.

370 *Franck*, WuW 2010, 772 (778).

371 *Franck*, WuW 2010, 772 (781).

372 *Franck*, WuW 2010, 772 (782).

373 *Franck*, WuW 2010, 772 (779).

374 *Schweda/Rudowicz*, WRP 2013, 590 (593).

375 So z.B. *LVMH*, Stellungnahme im Rahmen des Konsultationsverfahrens zur Überarbeitung der Vertikal-GVO, 24.9.2009, Ziff. 7.

sei gefährdet, wenn diese über Online-Plattformen verkauft würden.[376] Es sei anerkannt, dass Hersteller ihren Händlern qualitative Kriterien für die Gestaltung ihrer Internetseite vorgeben dürfen. Online-Plattformen böten aber nicht die Möglichkeit, dass diese Kriterien dort angewandt werden. Die Gestaltungsmöglichkeiten seien zu gering und könnten nicht an die Erfordernisse der Präsentation der konkreten Vertragsprodukte angepasst werden.[377]

a) „Flohmarkt-Image"

Insbesondere eBay steht in der Kritik. Neben dem „Flohmarkt-Image", das ihr anhafte,[378] sei die Plattform dafür bekannt, dass dort Plagiate zu finden seien.[379] In die Plattform integrierte Händler-Shops könnten die Bedenken nicht zerstreuen, da bei der Produktsuche die Produkte aus dem Händler-Shop neben allen anderen Angeboten, also auch den von Privatverkäufern, erscheinen.[380] So könne nicht mehr zwischen den Flohmarktartikeln und den Produkten von lizenzierten Händlern unterschieden werden. Selbst wenn ein eBay-Shop sämtlichen Vorgaben des Herstellers an die Gestaltung der Angebote genüge, könnte er aufgrund der Vorschaltung des eBay-Logos den Anforderungen der Hersteller nicht vollständig entsprechen.[381]

Amazon hingegen wird regelmäßig ein tadelloses Image attestiert. Die Plattform habe eine gute Reputation.[382] Die rechtliche Ausgestaltung von Amazon Marketplace, in der die Kunden den Kaufvertrag mit Amazon und nicht mit dem Händler schlössen, sei aber letztlich dafür entscheidend, dass der Verkauf über diese Plattform ausgeschlossen werden könne.[383] Sofern der Vertrieb über Amazon Marketplace anfangs tatsächlich so ausgestaltet war, dass der Kaufvertrag rechtlich mit Amazon geschlossen wird, hat Amazon diese Praxis mittlerweile geändert. Die Käufer schließen den Vertrag direkt mit dem Marketplace-Händler.

376 So *Chanel*, Stellungnahme im Rahmen des Konsultationsverfahrens zur Überarbeitung der Vertikal-GVO, 25.9.2009, S. 5.

377 Vgl. *Dieselhorst/Luhn*, WRP 2008, 1306 (1309).

378 So z.B. *KG*, Urt. v. 19.9.2013 - 2 U 8/09 Kart, EuZW 2013, 873 (876); *OLG Karlsruhe*, Urt. v. 25.11.2009 - 6 U 47/08 Kart, GRUR-RR 2010, 109 - Schulranzen; *Aronsson*, Selective Distribution and Online Sales, 2010, S. 44; *Bühlmann/Schirmbacher*, Jusletter 30. Mai 2011, Rn. 110; *Rösner*, WRP 2010, 1114 (1121).

379 *Dieselhorst/Luhn*, WRP 2008, 1306 (1309), vgl. auch *Baye*, Vertical Restraints, OECD-Papier vom 13.2.2013, S. 6.

380 *Rösner*, WRP 2010, 1114 (1121 f.).

381 *Rösner*, WRP 2010, 1114 (1122).

382 *Rösner*, WRP 2010, 1114 (1122).

383 *Haslinger*, WRP 2009, 279 (282); *Rösner*, WRP 2010, 1114 (1122).

Die rechtliche Ausgestaltung des Verkaufsvorgangs hat aber ohnehin keinen Einfluss auf das Image der Plattform.

b) Bewertung

Dem Argument, wonach schon die Anzeige des eBay-Logos das Herstellerimage beeinträchtigen könne, liegt ein Zirkelschluss zugrunde. Die Vorgaben eines Herstellers, keine Plattformen mit fremdem Logo zu nutzen, können erst als maßgeblich eingeordnet werden, wenn feststeht, dass der Verkauf über eBay imageschädigend ist.

eBay hat in jüngerer Zeit einige Anstrengungen unternommen, den Verkauf von Produktfälschungen zu unterbinden und die Möglichkeiten zur Produktpräsentation in Händlershops zu verbessern.[384] Es ist der Online-Plattform gelungen, den Händlern die Möglichkeit zu geben, ihren eBay-Shop entsprechend ihrer eigenen Website zu gestalten.[385] Allerdings ist dabei zu berücksichtigen, dass eine Anpassung an andere Websites nur bis zu einem bestimmten Grad möglich ist. So lässt sich eine unabhängige Website deutlich individueller gestalten. Das betrifft insbesondere die Suchfunktionen und die Gestaltungsmöglichkeiten bei der gleichzeitigen Anzeige mehrerer Produkte. Den Herstellern von Produkten mit einem besonderen Image ist zuzugestehen, dass ihre Waren im Einzelfall schlechter zur Geltung kommen können, wenn sie neben einer Reihe von Gebrauchtartikeln angezeigt werden. Andererseits unterscheiden die eBay-Kunden bei ihrer Kaufentscheidung deutlich nach der Reputation der einzelnen Händler. Kann ein Händler vertrauenswürdige Gütesiegel und dazu gute Kundenbewertungen vorweisen, verzeichnet er in aller Regel auch höhere Verkaufszahlen.[386] Dieser Umstand spricht dafür, dass sich Händler auch auf einer Online-Plattform eine hohe Reputation aufbauen und so das Image der von ihnen verkauften Produkte schützen können.[387]

Das Amazon-Beispiel zeigt zudem, dass Online-Plattformen nicht insgesamt ein schlechtes Image unterstellt werden kann. Der Plattform wird übereinstimmend ein positives Image attestiert.[388] Hersteller können sich bei Amazon, wie

---

384 *Schweda/Rudowicz*, WRP 2013, 590 (593).

385 Vgl. *eBay*, Stellungnahme im Rahmen des Konsultationsprozesses zur Überarbeitung der Vertikal-GVO, 28.9.2009, S. 36 f.

386 *Buccirossi*, Vertical Restraints for On-Line Sales, OECD-Papier vom 12.2.2013, Rn. 62.

387 So auch *Cabral/ Hortaçsu*, Journal of Industrial Economics 2010, 54

388 *Marsden/Whelan*, ECLR 2010, 26 (30); *Rösner*, WRP 2010, 1114 (1122).

auch bei eBay, allenfalls darauf berufen, dass die Produktpräsentation nicht in vollem Umfang an unabhängige Websites angepasst werden kann. Es ist aber fraglich, ob allein der Umstand, dass die Präsentation an Amazon – eine Plattform mit hoher Reputation – angepasst werden muss, schon als imageschädigend eingestuft werden kann.

Das Image von Online-Plattformen kann nicht pauschal beurteilt werden. Es hängt davon ab, nach welcher Produktkategorie ein Kunde sucht und welche Reputation die jeweilige Plattform hinsichtlich des Verkaufs dieser Produkte hat. So ist jedenfalls im Einzelfall vorstellbar, dass Verbraucher Produkte einer bestimmten Gattung nicht über Online-Plattformen kaufen wollen, oder zumindest eBay nicht in Betracht ziehen weil sie der Plattform nicht trauen. Dies muss der Hersteller nachweisen.

3. *Auswirkungen des Plattformverkaufs auf das Markenimage*

Da ein abschließendes Urteil über das Image von Online-Plattformen in ihrer Gesamtheit nicht möglich ist, kommt es letztlich darauf an, ob sich der Verkauf über diese Plattformen negativ auf das Markenimage auswirkt.[389] Dabei sind zwei Wege denkbar, über die das Produktimage beeinträchtigt werden kann. Zum einen – sofern im Einzelfall nachgewiesen – durch das negative Plattformimage, und zum anderen durch die Tatsache, dass die Produktpräsentation auf Online-Plattformen nicht vollständig an die Präsentation auf eigenständigen Websites angepasst werden kann.

Das Image einer Marke ist zu einem großen Anteil von der Marketing-Strategie des Herstellers abhängig.[390] Das Argument, dass mögliche Produktfälschungen, die auf Online-Plattformen teilweise noch verfügbar sind, das Markenimage beeinträchtigen, verfängt zudem nicht. Diese Fälschungen wären auch bei einem Plattformverbot weiter dort verfügbar, denn sie werden von nicht autorisierten Händlern verkauft. Darüber hinaus kann der Hersteller selbst dafür Sorge tragen, dass die Händler einen vertrauenswürdigen eBay-Shop unterhalten. So könnte er die von ihm belieferten Händler zum Beispiel verpflichten, dass sie auf ihrem eBay-Shop einen Link auf die Homepage des Herstellers einrichten, unter dem die Kunden überprüfen können, ob es sich tatsächlich um einen Partnerhändler des Herstellers handelt.

---

389 *Schweda/Rudowicz*, WRP 2013, 590 (594).

390 *Kinsella/Melin/Schropp*, ECJ 2009, 227 (255).

IV. Kein Vorrang der Herstellerinteressen

Weder kann Online-Plattformen pauschal ein schlechtes Image bescheinigt werden, noch schlägt ein schlechtes Plattformimage ohne Weiteres auf das Produktimage durch. Durch Produktmarketing und Qualitätsanforderungen an den Verkauf über Plattformen können die Hersteller dafür Sorge tragen, dass die Markenprodukte nicht mit dem – wie auch immer gearteten – Image der Plattform in Verbindung gebracht werden, über die die Produkte verkauft werden. Produkte verlieren nicht schon dadurch an Wert, dass sie über einen anderen Vertriebskanal vertrieben werden.[391] Nur wenn die Hersteller konkret darlegen können, dass durch den Vertrieb jeweils über eBay, Amazon und andere Online-Plattformen das von den Verbrauchern nachgefragte Markenprestige beeinträchtigt wird, ist eine Rechtfertigung eines Plattformverbots mit dem Markenimage denkbar.[392]

Die vorangegangenen Ausführungen haben außerdem aufgezeigt, dass den möglichen positiven Effekten von Plattformverboten eine Reihe negativer Effekte für den Wettbewerb gegenüberstehen.

Teilweise wird argumentiert, dass allein der Markeninhaber darüber entscheiden soll, wie er seinen Vertrieb organisiert. Die Luxusmarken seien kein Allgemeingut für die die universell gleichen Regeln wie für alle anderen Marken gelten.[393] Argumentativ greift es aber zu kurz, dem Interesse des Herstellers am Schutz des Images seiner Produkte generell den Vorrang gegenüber der Handlungsfreiheit der Händler einzuräumen.[394]

Das Markenimage kann Bestandteil des Produkts werden, wenn die Verbraucher ein entsprechendes Image nachfragen. Soweit nach einem bestimmten Image eine Nachfrage besteht, muss dies auch wettbewerblich berücksichtigt werden. Ein funktionierender Wettbewerb setzt voraus, dass ein Hersteller die Produkte am Markt in der Weise positionieren kann, wie sie von den Verbrauchern nachgefragt werden. Würde das Kartellrecht verhindern, dass die Hersteller ein Markenimage nach ihren Vorstellungen aufbauen können, spräche dies gegen seine eigene Intention, dass der Wettbewerb von Angebot und Nachfrage bestimmt wird.[395]

391 *Velte*, EuZW 2012, 19 (21); *Schweda/Rudowicz*, WRP 2013, 590 (594).
392 Vgl. *Velte*, EuZW 2012, 19 (21).
393 So *Ruess/Slopek*, WRP 2009, 1021 (1023).
394 *Franck*, WuW 2010, 772 (777).
395 Vgl. *Franck*, WuW 2010, 772 (779).

Es konnte allerdings nicht festgestellt werden, dass der Verkauf über Online-Plattformen a priori das Image insbesondere von Luxusmarken beeinträchtigt. Daher obliegt es den Herstellern, die positiven Effekte von Plattformverboten für ihr Markenimage nachzuweisen. Dieser Nachweis kann überdies nicht für alle Online-Plattformen pauschal geführt werden. Denn es ist durchaus vorstellbar, dass im Einzelfall zwar der Verkauf über eBay geeignet ist, das Markenimage zu schädigen, nicht aber der über Amazon Marketplace oder andere Plattformen.[396] In diesem Fall wäre ein umfassendes Plattformverbot nicht erforderlich.

Plattformverbote behindern die Entwicklung des digitalen Binnenmarkts und schränken den Preiswettbewerb ein. Zudem haben die Händler, die einem solchen Verbot unterworfen sind, eine geringere Kundenreichweite. Außerdem wird ihnen der Marktzutritt im Internet erschwert und der Zugang zum M-Commerce praktisch gänzlich versagt. Entscheiden sich mehrere Hersteller auf dem gleichen Markt für ein solches Verbot, wird darüber hinaus nicht nur der markeninterne Wettbewerb eingeschränkt, sondern auch der Wettbewerb zwischen den Marken. Dies kann zu flächendeckend höheren Preisen führen.

Handelsplattformen sind damit sowohl für Händler als auch für Verbraucher attraktiv. Dementsprechend sollten Plattformverbote nur dann zulässig sein, wenn sie aus Gründen des Imageschutzes auch tatsächlich geboten sind.[397] Im Rahmen der Analyse, ob sich Plattformverkäufe negativ auf das Markenimage auswirken, ist erstens zu berücksichtigen, dass das Image nicht für alle Produkte die gleiche Bedeutung hat.[398] Darüber hinaus muss beachtet werden, dass der Schutz des Markenimages aus Sicht der Hersteller häufig nur ein Nebenprodukt ist und es ihnen vielmehr darauf ankommt, Marktaufteilungen aufrecht zu erhalten um so einem Verfall der Preise vorzubeugen.[399] Das Interesse der Hersteller, ein bestimmtes Preisniveau aufrechtzuerhalten, kann jedoch aus wettbewerblicher Sicht nicht berücksichtigt werden. Vielmehr entspricht es dem Zweck des Kartellrechts, den Preiswettbewerb zu fördern. Es kommt also darauf an, ob das Produktimage tatsächlich als Produktbestandteil die Verbraucherinteressen befriedigen soll, und ein Plattformverbot als wettbewerbskonform anzusehen ist,[400] oder ob es dem Hersteller vielmehr darauf ankommt, hohe Preise durchzusetzen.

---

396 Vgl. dazu *BKartA*, Fallbericht v. 24.10.2013 – B7-1/13-35 – Sennheiser.

397 *Schweda/Rudowicz*, WRP 2013, 590 (594 f.).

398 *Schweda/Rudowicz*, WRP 2013, 590 (595).

399 *Kinsella/Melin/Schropp*, ECJ 2009, 227 (238), a.A. *Unglaub*, Der selektive Vertrieb von Parfum und Luxuskosmetika, 2001, S. 12.

400 *Franck*, WuW 2010, 772 (780).

Bei dieser Abwägung müssen die Art und die Eigenschaften des Produkts berücksichtigt werden,[401] sowie seine Qualität im Vergleich zu anderen Produkten derselben Gattung.[402] Sofern der Hersteller für den stationären Vertrieb beispielsweise nur geringe Vorgaben macht, liegt es nahe, dass es ihm nur auf die weitest mögliche Einschränkung des Internets ankommt, ohne dass sich daraus irgendwelche Vorteile für die Verbraucher ergeben.[403] Darüber hinaus muss stets untersucht werden, ob es neben einem Totalverbot des Plattformvertriebs auch weniger einschneidende Maßnahmen gibt. Dazu zählt z.B. die Vorgabe, ausschließlich über einen eigenen Händlershop zu verkaufen und diesen Shop nach den Vorstellungen des Herstellers zu gestalten.[404]

B. Wettbewerbsbeschränkung durch Plattformverbot im Selektivvertrieb

Viele Markenhersteller haben ein besonderes Interesse, ihren Vertriebspartnern den Verkauf über Online-Handelsplattformen zu untersagen. Wie erläutert fürchten sie Imageverluste und fallende Preise.[405] Die Diskussion, ob und wenn ja die Hersteller die Möglichkeit haben, ihren Händlern den Internetvertrieb über Drittplattformen zu untersagen, ist also von hoher praktischer Relevanz.[406] Im Zuge des Überarbeitungsprozesses der Vertikal-GVO und ihrer Leitlinien wurde zwischen verschiedenen Markenartikelherstellern, allen voran Louis Vuitton und eBay eine intensive Lobbying-Debatte geführt.[407] eBay war naturgemäß der Ansicht, dass ein den Händlern auferlegtes Verbot, über Online-Plattformen zu verkaufen, als Kernbeschränkung eingeordnet werden müsse.[408] Dagegen argumentierte Louis Vuitton, und gab damit wohl die Ansicht vieler Markenhersteller wieder, dass sich der Verkauf ihrer Artikel auf Internetplattformen negativ auf ihr Markenimage auswirke. Der Internetvertrieb müsse das gleiche prestigeträchtige Image tragen wie der Verkauf in stationären Geschäften.[409]

---

401 *Franck*, WuW, 2010, 772 (781).

402 *Schweda/Rudowicz*, WRP 2013, 590 (595); *Franck*, WuW, 2010, 772 (783).

403 Vgl. *Schultze/Pautke/Wagener*, Vertikal-GVO, 2011, Rn. 766.

404 *Schweda/Rudowicz*, WRP 2013, 590 (595); vgl. auch *Spieker*, GRUR-RR 2009, 81 (84).

405 *Held*, ECLR 2010, 343 (343).

406 *Schultze/Pautke/Wagener*, Vertikal-GVO, 2011, Rn. 773.

407 *Simon*, EWS 2010, 497 (502).

408 *eBay*, Empowering Consumers by Promoting Access to the 21st Century Market, 2008, S. 43.

409 *LVMH*, Stellungnahme im Rahmen des Konsultationsverfahrens zur Überarbeitung der Vertikal-GVO, 24.9.2009, Ziff. 7 f.

Die Prüfung, ob eine vertikale Vereinbarung kartellrechtlich zulässig ist, verläuft in zwei bzw. drei Schritten. Die Vereinbarung muss gem. Art. 101 Abs. 1 AEUV zunächst überhaupt den Wettbewerb beschränken. Nach ständiger Rechtsprechung des EuGH können Vereinbarungen, die innerhalb selektiver Vertriebssysteme getroffen werden, einen mit dem Kartellverbot zu vereinbarenden Bestandteil des Wettbewerbs darstellen.[410] Sofern die Abrede diesen Anforderungen nicht genügt, kann sie gem. Art. 2 Abs. 1 Vertikal-GVO i.V.m. Art. 101 Abs. 3 AEUV in den Genuss einer Gruppenfreistellung kommen. Als möglicher dritter Schritt kommt eine Legalausnahme nach Art. 101 Abs. 3 AEUV in Betracht. Soweit eine Vereinbarung die Voraussetzungen von Abs. 3 erfüllt, ist sie freigestellt, ohne dass es dafür eine behördlichen Entscheidung bedarf (Art. 1 Abs. 2 VO 1/2003).[411] Die nun folgende Auseinandersetzung folgt diesem schematischen Prüfungsaufbau, wobei sie zwischen selektivem und nicht-selektivem Vertrieb differenziert.

I. Plattformverbote und Metro-Kriterien des EuGH

Seit dem Metro-Urteil des EuGH sind selektive Vertriebssysteme mit dem Kartellverbot vereinbar, „sofern die Auswahl der Händler aufgrund objektiver Gesichtspunkte qualitativer Art erfolgt, die sich auf dessen fachliche Eignung seines Personals und seiner sachlichen Ausstattung beziehen, und sofern diese Voraussetzungen einheitlich für alle in Betracht kommenden Händler festgelegt und ohne Diskriminierung angewendet werden."[412] Bei diesen Vorgaben des EuGH handelt es sich um eine tatbestandliche Reduktion des Art. 101 Abs. 1 AEUV.[413]

Es stellt sich die Frage, ob Plattformverbote, die Händlern eines selektiven Vertriebssystems auferlegt werden, anhand dieser Vorgaben überhaupt den Wettbewerb im Sinne des Art. 101 Abs. 1 AEUV beschränken. Dafür bedürfen zunächst die Metro-Kriterien einer näheren Betrachtung.

---

410 *EuGH*, Urt. v. 25.10.1977 - 26/76, Slg. 1977, 1875 (1905), NJW 1978, 480 - Metro I; *EuGH*, Urt. v. 22.10.1986 - 75/84, Slg. 1986, 3021, NJW 1988, 1444 - Metro II.

411 Dazu näher *Bechtold/Bosch/Brinker/Hirsbrunner*, EG-Kartellrecht, 2009, Art. 1 VO 1/2003, Rn. 18.

412 *EuGH*, Urt. v. 25.10.1977 - 26/76, Slg. 1977, 1875 (1905), NJW 1978, 480 - Metro I.

413 *Dieselhorst/Luhn*, WRP 2008, 1306 (1307); dazu näher *Zimmer*, in: Immenga/Mestmäcker, EU-Wettbewerbsrecht, 2012, Art. 101 Abs. 1 AEUV, Rn. 300.

1. Objektive und qualitative Auswahl

Objektiv ist ein Selektionskriterium, wenn die Händler eigenverantwortlich ohne die Mithilfe des Herstellers prüfen können, ob sie die vorgegebenen Maßstäbe erfüllen.[414] Insbesondere die fachliche Ausbildung der Händler und ihres Personals, die Größe und Gestaltung der Verkaufsräume sowie die Verpflichtung, Kundendienstleistungen zu erbringen, können als qualitative Auswahlkriterien eingestuft werden.[415]

2. Privilegierung nur für hochwertige oder anspruchsvolle Produkte

Die Qualitätsmerkmale, die an die Händler gestellt werden dürfen, können nicht losgelöst von der Produktbeschaffenheit beurteilt werden. Denn der unter dem Kartellverbot zulässige Inhalt von Anforderungen bestimmt sich letztlich danach, wie die Waren sachgerecht und erfolgreich abgesetzt werden können.[416]

Die Vereinbarkeit eines selektiven Vertriebssystems mit Art. 101 Abs. 1 AEUV wurde von den EU-Institutionen bisher stets nur für hochwertige Markenprodukte oder technisch anspruchsvolle Güter angenommen.[417] So wurde zum Beispiel ein selektives Vertriebssystem für hochpreisige Parfums von der Kommission als mit Art. 85 Abs. 1 EWG a.F. vereinbar eingestuft.[418] Die betreffenden Produkte hätten einen „Luxuscharakter", der sich letztlich „aus einer Aura prestigeträchtiger Exklusivität" ergebe. Die Hersteller müssten in der Lage sein, eine Marke mit hohem Ansehen aufzubauen, indem sie eine Produktpräsentation wählen, die das „ästhetisch und funktionell Besondere" herausstellt. Dafür sei ein selektives Vertriebssystem erforderlich und mit dem Kartellverbot vereinbar.[419] Soweit sich der EuGH mit Selektivvertriebssystemen befasste, stellte er

---

414 Entscheidung der *Kommission* vom 10.12.1983, ABl. 1983 L 348/20 (22) – Murat.

415 *EuGH*, Urt. v. 25.10.1977 – 26/76, Slg. 1977, 1875 (1905), NJW 1978, 480 – Metro I; *EuGH*, Urt. v. 22.10.1986 – 75/84, Slg. 1986, 3021 (3074), NJW 1988, 1444 – Metro II; Entscheidungen der *Kommission*, ABl. 1984 L 118/24 – IBM; ABl. 1994 L 20/15 – Grundig; ABl. 1992 L 12/24 – Yves St. Laurent; vgl. auch *Klotz*, in: von der Groeben/Schwarze, Vertrag über die Europäische Union, 2003, nach Art. 81 EG – Liefer- und Bezugsvereinbarungen, Rn. 178.

416 *Honnefelder*, Gruppenfreistellungsverordnung, 2003, S. 164.

417 Vgl. *Zimmer*, in: Immenga/Mestmäcker, EU-Wettbewerbsrecht, 2012, Art. 101 Abs. 1 AEUV, Rn. 299.

418 Entscheidung der *Kommission* vom 19.8.1992, ABl. 1992 L 236/11 (16) – Givenchy; Entscheidung der *Kommission* vom 16.12.1991, ABl. 1992 L 12/24 – Yves St. Laurent.

419 Entscheidung der *Kommission* vom 19.8.1992, ABl. 1992 L 236/11 (16) – Givenchy.

jeweils fest, dass diese insbesondere für langlebige, hochwertige und technisch hoch entwickelte Verbrauchsgüter in Betracht kämen.[420]

3. *Erforderlichkeit der Einschränkung*

Die innerhalb des Vertriebssystems geltenden Beschränkungen müssen auch erforderlich sein. Der EuGH bestimmt, dass die aufgestellten Selektionskriterien nicht über das hinausgehen dürfen, was zur Gewährleistung eines qualitätsangemessenen Vertriebs erforderlich ist.[421] Dies betrifft die Frage des Wie des selektiven Vertriebssystems.

Die Gewährleistung eines qualitätsangemessenen Vertriebs bildet den Anknüpfungspunkt für die Erforderlichkeit der vom Hersteller gewählten Kriterien. Die vom Händler geforderten Einschränkungen müssen sich daher, sollen sie mit dem Kartellverbot vereinbar sein, aus der Beschaffenheit der Waren ergeben. Da sich Dienstleistungen und die Gestaltung der Verkaufsräume an die Kunden richten, sich also der qualitätsangemessene Vertrieb stets an den Verbrauchern orientiert, sind die Auswahlkriterien des Herstellers immer dann erforderlich, wenn sie dazu dienen, den Kunden diejenigen Merkmale des Produkts näher zu bringen, die sich nicht direkt aus dessen Natur ergeben.[422] Spiegelbildlich überschreitet der Anbieter die Grenzen der Erforderlichkeitsprüfung und verstößt damit gegen Art. 101 Abs. 1 AEUV, wenn die Händler zu mehr verpflichtet werden, als für die Qualitätssicherung notwendig ist. Ein Beispiel für überschießende Verpflichtungen sind Beschränkungen des Kundenkreises. Diese verstoßen gegen Art. 101 Abs. 1 AEUV.[423]

II. Verbot von Online-Plattformen als qualitatives Selektionskriterium

Unter Berufung auf die Metro-Kriterien des EuGH wird teilweise vorgebracht, dass ein Plattformverbot Anforderungen an die Art und Weise des Verkaufs stelle.[424] Der Ausschluss von Drittplattformen sei vergleichbar mit Anforderungen an die Größe

---

420 *EuGH*, Urt. v. 25.10.1977 - 26/76, Slg. 1977, 1875 (1905), NJW 1978, 480 - Metro I; *EuGH*, Urt. v. 25.10.1983 - 107/82, Slg. 1983, 3151, NJW 1984, 1281; *EuGH*, Urt. v. 22.10.1986 - 75/84, Slg. 1986, 3021, NJW 1988 - Metro II; dazu näher *Klotz*, in: von der Groeben/Schwarze, Vertrag über die Europäische Union, 2003, nach Art. 81 EG - Liefer- und Bezugsvereinbarungen, Rn. 176.

421 *EuGH*, Urt. v. 11.12.1980 - 31/80, Slg. 1980, 3775, Ziff. 16, GRUR Int 1981, 315 - L'Oréal.

422 *Honnefelder*, Gruppenfreistellungsverordnung, 2003, S. 171.

423 *Zimmer*, in: Immenga/Mestmäcker, EU-Wettbewerbsrecht, 2012, Art. 101 Abs. 1 AEUV, Rn. 302.

424 *Dieselhorst/Luhn*, WRP 2008, 1306 (1308).

und Gestaltung der stationären Verkaufsräume, die als qualitative Auswahlkriterien eingestuft werden können.[425] Damit handele es sich um ein qualitatives Kriterium.[426]

Dieser Ansicht war das OLG Karlsruhe, das sich im Jahre 2009 mit einem selektiven Vertriebssystem befasste, in dem den Händlern der Verkauf der Vertragswaren, in diesem Fall waren es Schulranzen, über das Internetauktionshaus eBay und vergleichbare Plattformen verboten war.[427] Der Hersteller wollte so – zumindest vordergründig – ein gewisses Markenimage seiner Produkte erhalten, wohingegen sich das Interesse des auf Belieferung klagenden Einzelhändlers auf möglichst hohe Verkaufszahlen richtete. Kernthema der Entscheidung des OLG Karlsruhe war damit die Frage, welche Anforderungen an den Internetvertrieb der Händler eines selektiven Vertriebssystems gestellt werden dürfen.[428] Unter Hinweis auf die Metro-Rechtsprechung des EuGH[429] erkannte das Karlsruher Gericht, dass der Hersteller Auswahlkriterien aufstellen darf, die sich auf die fachliche Eignung der Händler und deren sachliche Ausstattung beziehen, ohne gegen das Kartellverbot zu verstoßen. Dabei betonte es insbesondere, dass sich Anforderungen an den Vertrieb der Markenprodukte über das Internet im Ergebnis ebenfalls auf die sachliche Ausstattung des Wiederverkäufers beziehen und dehnte die Grundsätze des EuGH so auf den Internetvertrieb aus.[430] Ein Händler, der über das Internet verkaufen will, müsse über einen Internetvertrieb verfügen, der den gestellten Anforderungen genügt. Der Vertrieb über eBay oder vergleichbare Auktionsplattformen genüge in diesem

---

425 *EuGH*, Urt. v. 25.10.1977 – 26/76, Slg. 1977, 1875, Ziff. 20, NJW 1978, 480 – Metro I; *EuGH*, Urt. v. 22.10.1986 – 75/84, Slg. 1986, 3021, Ziff. 40, NJW 1988, 1444 – Metro II; Entscheidungen der *Kommission* vom 18.4.1984, ABl. 1984 L 118/24 – IBM; Entsch. v. 16.12.1991, ABl. 1992 L 12/24 – Yves St. Laurent; Entsch. v. 21.12.1993, ABl. 1994 L 20/15 – Grundig; vgl. auch *Klotz*, in: von der Groeben/Schwarze, Vertrag über die Europäische Union, 2003, nach Art. 81 EG – Liefer- und Bezugsvereinbarungen, Rn. 178.

426 *Dieselhorst/Luhn*, WRP 2008, 1306 (1308).

427 *OLG Karlsruhe*, Urt. v. 25.11.2009 – 6 U 47/08 Kart, GRUR-RR 2010, 109 – Scout Schulranzen; welches damit das erstinstanzliche Urteil des *LG Mannheim*, Urt. v. 14.3.2008 – 7 O 263/07 Kart, GRUR-RR 2008, 253, bestätigte.

428 Vgl. *Held*, ECLR 2010, 343 (345); *Haslinger*, WRP 2009, 279, 281; sowie *Podszun*, GWR 2010, 19.

429 *OLG Karlsruhe*, Urt. v. 25.11.2009 – 6 U 47/08 Kart, Ziff. 50; mit Verweis auf *EuGH*, Urt. v. 25.10.1977 – 26/76, Slg. 1977, 1875 (1905) – Metro I; *EuGH*, Urt. v. 22.10.1986 – 75/84, Slg. 1986, 3021 – Metro II.

430 *OLG Karlsruhe*, Urt. v. 25.11.2009 – 6 U 47/08 Kart, Ziff. 53.

Fall den für den offline-Vertrieb aufgestellten Kriterien nicht.[431] Dieser Ansicht war auch das KG Berlin. Es kannte das Interesse eines Herstellers von Schulranzen an, seine Marken vor einer „‚Verramschung‘ bei einer Veräußerung über ‚eBay‘ zu schützen“.[432]

Der EuGH hatte vorgegeben, dass die Vereinbarkeit selektiver Beschränkungen nur für hochwertige oder anspruchsvolle Produkte in Betracht kommt. Aus Sicht der OLG Karlsruhe reichte es aus, dass der Hersteller seine Produkte als hochpreisige Markenprodukte positioniert und sie mit großem Werbeaufwand vermarktet hatte. Sie sollten sich von billiger Massenware abheben. Die Entscheidung des Markeninhabers über die Positionierung seines Produktes im Markt gehöre zu seinen Kernbefugnissen und sei von den Gerichten hinzunehmen. Die Privilegierung beschränke sich nicht nur auf Produkte, die von einer „Aura des Exklusiven“ umgeben sind.[433]

III. Zur Privilegierung von Plattformverboten im Selektivvertrieb

Demgegenüber macht der EuGH selbst deutlich, dass die Vorschrift des Art. 101 Abs. 1 AEUV unter Berücksichtigung des Ziels des EU-Arbeitsweisevertrags zu interpretieren ist. Danach sind der europäische Binnenmarkt und die dadurch eröffneten Handlungsmöglichkeiten der Unternehmen gegen private Handelsbeschränkungen zu schützen. Dieses Ziel muss in dem größtmöglichen Umfang verwirklicht werden.[434]

Plattformverbote schränken die Händler erheblich in ihrer Freiheit ein, die Vertragsprodukte auf dem gesamten europäischen Binnenmarkt zu vertreiben. Damit laufen sie dem Ziel des EU-Arbeitsweisevertrags zuwider, der den europäischen Binnenmarkt verwirklichen will. Eine solche Klausel bezweckt darüber hinaus unstreitig die wettbewerbliche Handlungsfreiheit der gebunden Händler.[435]

Selbst unter Berücksichtigung der Metro-Kriterien des EuGH ist die Vereinbarkeit von Plattformverboten mit Art. 101 Abs. 1 AEUV kritisch zu beurteilen.

---

431 *OLG Karlsruhe*, Urt. v. 25.11.2009 – 6 U 47/08 Kart, Ziff. 53, MMR 2010, 175.

432 *KG*, Urt. v. 19.9.2013 – 2 U 8/09 Kart, EuZW 2013, 873 (875).

433 *OLG Karlsruhe*, Urt. v. 25.11.2009 – 6 U 47/08 Kart, Ziff. 56; so im Ergebnis auch *KG*, Urt. v. 19.9.2013 – 2 U 8/09 Kart, EuZW 2013, 873; sowie *Dieselhorst/Luhn*, WRP 2008, 1306 (1308).

434 *EuGH*, Urt. v. 7.1.2004 – verb. Rs. C-204/00 P, C-205/00 P, C-211/00 P, C-213/00 P, C-217/00 P und C-219/00 P, Slg. 2004, I-123 – Aalborg.

435 *Zimmer*, in: Immenga/Mestmäcker, EU-Wettbewerbsrecht, 2012, Art. 101 Abs. 1 AEUV, Rn. 300; vgl. auch *Spieker*, GRUR-RR 2009, 81 (82).

So argumentierte das LG Berlin[436], dass bei dem Verkauf über die Auktionsplattform eBay kein qualitativer Unterschied zum Vertrieb über eine eigene Internetseite bestehe. Der generelle Ausschluss des Verkaufs über eBay sei kein objektives Auswahlkriterium qualitativer Art und daher eine Einschränkung des Wettbewerbs. Soweit die Nutzung der Plattform eBay unabhängig von der Einhaltung irgendwelcher Standards untersagt werde, verstoße die entsprechende Vertragsklausel gegen das Kartellverbot.

Auch das Bundeskartellamt ordnete das Verbot über Internetauktionsplattformen zu verkaufen, als Wettbewerbsbeschränkung ein. In einer Bußgeldentscheidung[437] wurde unter anderem die Verhinderung des eBay-Handels durch einen Hersteller von Kontaktlinsen geahndet. Das betroffene Unternehmen rechtfertigte das Verbot mit dem Argument des Gesundheitsschutzes. Nach Ansicht des Amtes konnte es jedoch nicht darlegen, warum der Verkauf von Kontaktlinsen über eBay zu größeren Gesundheitsrisiken führen sollte als der vom Hersteller gestattete Verkauf über einen eigenen Online-Shop der Händler. Vielmehr sah das Amt den Grund für die Untersagung in dem besonderen Preisdruck, der von diesem Vertriebsmedium ausging.[438]

Diese Sichtweise hat das Bundeskartellamt offenbar beibehalten. Im September 2012 leitete es ein Verfahren gegen den Sportartikelhersteller Adidas ein. Der Grund waren neue Vertriebsbedingungen von Adidas.[439] Die neuen E-Commerce -Bedingungen für die Produkte der Adidas Group schließen einen Verkauf auf Online-Plattformen aus, „die ‚gebrauchte oder beschädigte Waren anbieten', ‚Verkäufe durch private Endverbraucher zulassen', ‚mehrere Verkäufer für ein und dasselbe Produkt haben' oder ‚keinen separaten Markenshop für jede zu Adidas gehörende Marke' besitzen."[440] Auch gegen den Adidas-Konkurrenten Asics ermittelt das Amt offenbar wegen vergleichbarer Klauseln.[441] Das Bundeskartellamt vermutet, dass die Vertriebsvereinbarungen den Wettbewerb beschränken.

---

436 *LG Berlin*, Urt. v. 5.8.2008 - 16 O 287/08, GRUR-RR 2009, 115; siehe auch *LG Berlin*, Urt. v. 24.7.2007 - 16 O 412/07 Kart, GRUR-RR 2008, 252; a.A. *KG*, Urt. v. 19.9.2013 - 2 U 8/09 Kart, EuZW 2013, 873.

437 Entscheidung des *BKartA* vom 25.9.2009 - B3-123/08 - CIBA Vision; vgl. auch *BKartA*, Fallbericht vom 24.10.2013 - B7-1/13-35 - Sennheiser.

438 Entscheidung des *BKartA* vom 25.9.2009 - B3-123/08, Ziff. 36 - CIBA Vision.

439 Dazu *Kürten*, GRUR-Prax 2013, 286 (287).

440 *Bühlmann/Schirmbacher*, Dürfen Firmen Händlern ricardo.ch verbieten?, NZZ vom 29.6.2012.

441 Siehe Meldung der *FTD*, „Kartellamt ermittelt gegen Sportartikler" vom 26.6.2012, abrufbar unter www.ftd.de (zuletzt abgerufen am 15.6.2013).

Selbst das OLG Karlsruhe machte – was häufig übersehen wird – in dem oben besprochenen Urteil zum Kriterium der Erforderlichkeit eines eBay-Verbots deutlich, dass der generelle Ausschluss des Vertriebs über Auktionsplattformen wie eBay zur Erreichung der nach dem Kartellverbot zulässigen Zwecke nicht erforderlich sei, wenn dieses Verbot auch den Vertrieb über eBay-Shops umfasse. In einem solchen Fall läge ein Verstoß gegen das Kartellverbot vor.[442] Darauf kam es letztlich nur deswegen nicht an, da die Klägerin, die durch den Markenhersteller aufgrund früherer Verkäufe über eBay nicht beliefert wurde, keinen eBay-Shop betrieb.

IV. Stellungnahme: Plattformverbote verstoßen gegen das Kartellverbot

Plattformverbote beinhalten schwerwiegende Einschränkungen der wettbewerblichen Handlungsfreiheit der Händler. Darüber hinaus verhindern sie die Verwirklichung eines einheitlichen europäischen Binnenmarkts. Sie verstoßen damit, auch unter Berücksichtigung der Privilegierung des selektiven Vertriebs, gegen das Kartellverbot des Art. 101 Abs. 1 AEUV. Es ist unzulässig und systemwidrig, die kartellrechtliche Prüfung des Plattformverbots auf die Definition der Wettbewerbsbeschränkung zu verlagern.[443]

1. Vertikale Beschränkungen aus Imagegründen

In seinem viel beachteten *Pierre Fabre* Urteil entschied der EuGH, dass das Ziel, den Prestigecharakter eines Produkts zu schützen, kein legitimes Ziel zur Beschränkung des Wettbewerbs sein könne. Der Schutz des Prestigecharakters eines Produkts könne es nicht rechtfertigen, dass eine Vertragsklausel, mit der ein solches Ziel verfolgt wird, nicht unter Art. 101 Abs. 1 AEUV fällt.[444]

Plattformverbote dienen ausschließlich dem Imageschutz. Eine hochwertige Produktpräsentation hat kein anderes Ziel, als das Prestige der Marke zu erhalten und zu fördern. Verbote von Drittplattformen im Internet wurden bisher stets mit dem Argument begründet, diese könnten eine angemessene Präsentation der Markenprodukte nicht gewährleisten und würden das Markenimage schädigen. Das Verbot von Drittplattformen im selektiven Vertrieb beschränkt folglich nach der Rechtsprechung des Europäischen Gerichtshofs den Wettbewerb und verstößt gegen Art. 101 Abs. 1 AEUV.

---

442 *OLG Karlsruhe*, Urt. v. 25.11.2009 – 6 U 47/08 Kart, Ziff. 63; a.A. wohl *KG*, Urt. v. 19.9.2013 – 2 U 8/09 Kart, EuZW 2013, 873.

443 *Spieker*, GRUR-RR 2009, 81 (83).

444 *EuGH*, Urt. v. 13.10.2011 – C-439/09, Slg. 2011, I-9419, Ziff. 46 – Pierre Fabre.

Anders interpretierte das KG Berlin das Urteil des EuGH. Es war offenbar der Ansicht, dass die Aussage des Gerichtshofs zum Schutz des Prestigecharakters nur für Totalverbote des Internetvertriebs gilt,[445] denn nach den Ausführungen des KG kann ein eBay-Verbot zum Schutz des Produktimages mit dem Kartellverbot vereinbar sein.[446] Allerdings hat der EuGH eine solche Einschränkung nicht vorgenommen. Die Sichtweise des Berliner Gerichts ist daher abzulehnen.

2. *Vereinbarkeit eines Plattformverbots mit dem Kartellverbot ist systemwidrig*

Unabhängig von den Feststellungen des EuGH stellen Verbote von Online-Plattformen eine erhebliche Beschränkung der Händler dar, wie aus den obigen Ausführungen deutlich geworden ist.[447] eBay, Amazon und Zalando gehören zu den größten und bekanntesten Internetkaufhäusern. Fast jeder Internetnutzer, der bereits online bestellt hat, hat einen oder mehrere dieser Online-Shops genutzt. Diese Plattformen bieten also ein großes Potential, mehr Kunden zu erreichen. Ein solches Verbot schränkt folglich die wettbewerbliche Handlungsfreiheit der Abnehmer erheblich ein. Daher ist es nicht plausibel, diese Beschränkung von vornherein als mit dem Wettbewerb vereinbar zu erklären.[448] Für wettbewerbsbeschränkende Vertriebsabreden wurde die Vertikal-GVO geschaffen, die sämtliche vertikale Vereinbarungen, soweit sie keine Kernbeschränkungen enthalten, nach den Grundsätzen des Art. 101 Abs. 3 AEUV freistellen.[449] Damit besteht keine Notwendigkeit für eine tatbestandliche Privilegierung von Plattformverboten in selektiven Vertriebssystemen.

Amazon Marketplace und eBay haben nur in wenigen Fällen Auswirkungen auf das Markenimage. Beide Plattformen haben z.B. ein umfassendes Bewertungs- und Akkreditierungssystem aufgebaut, das es den Käufern erlaubt, die Vertrauenswürdigkeit des Händlers zu beurteilen.[450] Die Nutzer haben

---

445 *Neubauer*, EuZW 2013, 873 (880).

446 *KG*, Urt. v. 19.9.2013 – 2 U 8/09 Kart, EuZW 2013, 873 (875).

447 Dazu *Bühlmann/Schirmbacher*, Dürfen Firmen Händlern ricardo.ch verbieten?, NZZ vom 29.6.2012; sowie die Ausführungen oben unter Kap. 2 A II.

448 *OLG Karlsruhe*, Urt. v. 25.11.2009 – 6 U 47/08 Kart, MMR 2010, 175; das *KG*, Urt. v. 19.9.2013 – 2 U 8/09 Kart, EuZW 2013, 873, hält eine Vereinbarkeit mit dem Kartellverbot ebenfalls für möglich; so auch *Dieselhorst/Luhn*, WRP 2008, 1306 (1309); *Immenga*, K&R 2010, 24 (28).

449 *Spieker*, GRUR-RR 2009, 81 (83).

450 Dazu näher *Buccirossi*, Vertical Restraints for On-Line Sales, OECD-Papier vom 12.2.2013, Rn. 62; sowie *Cabral/ Hortaçsu*, Journal of Industrial Economics 2010, 54.

ein hohes Vertrauen in die Zahlungs- und Versandsicherheit bei eBay und Amazon,[451] und die Zufriedenheit der Kunden ist ein hohes Gut im Rahmen des Online-Handels. Gerade anerkannte Internethändler können dazu beitragen, das Vertrauen der Verbraucher in einen sicheren Internethandel zu stärken.[452] Vor diesem Hintergrund ist es naheliegend, dass Hersteller das Verbot von Drittplattformen nutzen, um die Preise im Einzelhandel zu kontrollieren und den Wettbewerbsdruck zu reduzieren.[453] Es widerspricht der Systematik von Kartellverbot und Freistellung, den Interessen der Hersteller schon innerhalb des Tatbestands der Wettbewerbsbeschränkung Vorrang einzuräumen. Angesichts der vielfältigen Vorteile der Online-Plattformen muss eine Abwägung im Rahmen der Freistellung erfolgen.

Die Einordnung eines Plattformverbots als „objektiven Gesichtspunkt qualitativer Art", der aufgrund des hochwertigen Produktcharakters nicht gegen das Kartellverbot verstößt, kann zur Umgehung der Vertikal-GVO führen. Eine Wettbewerbsbeschränkung, die als Kernbeschränkung nicht nach der Vertikal-GVO freigestellt werden kann, könnte so in die Vertriebsverträge aufgenommen werden.[454] Für solche Beschränkungen muss jedoch eine Abwägung nach den Kriterien des Art. 101 Abs. 3 AEUV erfolgen.

V. Zusammenfassung

In der bisherigen Rechtsprechung zu Plattformenverboten ist lediglich eine Gerichtsentscheidung ersichtlich, nach der ein Verkaufsverbot über Internetauktionsplattformen innerhalb eines selektiven Vertriebssystems mit dem Kartellverbot vereinbar ist.[455] Selbst in dieser Entscheidung des OLG Karlsruhe wurde aber deutlich gemacht, dass der vollständige Ausschluss des eBay-Verkaufs, unter Einbeziehung der eBay-Shops, gegen das Kartellverbot verstößt. Nur weil die Klägerin keinen eBay-Shop betrieb, kam es darauf in der Entscheidung nicht an. Die Landgerichte Kiel und Berlin waren ebenfalls der Ansicht, dass die Untersagung des Vertriebs über eBay gegen das Kartellverbot verstößt.[456]

451 *Marsden/Whelan*, ECLR 2010, 26 (30).
452 *Marsden/Whelan*, ECLR 2010, 26 (31).
453 *Kinsella/Melin*, Who's Afraid of the Internet?, GCP March 2009, S. 5.
454 *Spieker*, GRUR-RR 2009, 81 (83).
455 *OLG Karlsruhe*, Urt. v. 25.11.2009 - 6 U 47/08 Kart, GRUR-RR 2010, 109 - Scout Schulranzen.
456 *LG Kiel*, Urt. v. 8.11.2013 - 14 O 44/13 Kart; *LG Berlin*, Urt. v. 24.7.2008 - 16 O 412/07 Kart; sowie *LG Berlin*, Urt. v. 5.8.2008 - 16 O 287/08.

Spätestens seit dem *Pierre Fabre* Urteil des EuGH[457] ist die in der Literatur geäußerte Ansicht, Plattformverbote seien in Anwendung der Metro-Kriterien mit dem Kartellverbot vereinbar,[458] hinfällig.[459] Plattformverbote dienen dem Schutz des Prestigecharakters. Das Ziel, den Prestigecharakter zu schützen, kann nach dem EuGH jedoch kein legitimes Ziel zur Beschränkung des Wettbewerbs sein. Angesichts der weitreichenden Beschränkungen, die von Plattformverboten ausgehen, ist dem Gerichtshof in seiner Einschätzung zu folgen.

C. Gruppenfreistellung eines Plattformverbots im Selektivvertrieb

Bei der Prüfung der kartellrechtlichen Zulässigkeit des Verbotes von Fremdportalen stellt sich daher die Frage der Freistellung nach der Vertikal-GVO. Die Kommission hat in den Leitlinien eine eindeutige Position zu Plattformverboten eingenommen:

> „Ebenso darf ein Anbieter verlangen, dass seine Händler für den Online-Vertrieb der Vertragsprodukte nur im Einklang mit den Normen und Voraussetzungen, die zwischen dem Anbieter und seinen Händlern für deren Nutzung des Internets vereinbart wurden, Plattformen Dritter nutzen. Befindet sich die Website des Händlers zum Beispiel auf der Plattform eines Dritten, könnte der Anbieter verlangen, dass Kunden die Website des Händlers nicht über eine Website aufrufen, die den Namen oder das Logo dieser Plattform tragen."[460]

Anders als noch in den Leitlinien a.F. und im Leitlinien-Entwurf von 2009[461] äußern sich die aktuellen Leitlinien also zum Verkauf über Drittplattformen. Nach Ansicht der Kommission dürfen die Händler durch die Hersteller verpflichtet werden, Plattformen von Dritten „nur im Einklang" mit den übrigen Bestimmungen des Vertriebsvertrages zur Verwendung des Internets zu nutzen. Speziell gestattet die Kommission den Anbietern, ihren Abnehmern vorzuschreiben, dass Kunden die Internetseite des Händlers nicht über eine Website aufrufen, die den Namen oder das Logo der Fremdplattform tragen. Die Kommission traf diese Aussage vor dem Hintergrund der innerhalb des Konsultationsverfahrens

---

457 *EuGH*, Urt. v. 13.10.2011 – C-439/09, Slg. 2011, I-9419 – Pierre Fabre.

458 *Dieselhorst/Luhn*, WRP 2008, 1306 (1309), *Immenga*, K&R 2010, 24 (28).

459 Andere Ansicht, wie oben angesprochen, *KG*, Urt. v. 19.9.2013 – 2 U 8/09 Kart, EuZW 2013, 873 (875).

460 Leitlinien, Ziff. 54, Satz 5 f.

461 Entwurf einer Mitteilung der *Kommission*, Leitlinien für vertikale Beschränkungen, SEK(2009) 946.

zu Plattformverboten geführten Diskussion.[462] Sie hat sich also entschieden, Herstellern die Möglichkeit geben, den Verkauf über Internetauktionshäuser oder Plattformen wie Amazon Marketplace oder Zalando zu unterbinden.[463]

Hersteller haben danach die Möglichkeit, den Vertrieb über Drittplattformen, also über eBay, Amazon Marketplace und weitere Online-Marktplätz, vollständig auszuschließen.[464]

Die einzige Einschränkung für Plattformverbote besteht in dem Äquivalenztest der Kommission, nach dem die Anforderungen an den Internetvertrieb gleichwertig sein müssen mit den Kriterien für den physischen Verkauf.[465] Die Vertriebsbestimmungen müssen also erkennen lassen, dass es dem Hersteller auf Qualitätssicherung und Imagepflege sowohl im stationären Verkauf als auch im Internetverkauf ankommt.[466] Sofern der Hersteller keinerlei Vorgaben zur Produktpräsentation in den physischen Verkaufsräumen macht, geht die Kommission davon aus, dass das Ziel des Herstellers lediglich in der Einschränkung des Internetvertriebs besteht. In diesem Fall werden Plattformverbote als Kernbeschränkung eingestuft.

Es stellt sich allerdings die Frage, wie die Vorgaben zur Produktpräsentation im Einzelnen ausgestaltet werden müssen, damit sie gleichwertig sind zu einem Verbot von Online-Plattformen, auf denen das Logo des fremden Betreibers angezeigt wird. Denn es handelt sich bei dem Offline- und Online-Geschäft um zwei unterschiedliche Marktumgebungen.[467] Immerhin macht die Kommission deutlich, dass die Kriterien nicht identisch sein müssen – was wegen der unterschiedlichen Vertriebswege auch faktisch unmöglich ist – sondern dass lediglich dieselben Ziele verfolgt und vergleichbare Ergebnisse erzielt werden sollen.[468]

462 Siehe dazu insbesondere den Beitrag von *eBay*, Empowering Consumers by Promoting Access to the 21st Century Market, 2008, S. 43.

463 Anderes interpretiert das *LG Kiel*, Urt. v. 8.11.2013 – 14 O 44/13 Kart, die Aussage der Kommission; zweifelnd auch *Held*, ECLR 2010, 343 (348); sowie *Robertson*, ECLR 2012, 179 (180).

464 *Dreyer/Lemberg*, BB 2012, 2004 (2008).

465 Leitlinien, Ziff. 56, Satz 4 ff.; dazu näher *Schultze/Pautke/Wagener*, Vertikal-GVO, 2011, Rn. 766; ausführlich zum Äquivalenztest siehe Kap. 5 A.

466 Vgl. *Bühlmann/Schirmbacher*, Jusletter 30. Mai 2011, Rn. 126.

467 Vgl. *Themelis*, IJLIT 2012, 346 (347).

468 Leitlinien, Ziff. 56 Satz 5; dazu auch *Peeperkorn*, in: Kilpailuoikeudellinen Vuosikirja 2010, 2011, 201 (218).

Die Kommission nimmt mit ihrer eindeutigen Stellungnahme in Ziff. 54 Satz 6 der Leitlinien das Ergebnis des Äquivalenztests letztlich schon vorweg. Drittplattformen dürfen nach ihrer Ansicht unabhängig von ihrer inhaltlichen und rechtlichen Ausgestaltung verboten werden. So lange – irgendwie – erkennbar ist, dass der Hersteller von dem Händler einen ansprechenden Verkauf sowohl im stationären als auch im Online-Vertrieb fordert, wird ein Verbot des Plattformvertriebs nach der geltenden Vertikal-GVO freigestellt. Eine solche Vorgabe stellt für die Hersteller keine nennenswerte Hürde dar.

I. Bewertung der Haltung der Kommission zu Plattformverboten

Die pauschale Freistellung von Plattformverboten, wie sie die Kommission vorsieht, ist systemwidrig. Wie die folgenden Ausführungen zeigen, beraubt die Ausnahme für Plattformen dem Äquivalenztest einen Großteil seines Anwendungsbereichs. Zudem wird ein Plattformverbot als qualitative Vorgabe an den Vertrieb eingestuft, ohne sicherzustellen, dass sich aus einem solchen Verbot tatsächlich Vorteile für die Qualität des Vertriebs oder der Vertragsprodukte ergeben.

Darüber hinaus enthalten Plattformverbote, wie eingangs dargestellt wurde,[469] schwerwiegende Wettbewerbsbeschränkungen. Sie können insbesondere dem von der Kommission selbst aufgesetzten Aktionsplan zur Schaffung eines digitalen Binnenmarkts[470] großen Schaden zufügen. Vor diesem Hintergrund sollten Plattformverbote nur dann freigestellt werden, wenn von diesen tatsächlich ein Image- und damit ein Qualitätsgewinn für die betroffenen Produkte ausgeht. Davon kann nach der derzeitigen Rechtslage keine Rede sein. Plattformverbote werden vielmehr ohne Rücksicht auf die Produktnatur freigestellt. Hersteller können sich also für jegliche Warenkategorien einer solchen Klausel bedienen. Die in den Leitlinien zu Plattformverboten getroffene Aussage gilt es nun kritisch zu überprüfen.

1. Vertikale Vereinbarungen sind grundsätzlich freigestellt

Zwar beschränken Plattformverbote den Wettbewerb und verstoßen damit gegen das Kartellverbot. Nach der zentralen Bestimmung der Vertikal-GVO, Art. 2 Abs. 1, 1. Unterabsatz, sind vertikale Vereinbarungen allerdings zunächst ohne

---

469 Siehe oben Kap. 2 A II.

470 Mitteilung der *Kommission*, Digitaler Binnenmarkt, 11.1.2012, KOM(2011) 942 endg.

Einschränkungen vom Verbot des Art. 101 Abs. 1 AEUV freigestellt.[471] Bei Plattformverboten handelt es sich um vertikale Vereinbarungen gem. Art. 1 Abs. 1 lit. a Vertikal-GVO. Sie werden von der Freistellung des Art. 2 Vertikal-GVO erfasst. Plattformverbote sind damit nach der Vertikal-GVO freigestellt, soweit sie nicht unter eine der in Art. 4 Vertikal-GVO geregelten Kernbeschränkungen fallen.

2. *Plattformverbot als Kundenkreisbeschränkung*

Fraglich ist, ob Plattformverbote unter den Tatbestand der Kernbeschränkung fallen. Teilweise wird angenommen, Beschränkungen im selektiven Vertrieb seien ausschließlich nach Art. 4 lit. c Vertikal-GVO zu beurteilen, wonach in diesem Vertriebssystem weder der aktive noch der passive Verkauf beschränkt werden darf.[472] Richtig ist allerdings, dass Beschränkungen der Händler unabhängig vom Vertriebssystem vorrangig nach Art. 4 lit. b Vertikal-GVO zu prüfen sind, der Beschränkungen des Gebiets oder des Kundenkreises als Kernbeschränkungen bezeichnet. Denn lit. b unterscheidet nicht zwischen verschiedenen Vertriebssystemen und findet damit unterschiedslos auf alle vertikalen Vereinbarungen Anwendung. Art. 4 lit. c Vertikal-GVO hat gegenüber lit. b, wie sich im weiteren Verlauf dieser Ausführungen zeigen wird, weitgehend eine bloß klarstellende Funktion für selektive Vertriebssysteme.

Beschränkungen des Gebiets oder des Kundenkreises fallen nach Art. 4 lit. b Vertikal-GVO unter den Tatbestand der Kernbeschränkung. Zwar sind Plattformverbote geeignet, die Kundenreichweite einzuschränken, dennoch weisen sie keinen Gebietsbezug nach Var. 1 auf. Ohnehin beinhaltet jede Gebietsbeschränkung eine Beschränkung des Kundenkreises, da sie die Kunden lediglich nach geographischen Kriterien voneinander abgrenzt.[473] Fraglich ist daher, ob Plattformverbote den Kundenkreis gem. Var. 2 beschränken und damit eine Kernbeschränkung darstellen.

---

471 Vgl. *Ellger*: in Immenga/Mestmäcker, EU-Wettbewerbsrecht, 2012, Art. 2 Vertikal-GVO, Rn. 1; sowie *Bauer*/de Bronett, EU-Gruppenfreistellungsverordnung, 2001, Rn. 85.

472 So z.B. *Schweda/Rudowicz*, WRP 2013, 590 (596) die Plattformverbote im Selektivvertrieb ausschließlich nach Art. 4 lit. c Vertikal-GVO prüfen; so ebenfalls *Rösner*, WRP 2010, 1114 (1121), vgl. auch *Baron*, in: FS Loewenheim, 2009, 423 (432).

473 *Schultze/Pautke/Wagener*, Vertikal-GVO, 2011, Rn. 594.

a) Regelungsinhalt: Art. 4 lit. b Vertikal-GVO ist sprachlich missglückt

Zunächst bedarf der Begriff des Kundenkreises einer näheren Betrachtung. Statt von Kundenkreisbeschränkungen spricht Art. 4 lit. b Vertikal-GVO von Beschränkungen der Kundengruppe und nutzt damit den gleichen Begriff wie Art. 4 lit. b Ziff. i Vertikal-GVO, wo ebenfalls von Kundengruppen gesprochen wird. In der englischen Originalfassung heißt es hingegen in Art. 4 lit. b Vertikal-GVO „customers" und in Art. 4 lit. b Ziff. i Vertikal-GVO „customer group". Damit wird deutlich, dass der Begriff der Kundengruppe in Ausnahme einerseits und Rückausnahme andererseits eine jeweils unterschiedliche Bedeutung hat.[474] Um dies zu verdeutlichen, wird im Rahmen dieser Auseinandersetzung für Art. 4 lit. b Vertikal-GVO weiter der Begriff des Kundenkreises genutzt, wie er auch in der Vorgänger-GVO (VO 2790/1999) genutzt wurde.[475]

Nicht nur die englische Originalfassung macht deutlich, dass der Begriff des Kundenkreises streng vom Begriff der Kundengruppe in Ziff. i zu unterscheiden ist.[476] Es wäre auch regelungstechnisch nicht zu erklären, wenn die Begriffe den gleichen Inhalt hätten. Dies wird anhand eines einfachen Beispiels deutlich: Die Kommission zeigt sich davon überzeugt, dass Internetkunden keine Kundengruppe im Sinne des Art. 4 lit. b Ziff. i Vertikal-GVO sind. Der Hersteller darf sich demnach nicht den Verkauf an Internetkunden selbst vorbehalten, da dies im Ergebnis zu einer deutlich spürbaren Beschränkung des Internetvertriebs führen würde. Anders können die Ausführungen in Ziff. 52 der Leitlinien nicht interpretiert werden.[477] Sofern aber Internetkunden keine Kundengruppe darstellen, wäre ein Totalverbot des Internetvertriebs bei wortlautgetreuer Anwendung des Art. 4 lit. b Vertikal-GVO keine Kernbeschränkung, da das Tatbestandsmerkmal der Kundengruppenbeschränkung nicht erfüllt wäre. Das entspricht jedoch erst recht nicht der Auffassung der Kommission. Internetkunden bilden einen Kundenkreis gem. Art. 4 lit. b Vertikal-GVO.[478] Ein Totalverbot des Internetvertriebs

---

474 Dazu schon oben Kap. 1 C II.

475 So auch *Ellger*, in: Immenga/Mestmäcker, EU-Wettbewerbsrecht, 2012, Art. 4 Vertikal-GVO, Rn. 41; sowie *Schultze/Pautke/Wagener*, Vertikal-GVO, 2011, Rn. 591; näher dazu *Pautke/Schultze*, BB 2001, 317 (318).

476 *Schultze/Pautke/Wagener*, Vertikal-GVO, 2011, Rn. 595.

477 *Schultze/Pautke/Wagener*, Vertikal-GVO, 2011, Rn. 721.

478 *Ellger*: in: Immenga/Mestmäcker, EU-Wettbewerbsrecht, 2012, Art. 4 Vertikal-GVO, Rn. 58; ausführlich dazu siehe Kap.1 C.

führt zu einer Beschränkung des Kundenkreises und fällt damit unter den Tatbestand der Kernbeschränkung.[479]

Aus diesem Grund muss der in Art. 4 lit. b Vertikal-GVO als Ausnahme zu Art. 2 Abs. 1 Vertikal-GVO genannte Begriff der Kundengruppe (innerhalb dieser Ausführungen als Kundenkreis bezeichnet) anders interpretiert werden als der in der deutschen Fassung gleichlautende Begriff in der Rückausnahme nach Art. 4 lit. v Ziff. i Vertikal-GVO.

b) Begriff der Kundengruppe

Kundenkreise können sowohl nach subjektiven Merkmalen, wie z.B. nach dem Einkaufverhalten der Kunden, als auch nach objektiven Merkmalen abgegrenzt werden. Kundengruppen können hingegen ausschließlich nach objektiven Eigenschaften der Kunden abgrenzt werden. Für Kundengruppen kommt bei gewerblichen Kunden z.B. eine Abgrenzung nach der Branche in Betracht, in der diese tätig sind. Es kann auch nach der Grüße des Unternehmens – kleine, mittlere oder Großunternehmen – differenziert werden. Bei privaten Abnehmern ist denkbar, dass diese nach Beruf, ihrer Nationalität bzw. ihrer Herkunft, oder ihren Freizeitbeschäftigungen abgegrenzt werden (z.B. könnte ein Hersteller von Anglerbedarf die Kundengruppen nach Fliegenfischern und Hochseefischern abgrenzen, um dem Exklusivhändler für Hochseefischer untersagen zu können, in einem Magazin für Fliegenfischer zu werben und umgekehrt). Eine Abgrenzung nach subjektiven Eigenschaften, insbesondere nach persönlichen Präferenzen bei der Wahl des Verkaufspunkts ist für den Begriff der Kundengruppe – anders als beim Kundenkreis – hingegen nicht durchführbar.

Dies ergibt sich aus dem Verhältnis von Art. 4 lit. b Vertikal-GVO zu Art. 4 lit. b Ziff. i Vertikal-GVO. Lit. b gibt vor, dass Kundenkreisbeschränkungen, die Beschränkungen sowohl des aktiven als auch des passiven Verkaufs umfassen, Kernbeschränkungen darstellen. Nach lit. b Ziff. i sind ausnahmsweise Beschränkungen des aktiven Verkaufs an bestimmte Kundengruppen oder in bestimmte Gebiete zulässig. Die Ausnahmeregel macht im Umkehrschluss deutlich, dass passive Verkäufe an diese Kundengruppen oder in diese Gebiete stets frei bleiben müssen. Die Aufteilung von Kundengruppen nach den subjektiven Präferenzen der Kunden bei der Wahl des Verkaufspunkts – im

479 Leitlinien Ziff. 52, Satz 2 sowie Ziff. 56 Satz 4; *Schultze/Pautke/Wagener*, Vertikal-GVO, 2011, Rn. 716; *Bühlmann/Schirmbacher*, Jusletter 30. Mai 2011, Rn. 54; *Pautke/Schultze*, BB 2001, 317 (318); *Baron*, in: Loewenheim/Meessen/Riesenkampff, Kartellrecht, 2009, Vertikal-GVO, Rn. 183; andere Ansicht *Bauer*/de Bronett, EU-Gruppenfreistellungsverordnung, 2001, Rn. 256.

stationären Vertrieb etwa Exklusivkundengruppe Facheinzelhandel in Abgrenzung zur Exklusivkundengruppe großflächige Kaufhäuser, oder für den Internetvertrieb die Abgrenzung nach Plattformkunden und Kunden die auf unabhängig betriebenen Online-Shops einkaufen – würde dazu führen, dass bei einer Exklusivzuweisung sowohl der aktive als auch der passive Verkauf an diese vermeintlichen Kundengruppen beschränkt würde. Eine Einschränkung nur des aktiven Verkaufs an Kunden des Facheinzelhandels oder an Plattformkunden ist nicht durchführbar, weil die Untersagung einen Vertriebsweg immer vollständig abschneidet. Es ist einem Händler entweder gestattet über Online-Plattformen an deren Kunden zu verkaufen oder es ist ihm untersagt. Soweit ein Hersteller seinem Händler aber vorschreiben sollte, nur passiv an die Kunden von Online-Plattformen zu verkaufen, so ist eine solche Vorgabe nicht durchführbar. Auch der passive Verkauf setzt voraus, dass der Händler Online-Plattformen nutzt. Aus den gleichen Gründen kann ein Hersteller auch nicht eine Kundengruppe nach dem Kriterium „Kunden von Einzelhandelsgeschäften" definieren.[480]

c) Begriff des Kundenkreises

Als Kundenkreis wird zunächst die Zusammenfassung einer Mehrheit von Kunden nach abstrakten Merkmalen bezeichnet.[481] Diese Merkmale können für Kundenkreise sowohl subjektiver als auch objektiver Natur sein. Entscheidend ist, dass den Merkmalen eine hinreichende Unterscheidungskraft zukommt. Im Übrigen sind die von Art. 4 lit. b Vertikal-GVO erfassten Beschränkungen spätestens seit dem *Pierre Fabre* Urteil des EuGH in einem weiten Sinn zu verstehen.[482]

Der EuGH hatte in der Sache *Pierre Fabre* entschieden, dass die Vertikal-GVO eng auszulegen sei. Es bestehe kein Anlass, die Bestimmungen, mit denen die Vereinbarungen oder Verhaltensweisen in die Gruppenfreistellung einbezogen werden, weit auszulegen, da ein Unternehmen stets die Möglichkeit habe, individuell die Anwendbarkeit der Legalausnahme in Art. 101 Abs. 3 AEUV

---

480 Dies gilt unabhängig von der nach Art. 4 lit. b Ziff. ii Vertikal-GVO gegebenen Möglichkeit, unterschiedliche Handelsstufen festzulegen. Die Handelsstufen werden nach Vertriebsebenen, nicht aber nach Kundengruppen definiert.

481 *Ellger*: in: Immenga/Mestmäcker, EU-Wettbewerbsrecht, 2012, Art. 4 Vertikal-GVO, Rn. 42.

482 Vgl. aber schon *Baron*, in: Loewenheim/Meessen/Riesenkampff, Kartellrecht, 2009, Vertikal-GVO, Rn. 181.

geltend zu machen.[483] Diese Aussage ist vor dem Hintergrund der Regelungssystematik der Vertikal-GVO zu präzisieren. Vertikale Vereinbarungen werden ausnahmslos von der Freistellung des Art. 2 Abs. 1 Vertikal-GVO erfasst. Die in Art. 4 Vertikal-GVO genannten Kernbeschränkungen stellen eine Ausnahme zum Grundsatz der Freistellung dar. Im Ergebnis müssen die Regelungen des Art. 4 lit. a-e Vertikal-GVO daher weit ausgelegt werden um eine Begrenzung von Art. 2 Abs. 1 Vertikal-GVO zu erreichen. Eine andere Interpretation wäre mit dem Ziel des EuGH, die Vereinbarungen zu begrenzen, die von der Gruppenfreistellung erfasst werden, nicht in Einklang zu bringen.

Eine Kundenkreisbeschränkung liegt daher auch dann vor, wenn dem Händler der Zugang zu Kunden erschwert wird.[484] Art. 4 lit. b Vertikal-GVO ist nicht nur dann erfüllt, wenn die Belieferung vollständig ausgeschlossen wird, sondern auch bei Modalitäten der Lieferung. Folglich liegt eine Kernbeschränkung regelmäßig vor, wenn bestimmte Vertriebsformen ausgeschlossen oder beschränkt werden.[485] Dies ist nach nahezu einhelliger Meinung z.B. bei der Untersagung des Internetvertriebs der Fall.[486]

Plattformverbote schließen eine bestimmte Vertriebsform aus. Fraglich ist, ob damit eine Kundenkreisbeschränkung vorliegt. Verbote der Nutzung von Online-Plattformen sind weniger beschränkend als ein Totalverbot des Internetvertriebs. Dem Händler ist es nämlich gestattet, die Vertragsprodukte anderweitig über das Internet zu verkaufen. Lediglich die kostengünstigen Online-Plattformen, die eine hohe Kundenreichweite garantieren, kann er nicht nutzen. Vor diesem Hintergrund haben sich zwei unterschiedliche Standpunkte herausgebildet. Einerseits wird argumentiert, dass ein Verbot des Vertriebs über Online-Plattformen zwar Vertriebsmodalitäten beschränkt, die Kundengruppe der Internetkunden

---

483 *EuGH*, Urt. v. 13.10.2011 – C-439/09, Slg. 2011, I-9419, Ziff. 57, MMR 2010, 50 – Pierre Fabre.

484 *LG Kiel*, Urt. v. 8.11.2013 – 14 O 44/13 Kart; *Baron*, in: Loewenheim/Meessen/Riesenkampff, Kartellrecht, 2009, Vertikal-GVO, Rn. 182.

485 *Baron*, in: Loewenheim/Meessen/Riesenkampff, Kartellrecht, 2009, Vertikal-GVO, Rn. 183.

486 *OLG München*, Urt. v. 2.7.2009 – U (K) 4842/08, GRUR-RR 2009, 394(395) – Sportartikel; vgl. Leitlinien Ziff. 52, Satz 2 sowie Ziff. 56 Satz 4; *Schultze/Pautke/Wagener*, Vertikal-GVO, 2011, Rn. 716; *Ellger*, in: Immenga/Mestmäcker, EU-Wettbewerbsrecht, 2012, Art. 4 Vertikal-GVO, Rn. 58; *Baron*, in: Loewenheim/Meessen/Riesenkampff, Kartellrecht, 2009, Vertikal-GVO, Rn. 183; *Bühlmann/Schirmbacher*, Jusletter 30. Mai 2011, Rn. 54; *Pautke/Schultze*, BB 2001, 317 (318); *Simon*, EWS 2010, 497 (502); *Schulze zur Wiesche*, K&R 2010, 541 (543); andere Ansicht *Bauer*/de Bronett, EU-Gruppenfreistellungsverordnung, 2001, Rn. 256.

aber weiterhin erreichbar bleibt.[487] Diese Sichtweise stellt also darauf ab, dass eine Kundenkreisbeschränkung dann nicht vorliegt, wenn die Kunden auch über andere Internet-Vertriebsformen erreicht werden können. Andererseits wird der Schwerpunkt der Beurteilung auf die Erschwerung des Zugangs gelegt. Plattformverbote beschränken nach dieser Ansicht den Kundenkreis, da die Händler aufgrund dieser Verbote spürbare zusätzliche Anstrengungen auf sich nehmen müssen, um die Internetkunden zu erreichen.[488]

aa) Plattformverbote stellen keine Kundenkreisbeschränkung dar

Ob der Ausschluss von Online-Plattformen eine Kundenkreisbeschränkung darstellt, wurde bisher überwiegend ausschließlich anhand der Frage beurteilt, ob die Käufer, die über Online-Plattformen einkaufen, unter allen potentiellen Internetkunden als eigenständiger Kundenkreis einzuordnen sind.[489] Eine Beschränkung des Kundenkreises gem. Art. 4 lit. b Vertikal-GVO könne nur auf individuell oder abstrakt bestimmte Kunden gerichtet sein.

Das OLG München prüfte die Frage, ob der Ausschluss von Online-Auktionsplattformen den Kundenkreis beschränkt. Es erkannte zunächst an, dass die Gesamtheit der Käufer, die in der Lage und bereit sind, über das Internet einzukaufen, einen Kundenkreis bildet, da es sich dabei um eine nach abstrakten Kriterien abgrenzbare Personengruppe (Internetkunden) handelt.[490] Allerdings stellt nach Ansicht des Gerichts nicht jede Regelung im Bereich des Internetvertriebs eine nach Art. 4 lit. b Vertikal-GVO verbotene Kundenkreisbeschränkung dar. Unter Bezug auf die Leitlinien der Kommission machte es deutlich, dass Qualitätsanforderungen an den Internethandel gestattet seien. Es komme darüber hinaus darauf an, ob die Beschränkung einen bestimmten Kreis von Kunden betrifft, und somit gegen Art. 4 lit. b Vertikal-GVO verstößt, oder ob sie lediglich Vertriebsmodalitäten erfasse und damit keinen bestimmten Kundenkreis. Innerhalb der Gruppe der Interneteinkäufer könnten die Kunden von Auktionsplattformen nicht sachlich abgegrenzt werden. Da sich Internet-Auktionsplattformen an die Gesamtheit aller Internetnutzer richteten, könnten Kunden solcher Plattformen

---

487 *Immenga*, K&R 2010, 24 (27).

488 *Schweda/Rudowicz*, WRP 2013, 590 (598); so im Ergebnis auch *Dieselhorst/Luhn*, WRP 2008, 1306 (1310).

489 Vgl. *Bühlmann/Schirmbacher*, Jusletter 30. Mai 2011, Rn. 116.

490 *OLG München*, Urt. v. 2.7.2009 – U (K) 4842/08, GRUR-RR 2009, 394 (395) – Sportartikel; das damit das Urteil der Vorinstanz *LG München I*, Urt. v. 24.6.2008 – 33 O 22144/07, CR 2008, 806 bestätigte.

auch über andere Internet-Vertriebsformen erreicht werden.[491] Die Leitlinien machten deutlich, dass nicht jede Regelung im Bereich des Internethandels eine Kundenkreisbeschränkung darstellt.[492] Maßgebend sei, ob eine Beschränkung einen bestimmten Kreis von Kunden betrifft – und somit unter den Tatbestand der Kernbeschränkung fällt – oder ob sie die Art und Weise des Vertriebs regelt. Das Gericht kam zu dem Ergebnis, dass Verbote von Internet-Auktionsplattformen nur die Art und Weise des Vertriebs regelten und damit keine Kundenkreisbeschränkung darstellen.[493]

Auch in der Literatur wird vertreten, dass Kunden von Online-Auktionsplattformen keinen eigenen Kundenkreis bilden. Zwar mögen sich die Kunden dieser Plattformen durch das gemeinsame Merkmal besonderen Preisbewusstseins auszeichnen. Gerade aus diesem Grund würden sie aber auch auf anderen Websites als auf Online-Plattformen einkaufen. Es handele sich daher nicht um eine abgrenzbare Kundengruppe.[494] Ausgehend von der Definition des Kundenkreises – der Zusammenfassung von Kunden nach abstrakten Merkmalen – können Käufer eben nicht danach zusammengefasst werden, ob sie über eBay einkaufen, wenn diese auch nach wenigen weiteren Klicks auf einer anderen Internetseite eine Bestellung tätigen würden. Die Abgrenzung einer Kundengruppe unter der der Bezeichnung „Internet-Drittplattformkunden“ ist damit nicht möglich.

Diese Feststellung führt vereinzelt zu dem Schluss, dass Plattformverbote nicht den Kundenkreis gem. Art. 4 lit. b Vertikal-GVO, sondern lediglich Vertriebsmodalitäten beschränkten. Der Verkauf an Internetkunden sei weiterhin – nur auf anderem Wege – zulässig.[495]

bb) Plattformverbote beschränken den Kundenkreis

Nach der mittlerweile wohl herrschenden Meinung komme es allerdings gar nicht darauf an, ob die Kunden von Online-Plattformen als eigener Kundenkreis eingeordnet werden können.[496] Art. 4 lit. b Vertikal-GVO spreche ausdrücklich von einer Beschränkung und nicht vom Ausschluss eines Kundenkreises. Nur wenn es auf den Ausschluss eines Kundenkreises ankäme, müssten Plattformkunden

491 *OLG München*, Urt. v. 2.7.2009 – U (K) 4842/08, GRUR-RR 2009, 394 (395).

492 *OLG München*, Urt. v. 2.7.2009 – U (K) 4842/08, GRUR-RR 2009, 394 (395).

493 Im Ergebnis zustimmend *Schultze/Pautke/Wagener*, BB 2009, 2266 (2270).

494 *Bühlmann/Schirmbacher*, Jusletter 30. Mai 2011, Rn. 117, dazu auch *Polley*, CR 2010, 625 (630).

495 *Immenga*, K&R 2010, 24 (27); sowie *Immenga*, BB 2009, 2561 (2562).

496 *KG*, Urt. v. 19.9.2013 – 2 U 8/09 Kart, EuZW 2013, 873; *LG Kiel*, Urt. v. 8.11.2013 – 14 O 44/13 Kart; *Schweda/Rudowicz*, WRP 2013, 590 (598).

einen eigenen Kundenkreis darstellen damit die Kernbeschränkung erfüllt wäre. Da es aber lediglich auf eine Beschränkung ankomme, stelle sich diese Frage gar nicht. Vielmehr müssten die Internetkunden insgesamt einen Kundenkreis bilden, damit Plattformverbote den Tatbestand der Kernbeschränkung erfüllen. Denn ein solches Verbot schränke den Zugang zum Kundenkreis der Internetkunden ein.[497] Es könne maßgeblich nur darauf ankommen, ob der Händler in seiner Kundenreichweite eingeschränkt wird.[498]

Das OLG München hat selbst festgestellt, dass Internetkunden eine eigene Kundengruppe bilden.[499] Sie zeichneten sich durch das gemeinsame Merkmal aus, dass sie Waren auch im Internet bestellen und nicht lediglich im stationären Handel kaufen. Fraglich ist sodann, ob der Zugang zum Kundenkreis der Internetkunden durch ein Plattformverbot beschränkt wird. Plattformen wie eBay oder Amazon erhöhen die Kundenreichweite deutlich.[500] Daraus wurde der Schluss gezogen, der Zugang zu den Internetkunden werde durch ein Plattformverbot erschwert.[501]

d) Stellungnahme

Der letztgenannten Ansicht ist zu folgen. Art. 4 lit. b Vertikal-GVO verlangt lediglich eine Beschränkung, nicht aber den Ausschluss eines Kundenkreises. Die Ausführungen des OLG München, wonach Kunden von Auktionsplattformen keinen eigenen Kundenkreis bilden und damit keine Kundenkreisbeschränkung vorliegt, gehen daher fehl. Das Tatbestandsmerkmal der Kundenkreisbeschränkung erfordert einen weiten, objektiv abgrenzbaren Kundenkreis (hier: Internetkunden). Der Zugang zu diesem Kundenkreis wird schon dann beschränkt, wenn er nur unter erschwerten Bedingungen angesprochen werden kann. Die Beschränkung muss gerade keinen vollständig abgrenzbaren Teil der Internetkunden betreffen.[502] Internetkunden stellen einen eigenen Kundenkreis dar, zu denen der Zugang durch Plattformverbote erschwert wird.

Schließlich kommt es auch nicht auf die Frage an, ob Plattformkunden auch auf anderem Wege angesprochen werden können. Die Tatsache, dass die Ansprache

---

497 Dazu *Dieselhorst/Luhn*, WRP 2008, 1306 (1310).

498 *LG Kiel*, Urt. v. 8.11.2013 - 14 O 44/13 Kart.

499 *OLG München*, Urt. v. 2.7.2009 - U (K) 4842/08, GRUR-RR 2009, 394 (395) - Sportartikel; so auch *Ellger*, in: Immenga/Mestmäcker, EU-Wettbewerbsrecht, 2012, Art. 4 Vertikal-GVO, Rn. 58.

500 Vgl. *Spieker*, GRUR-RR 2009, 81 (83).

501 *Bühlmann/Schirmbacher*, Jusletter 30. Mai 2011, Rn. 117.

502 *Spieker*, GRUR-RR 2009, 394 (397).

oder der Zugang deutlich erschwert wird, reicht für das Tatbestandsmerkmal der Kernbeschränkung aus.[503] Entgegen der Auffassung der Kommission[504] stellen Plattformverbote folglich eine Kernbeschränkung dar.

II. Aktive oder passiven Verkaufsbeschränkung gem. Art. 4 lit. c

Beschränkungen innerhalb selektiver Vertriebssysteme müssen sowohl nach Art. 4 lit. b als auch nach Art. 4 lit. c Vertikal-GVO beurteilt werden. Bisher wurde festgestellt, dass Plattformverbote den Kundenkreis einschränken und damit unter den Tatbestand der Kernbeschränkung nach lit. b fallen.

Fraglich ist, ob Plattformverbote in selektiven Vertriebssystemen zusätzlich vom Tatbestand der Kernbeschränkung gem. lit. c erfasst werden. Nach dieser Regelung gilt die Freistellung nicht für die Beschränkung des aktiven oder passiven Verkaufs an Endverbraucher durch auf der Einzelhandelsstufe tätige Mitglieder eines selektiven Vertriebssystems.

Zur Erinnerung sei noch einmal verdeutlicht, dass die Kommission Plattformverbote – soweit auch für den stationären Verkauf bestimmte Qualitätskriterien insbesondere für die Produktpräsentation gelten – nicht als Kernbeschränkung wertet.[505] In diesem Sinne wird die Kommission regelmäßig auch in der Literatur verstanden.[506] Gerade im selektiven Vertrieb finde das Verbot des Plattformvertriebs typischerweise seine Entsprechung in den Vorgaben zum Betreiben eines eigenständigen und in konkreter Weise ausgestatteten Ladenlokals.[507] Plattformverbote sind also zunächst selbst dann freigestellt, wenn sie keine Effizienzgewinne vorweisen können. Die Kommission zieht allenfalls in Betracht, den Rechtsvorteil der Freistellung zu entziehen, wenn die vom Hersteller innerhalb des selektiven Vertriebssystems angewandten Kriterien aufgrund der Beschaffenheit des Produkts keine effizienzsteigernde Wirkung haben.[508]

Auch bei der Prüfung des Art. 4 lit. c Vertikal-GVO stellt sich die Frage, ob die von der Kommission in den unverbindlichen Leitlinien[509] getroffene Aussage zu Drittplattformen mit dem Tatbestand der Kernbeschränkung von lit. c vereinbar

---

503 *Ellger*, in: Immenga/Mestmäcker, EU-Wettbewerbsrecht, 2012, Art. 4 Vertikal-GVO, Rn. 58.

504 Siehe Leitlinien, Ziff. 54 Satz 6.

505 Leitlinien, Ziff. 54, Satz 6.

506 *Dreyer/Lemberg*, BB 2012, 2004 (2205).

507 *Schultze/Pautke/Wagener*, Vertikal-GVO, 3. Aufl. 2011, Rn. 775.

508 Leitlinien, Ziff. 176, Satz 3 f; dazu auch *Schultze/Pautke/Wagener*, Vertikal-GVO, 3. Aufl. 2011, Rn. 247.

509 Zur Bindungswirkung von Leitlinien siehe *Thomas*, EuR 2009, 423 (426 ff.).

ist. Darüber hinaus muss untersucht werden, ob die Entscheidung der Kommission angesichts der vielfachen negativen Auswirkungen von Plattformverboten wettbewerbspolitisch tragbar ist.

1. Tatbestand des Art. 4 lit. c Vertikal-GVO

Fraglich ist, was unter einer Beschränkung des aktiven oder passiven Verkaufs gem. Art. 4 lit. c Vertikal-GVO zu verstehen ist. Eine Definition dieser Begriffe findet sich ausschließlich in den Leitlinien, jedoch nur im Rahmen der Ausnahme für Alleinvertriebssysteme gem. Art. 4 lit. b Ziff. i Vertikal-GVO.[510] Alleinvertriebshändler werden in ihrem Gebiet in aller Regel vor aktiven Verkäufen anderer Händler geschützt. Art. 4 lit. b Ziff. i Vertikal-GVO gestattet den Herstellern, ihren Händlern aufzuerlegen, in fremde Alleinvertriebsgebiete nur passive Verkäufe vorzunehmen. Aktive Verkäufe dürfen dort dementsprechend untersagt werden. Daher ist nur im Alleinvertrieb eine genaue Abgrenzung dieser beiden Begriffe notwendig.[511] Knapp ausgedrückt werden die beiden Begriffe so unterschieden, dass der Händler beim aktiven Verkauf der Händler zuerst tätig wird, während beim passiven Verkauf der Kunde aus eigener Initiative an den Händler herantritt.[512] Demgegenüber ist der Selektivvertrieb so aufgebaut, dass hier keine Abgrenzung zwischen den Begriffen des aktiven und passiven Verkaufs notwendig ist. Der Fokus des selektiven Vertriebs besteht darin, nur Händler zuzulassen die bestimmte Kriterien erfüllen, nicht aber, ihnen bestimmte Gebiete oder Kundengruppen zuzuweisen.

Art. 4 lit. c Vertikal-GVO macht dies deutlich und bestimmt im Ergebnis, dass der Betreiber eines selektiven Vertriebssystems den ausgewählten Händlern keine Gebiete exklusiv zuweisen darf. Anders ausgedrückt ist die Kombination von Selektiv- und Alleinvertrieb in demselben Gebiet durch lit. c ausgeschlossen.[513] Denn wenn ein Anbieter ein Selektivvertriebssystem in demselben Gebiet mit einem Alleinvertriebssystem kombinieren würde, hätte dies regelmäßig zumindest Beschränkungen des aktiven Verkaufs zur Folge, die gem. lit. c in selektiven Vertriebssystemen als Kernbeschränkung gelten.[514]

---

510 Leitlinien, Ziff. 51.

511 Siehe unten Kap. 6.

512 *Bühlmann/Schirmbacher*, CR 2012, 451 (452).

513 So auch *Ellger*, in: Immenga/Mestmäcker, EU-Wettbewerbsrecht, 2012, Art. 4 Vertikal-GVO, Rn. 87.

514 Vgl. dazu Leitlinien, Ziff. 57, Satz 1; sowie *Schultze/Pautke/Wagener*, Vertikal-GVO, 3. Aufl. 2011, Rn. 788 ff.

Es stellt sich daher die Frage, ob lit. c hinsichtlich der Prüfung, ob Plattformverbote Kernbeschränkungen darstellen, gegenüber lit. b überhaupt einen eigenen Regelungsgehalt aufweist.

Beschränkungen des aktiven oder passiven Verkaufs (lit. c) weisen nach dem Verständnis der Kommission stets einen Bezug zu einem bestimmten Gebiet oder einer bestimmten Kundenkreis auf (lit. b). Dies ergibt sich aus Art. 4 lit. b Ziff. i Vertikal-GVO, der als Ausnahme zu Art. 4 lit. b Vertikal-GVO formuliert ist.[515] Dass lit. b Ziff. i die Beschränkung aktiver Verkäufe ausnahmsweise zulässt, setzt erstens notwendigerweise voraus, dass eine solche Beschränkung grundsätzlich als Gebiets- oder Kundenkreisbeschränkung zu qualifizieren ist. Zweitens fallen Beschränkungen des passiven Verkaufs erst recht unter den Tatbestand der Gebiets- und Kundenkreisbeschränkungen, da diese gegenüber Beschränkungen aktiver Verkäufe schwerer wiegen.[516]

Das Verbot von Beschränkungen des aktiven und passiven Verkaufs gem. Art. 4 lit. c Vertikal-GVO ist damit bereits vollständig im Verbot der Beschränkung des Gebiets oder des Kundenkreises gem. lit. b enthalten. Es ist auch nicht erkennbar, dass die Begriffe des aktiven und passiven Verkaufs in lit. c anders zu verstehen sind als in lit. b. Der Regelungsgehalt von lit. c erschöpft sich damit in der Aussage, dass selektiver Vertrieb und Alleinvertrieb in einem Gebiet auf der Einzelhandelsstufe innerhalb der Gruppenfreistellung nicht kombiniert werden kann.[517] Ein weiterer eigenständiger Gehalt von lit. c gegenüber lit. b ist nicht erkennbar.[518] Sofern Hersteller ihren Händlern im Selektivvertrieb Beschränkungen auferlegen, die keine Exklusivzuweisungen zum Gegenstand haben, kann die Prüfung, ob die Beschränkungen als Kernbeschränkungen zu qualifizieren sind, auf lit. b beschränkt werden. Die Prüfung von Art. 4 lit. c Vertikal-GVO erübrigt sich.

2. Gleichwertigkeit mit Bedingungen für stationären Vertrieb

Obwohl Art. 4 lit. c Vertikal-GVO – abgesehen von der Beurteilung von Exklusivzuweisungen im Selektivvertrieb – gegenüber Art. 4 lit. b Vertikal-GVO keinen eigenen Regelungsgehalt aufweist, werden Beschränkungen innerhalb selektiver

515 Vgl dazu *Schultze/Pautke/Wagener*, Vertikal-GVO, 3. Aufl. 2011, Rn. 727 ff.

516 Vgl. *Funke/Just*, DB 2010, 1389 (1394).

517 Dazu näher *Schultze/Pautke/Wagener*, Vertikal-GVO, 3. Aufl. 2011, Rn. 789.

518 So auch *Baron*, in: Loewenheim/Meessen/Riesenkampff, Kartellrecht, 2. Aufl. 2009, Vertikal-GVO, Rn. 209.

Vertriebssysteme neben lit. b regelmäßig auch anhand lit. c beurteilt.[519] Bei dieser Prüfung liegt das Hauptaugenmerk auf dem von der Kommission in den Leitlinien vorgegebenen Gleichwertigkeitskriterium, und nicht auf dem Wortlaut von Art. 4 lit. c selbst. Nach den Leitlinien liegt eine Kernbeschränkung vor, wenn die Händler durch Kriterien in der Nutzung des Internets eingeschränkt werden, die mit den Kriterien für den stationären Verkauf nicht gleichwertig sind.[520]

Die Grundaussage, wonach die Händler nicht daran gehindert werden dürfen, das Internet zu nutzen, um mehr und andere Kunden zu erreichen, beinhaltet eine gewichtige Ausnahme. Einschränkungen der Kundenerreichbarkeit sind doch gestattet, wenn der Hersteller den Händlern vergleichbare Beschränkungen auch für den Offline-Vertrieb auferlegt hat. Diese Prüfung wird auch als Äquivalenztest bezeichnet.[521]

Der Äquivalenztest müsste auch auf Plattformverbote Anwendung finden. Die Unterscheidung zwischen zulässigen qualitativen Selektionskriterien und Kernbeschränkung wird häufig als Gratwanderung bezeichnet.[522] Diese Aussage kann aber nur für Zweifelsfälle gelten, da der Wortlaut der in der Vertikal-GVO bezeichneten Kernbeschränkungen gegenüber den unverbindlichen Leitlinien[523] den Maßstab für die Freistellbarkeit von Vertriebsbeschränkungen bildet. Die Reichweite des in den unverbindlichen Leitlinien geregelten Äquivalenztests wird folglich durch die Vertikal-GVO begrenzt.[524] Daher können nicht alle Beschränkungen im Selektivvertrieb anhand des Äquivalenztests beurteilt werden. Wenn feststeht, dass eine unmittelbare oder mittelbare Beschränkung des Gebiets oder der Kundengruppe vorliegt – wie es bei Plattformverboten der Fall ist –, erübrigt sich die Anwendung des Tests.

Doch selbst wenn Beschränkungen im selektiven Vertrieb unter Außerachtlassung des Vorrangs der Vertikal-GVO ausschließlich anhand des Äquivalenztests beurteilt werden, stellt sich die Frage, ob Qualitätskriterien für den stationären Vertrieb gleichwertig mit einem Plattformverbot sein können.[525] Denn es

519 *EuGH*, Urt. v. 13.10.2011 – C-439/09, Slg. 2011, I-9419, MMR 2010, 50 – Pierre Fabre.; siehe auch *Seeliger/Klauß*, GWR 2010, 233 (235); *Lettl*, WRP 2010, 807 (819).

520 Leitlinien, Ziff. 56 Satz 4.

521 *Schultze/Pautke/Wagener*, Vertikal-GVO, 2011, Rn. 766; dazu näher unten Kap. 5 A.

522 So u.a. *Polley*, CR 2010, 625 (629).

523 Dazu *Pampel*, Rechtsnatur und Rechtswirkungen horizontaler und vertikaler Leitlinien, 2005, S. 33 ff.

524 So auch *Wijckmans/Tuytschaver*, Vertical Agreements, 2011, Rn. 6.170.

525 Daran zweifelnd *Polley*, CR 2010, 625 (630); die Vergleichbarkeit bejahen *Schultze/Pautke/Wagener*, Vertikal-GVO, 2011, Rn. 775.

handelt sich um völlig unterschiedliche Vertriebsformen. Der Äquivalenztest kann in diesem Fall also nicht zu Anwendung kommen. Dies hat wohl auch die Kommission so gesehen, indem sie – im Widerspruch zum Wortlaut der Kernbeschränkungen des Art. 4 Vertikal-GVO – Plattformverbote pauschal als freistellbar eingeordnet hat. Wären bei Plattformverboten gleichwertige Anforderungen für den stationären Verkauf möglich gewesen, hätte sie diese Aussage nicht treffen müssen. Offenbar ging die Kommission davon aus, dass die Vertragsprodukte auf Drittplattformen nicht angemessen präsentiert werden können, was – wie eingangs festgestellt wurde – jedoch nicht der Fall ist. Aufgrund des Vorrangs der Vertikal-GVO kommt es auf diese Einschätzung aber auch gar nicht an.

Im Ergebnis beschränken Plattformverbote zumindest mittelbar den Kundenkreis, an den die Vertragshändler verkaufen dürfen. Da Art. 4 lit. c Vertikal-GVO insoweit inhaltlich in lit. b aufgeht, erfüllen Plattformverbote sowohl den Tatbestand der Kernbeschränkung des lit. b als auch den des lit. c. Selbst wenn es auf die Anwendung des Äquivalenztests ankäme, werden die Vertragshändler davon abgehalten, im Internet mehr und andere Kunden zu erreichen.[526] Ein Qualitätskriterium, das eine für ein Plattformverbot gleichwertige Beschränkung für den physischen Vertrieb vorsieht, ist nicht vorstellbar. Eine bestimmte Aura der Produktpräsentation im stationären Vertrieb reicht angesichts der vielfältigen Gestaltungsmöglichkeiten beim Plattformverkauf für die Gleichwertigkeit eines entsprechenden Verbots jedenfalls nicht aus.

D. Wettbewerbsbeschränkung durch Plattformverbot im nicht-selektiven Vertrieb

Auch Alleinvertriebssysteme wurden vom EuGH regelmäßig innerhalb des Tatbestands des Kartellverbots privilegiert. Dies betraf in aller Regel Alleinvertriebsvereinbarungen ohne absoluten Gebietsschutz. Der Gerichtshof stellte bereits in der Entscheidung *Grundig/Consten* fest, dass diejenigen Bestimmungen, die zum Kern des Alleinvertriebsvertrages gehören, die aufeinander gerichteten Absatz- und Bezugsbindungen zwischen Anbieter und Abnehmer, nicht unter das Kartellverbot fallen.[527] In der Entscheidung *Maschinenbau Ulm* vertrat der EuGH darüber hinaus die Auffassung, dass eine Alleinvertriebsvereinbarung keine Wettbewerbsbeschränkung darstelle, wenn sich die Vereinbarung gerade

526 Leitlinien, Ziff. 56, Satz 4.

527 *EuGH*, Urt. v. 13.7.1966 – 56 und 58/64, Slg. 1966, 326 (392) – Grundig/Consten.

für das Eindringen eines Unternehmens in ein Gebiet, in dem es bisher nicht tätig war, als notwendig erweise.[528]

Gleichwohl hat der Gerichtshof für Alleinvertriebssysteme oder offene Vertriebssysteme keine tatbestandliche Privilegierung für sog. qualitative Beschränkungen vorgesehen; also für solche Beschränkungen, die über Absatz- und Bezugsbindungen hinausgehen. Nur für vertikale Abreden innerhalb selektiver Vertriebssysteme hat der EuGH ein derart differenziertes Bewertungssystem aufgestellt, wonach einzelne qualitative Vertriebsvorgaben einen mit Art. 101 Abs. 1 AEUV vereinbaren Bestandteil des Wettbewerbs darstellen können. Demgegenüber fallen die mit Alleinvertriebsvereinbarungen einhergehenden Beschränkungen in aller Regel unter das Kartellverbot.[529]

So war das OLG München der Ansicht, dass der Ausschluss des Vertriebs über Internet-Auktionsplattformen eine Einschränkung des Wettbewerbs im Sinne von Art. 81 Abs. 1 EGV a.F. bezwecke und damit gegen das Kartellverbot verstoße.[530] Da es in diesem Fall nicht um ein selektives Vertriebssystem ging, kam es aus Sicht des Gerichts nicht darauf an, dass bestimmte Qualitätsanforderungen bei selektiven Vertriebssystemen nicht als Wettbewerbsbeschränkungen angesehen werden. Dieser Meinung schloss sich jüngst auch das LG Kiel an.[531]

Damit machten die Gerichte deutlich, dass die Metro-Kriterien des EuGH ausschließlich bei selektiven Vertriebssystemen zur Anwendung kommen können. Soweit eine Vereinbarung außerhalb selektiver Vertriebssysteme eine Beschränkung des Wettbewerbs bezweckt oder bewirkt, verstößt sie gegen das Kartellverbot.

Das OLG München liegt mit seiner Bewertung richtig. Hersteller, die ihren Händlern Plattformverbote auferlegen, bezwecken eine Beschränkung des Wettbewerbs. Es wurde bereits für Plattformverbote in selektiven Vertriebssystemen dargelegt, dass diese gegen das Kartellverbot verstoßen. Für nicht nicht-selektive Vertriebssysteme gilt dieser Verstoß erst recht, da hier die tatbestandliche Privilegierung bei der Beurteilung der Wettbewerbsbeschränkung stets deutlich enger gefasst wurde.

---

528 *EuGH*, Urt. v. 30.6.1966 – 56/65, Slg. 1966, 282 (304) – Maschinenbau Ulm; vgl. *Zimmer*, in: Immenga/Mestmäcker, 2012, Art. 101 Abs. 1, Rn. 285.

529 *Hoffmann*, in: Dauses, EU-Wirtschaftsrecht, 31. EL 2012, Art. 101, Rn. 218; *Ellger*, in: Immenga/Mestmäcker, EU-Wettbewerbsrecht, 2012, Art. 101 Abs. 3, Rn. 522.

530 *OLG München*, Urt. v. 2.7.2009 – U (K) 4842/08, MMR 2010, 35; näher zu diesem Urteil *Held*, ECLR 2010, 343 (346); sowie *Spieker*, GRUR-RR 2009, 394 (396).

531 *LG Kiel*, Urt. v. 8.11.2013 – 14 O 44/13 Kart, GWR 2013, 523.

E. Gruppenfreistellung eines Plattformverbots im nicht-selektiven Vertrieb

Ebenso wie im selektiven Vertrieb, liegt es im Interesse vieler Betreiber von Exklusiv- und offenen Vertriebssystemen, ihren Händlern ein Verbot von Drittplattformen aufzuerlegen.

I. Auffassung der Kommission

Nach den Leitlinien kann der Hersteller verlangen, dass die Kunden die Website des Händlers nicht über eine Plattform eines Dritten aufrufen, die den Namen dieses Dritten trägt.[532] Die Position der Kommission ist insofern eindeutig. Amazon, eBay und andere Plattformen tragen aus Sicht der Vertragspartner des Vertriebssystems das Logo eines Dritten. Der Verkauf über diese Plattformen kann damit als sog. Qualitätsanforderung untersagt werden.

Gleichwohl ist besondere Vorsicht im nicht-selektiven Vertrieb geboten. Die Kommission äußert sich weiter zu den Qualitätsanforderungen, dass diese „insbesondere für den selektiven Vertrieb" von Bedeutung seien.[533] Damit macht sie zwar deutlich, dass Qualitätsanforderungen aus ihrer Sicht auch im nicht-selektiven Vertrieb möglich sind, weist aber gleichwohl darauf hin, dass diese im Einzelfall schwerer zu begründen sein könnten. Alleinvertriebssysteme und offene Vertriebssysteme sehen häufig geringe Maßstäbe für den Verkauf der Produkte im Ladengeschäft vor. Es ist diesem Umstand geschuldet, dass aus Sicht der Kommission Qualitätsanforderungen insbesondere im Selektivvertrieb von Bedeutung sind. Der von ihr geforderte Äquivalenztest ist im nicht-selektiven Vertrieb schwerer zu bestehen. Selektive Vertriebssysteme bieten daher die weitreichendsten Gestaltungsmöglichkeiten für die Hersteller.[534] Dennoch können Plattformverbote – nach der Sichtweise der Kommission – auch im nicht-selektiven Vertrieb von der Freistellung profitieren.[535] Voraussetzung dafür ist, dass es dem Betreiber auch im stationären Vertrieb sichtbar auf hohe Maßstäbe beim Produktverkauf ankommt. Dazu gehören insbesondere hohe Anforderungen bei der Präsentation der Produkte.

532 Leitlinien, Ziff. 54, Satz 6.

533 Leitlinien, Ziff. 54, Satz 2.

534 *Schultze/Pautke/Wagener*, Vertikal-GVO, 2011, Rn. 766.

535 Vgl. *Schultze/Pautke/Wagener*, Vertikal-GVO, 2011, Rn. 775.

II. Kundenkreisbeschränkung

Es sind jedoch nicht die Äußerungen der Kommission in den Leitlinien maßgeblich, sondern ausschließlich die Bestimmungen der Vertikal-GVO. Nur soweit der Wortlaut der Vertikal-GVO Raum für Interpretationen lässt, sind die Leitlinien ergänzend zur Auslegung heranzuziehen.[536]

Plattformverbote erfüllen den Tatbestand der Kernbeschränkung des Art. 4 lit. b Vertikal-GVO. Sie beschränken den Zugang zum Kundenkreis der Internetkunden.[537] Es kommt nicht darauf an, ob Kunden von Online-Plattformen einen eigenen Kundenkreis bilden. Damit sind die Voraussetzungen der Kernbeschränkung des Art. 4 lit. b Vertikal-GVO erfüllt.

III. Gegenausnahme des Art. 4 lit. b Ziff. i für Plattformverbote

Fraglich ist, ob für Plattformverbote die Gegenausnahme des Art. 4 lit. b Ziff. i Vertikal-GVO eingreift, nach der aktive Verkäufe an Kundengruppen, die der Anbieter sich selbst vorbehalten oder ausschließlich einem anderen Abnehmer zugewiesen hat, beschränkt werden dürfen.[538] Das setzt zunächst voraus, dass Plattformkunden eine eigene Kundengruppe darstellen. In der Literatur wurde diese Voraussetzung für Kunden von Auktionsplattformen mit der Begründung bejaht, dass der Händler mit der Eröffnung einer Internet-Auktion gerade und ausschließlich den ihm eigentlich vorbehaltenen Personenkreis „Internet-Auktionsplattformkunde“ anspreche.[539] Dieser Auffassung kann allerdings keinesfalls gefolgt werden. Sollte dem Händler untersagt sein, seine Produkte auf Auktionsplattformen oder auf anderen Online-Plattformen anzubieten, beträfe dieses Verbot sowohl den aktiven als auch den passiven Verkauf über diese Plattformen, da dem Händler deren Nutzung vollständig untersagt wäre.

Sollte ein Hersteller seinem Händler eine Klausel mit der Formulierung auferlegen: „Dem Händler ist es nicht gestattet, aktiv an Kunden von Online-Plattformen zu verkaufen“, so ist eine solche Formulierung nicht praktikabel. Der

---

536 Siehe dazu oben Kap. 2 C I.

537 Vgl. *Ellger*, in: Immenga/Mestmäcker, EU-Wettbewerbsrecht, 5. Aufl. 2012, Art. 4 Vertikal-GVO, Rn. 58.

538 Vgl. *Immenga*, K&R 2010, 24 (26).

539 *Nolte*, in: Langen/Bunte, Kartellrecht Bd. 2, 11. Aufl. 2010, Art. 81 Fallgr., Rn. 566; *Dieselhorst/Luhn*, WRP 2008, 1306 (1311).

passive Verkauf muss stets frei bleiben.[540] Aber auch der passive Verkauf an Kunden von Online-Plattformen setzt gerade die Nutzung dieser Plattformen voraus. Eine Kundengruppe kann daher nicht nach der Wahl des Verkaufspunkts durch die Kunden bzw. des bevorzugten Vertriebswegs abgegrenzt werden. Der Vertriebsweg des Plattformverkaufs kann nicht bloß für aktive Verkäufe untersagt werden. Daher können Kunden von Online-Plattformen auch nicht als eigene Kundengruppe eingeordnet werden.[541]

Unabhängig davon ist es den Herstellern möglich, ihren Händlern z.B. aktive Verkäufe an fremde Exklusivgebiete über Online-Plattformen zu untersagen. Doch eine solche Regelung schließt Online-Plattformen gerade nicht vollständig aus.[542]

Bei Plattformverboten geht es dem Hersteller, wie es sich schon aus dem Begriff selbst ergibt, um den vollständigen Ausschluss dieses Vertriebswegs. Selbst wenn man Kunden von Online-Plattformen entgegen der hier vertretenen Auffassung als eigene Kundengruppe einordnete, wäre die Untersagung des aktiven Verkaufs an diese Kundengruppe nicht von Art. 4 lit. b Ziff. i Vertikal-GVO umfasst. Denn soweit es im Interesse des Herstellers liegt, seine Produkte von Online-Plattformen fernzuhalten, könnte er dies nur erreichen, wenn er sich die Kundengruppe der Plattformkunden selbst vorbehält.[543] Um einen wirksamen Vorbehalt einer Kundengruppe handelt es sich aber nur, wenn der Hersteller die betreffenden Kunden tatsächlich beliefert bzw. eine Belieferung zeitnah anstrebt.[544] Der Hersteller müsste also selbst seine Produkte über Online-Plattformen verkaufen.

IV. Bewertung

Sowohl im selektiven als auch im nicht-selektiven Vertrieb unterfallen Plattformverbote der Kernbeschränkung des Art. 4 lit. b Vertikal-GVO. Da Plattformkunden

540 Falsch ist insofern die Auffassung von *Bonacker*, GRUR-Prax 2012, 4 (5), wonach die Beschränkung des passiven Verkaufs außerhalb selektiver Vertriebssysteme grundsätzlich zulässig sei.

541 Siehe dazu schon die Ausführungen oben unter Kap. 2 C I 2 b).

542 Dazu näher *Bühlmann/Schirmbacher*, Jusletter 30. Mai 2011, Rn. 123.

543 *Bühlmann/Schirmbacher*, Jusletter 30. Mai 2011, Rn. 121.

544 *Baron*, in: Loewenheim/Meessen/Riesenkampff, Kartellrecht, 2009, Art. 4 Vertikal-GVO, Rn. 197; *Schultze/Pautke/Wagener*, Vertikal-GVO, 2011, Rn. 647 ff.; a.A. *Ellger*, in: Immenga/Mestmäcker, EU-Wettbewerbsrecht, 2012, Art. 4 Vertikal-GVO, Rn. 60.

keine Kundengruppe sind, greift auch die Gegenausnahme des Art. 4 lit. b Ziff. i Vertikal-GVO nicht ein.

Die Aussage der Europäischen Kommission in den unverbindlichen Leitlinien, wonach Plattformverbote als Qualitätsanforderung von der Gruppenfreistellung profitieren können, steht im Widerspruch zum Wortlaut der verbindlichen Vertikal-GVO. Plattformverbote beschränken den Wettbewerb und verstoßen gegen das Kartellverbot. Als Kernbeschränkung sind sie auch nicht durch die Vertikal-GVO privilegiert.

F. Einzelfreistellung von Plattformverboten

Wettbewerbsbeschränkende Vereinbarungen, die nicht von einer Gruppenfreistellung profitieren, können nach den Voraussetzungen des Art. 101 Abs. 3 AEUV vom Kartellverbot freigestellt werden. Die Vertikalabreden müssen danach zur Verbesserung der Warenerzeugung und -verteilung oder zur Förderung des technischen oder wirtschaftlichen Fortschritts beitragen. Eine Freistellung setzt außerdem voraus, dass die Verbraucher an dem dadurch entstehenden Gewinn angemessen beteiligt werden. Zudem dürfen die Vereinbarungen den beteiligten Unternehmen keine Beschränkungen auferlegen, die für die Verwirklichung dieser Ziele unerlässlich sind. Schließlich dürfen die Vertriebsabreden keine Möglichkeiten eröffnen, für einen wesentlichen Teil der betreffenden Vertragsprodukte den Wettbewerb auszuschalten.[545]

Vereinbarungen, die gegen das Kartellverbot verstoßen, aber die Voraussetzungen von Art. 101 Abs. 3 AEUV erfüllen, sind nicht verboten, ohne dass dies einer vorherigen Entscheidung einer Behörde bedarf. Dies ergibt sich aus Art. 1 Abs. 2 der VO 1/2003. Die Verordnung bestimmt die unmittelbare Anwendbarkeit von Art. 101 Abs. 3 AEUV.[546] Sowohl in der Gruppenfreistellung als auch in der Einzelfreistellung gilt also das Prinzip der Selbstbewertung.[547]

Die Kommission vermutet, dass eine Vereinbarung, die eine Kernbeschränkung enthält, die Voraussetzungen des Art. 101 Abs. 3 AEUV wahrscheinlich

545 *Ellger*, in: Immenga/Mestmäcker, EU-Wettbewerbsrecht, 2012, Art. 101 Abs. 3 AEUV, Rn. 1.

546 *Wolf et al.*, in: Grabitz/Hilf, Das Recht der Europäischen Union, 26. EL. 2005, Vorbemerkung zur VO 1/2003/EG, Rn. 8.

547 Vgl. *Petsche/Lager*, in: Liebscher/Flohr/Petsche, EU-Gruppenfreistellungsverordnungen, 2012, VO 1/2003, Rn. 10; *Bechtold/Bosch/Brinker/Hirsbrunner*, EG-Kartellrecht, 2009, Art. 81, Rn. 138.

nicht erfüllt.[548] Plattformverbote fallen unter den Tatbestand der Kernbeschränkung des Art. 4 lit. b Vertikal-GVO. Insofern liegt für Plattformverbote die Annahme einer nicht einzelfreistellungsfähigen Wettbewerbsbeschränkung nahe.[549]

Gleichwohl ist das Interesse der Hersteller, ihr Markenimage zu schützen, schützenswert und innerhalb der Voraussetzungen der Einzelfreistellung zu berücksichtigen. In den einleitenden Ausführungen wurde deutlich gemacht, dass das Image, indem es psychologische Bedürfnisse der Verbraucher befriedigt, selbst den Charakter eines Produktbestandteils erlangen kann.[550]

I. Plattformverbot zur Verbesserung der Warenerzeugung

Art. 101 Abs. 3 AEUV zählt vier mögliche Vorteile auf, von denen sich mindestens einer aus der wettbewerbsbeschränkenden Vereinbarung ergeben muss.[551] Darunter fällt die Verbesserung der Warenerzeugung. Der Begriff der Warenerzeugung erfasst nicht nur die Produktion sondern auch die Distribution wirtschaftlicher Güter.[552] Die wettbewerbsbeschränkende Vereinbarung muss dabei zu Effizienzgewinnen führen.[553] Diese Effizienzvorteile brauchen jedoch nicht statistisch nachweisbar zu sein. Auch qualitative Verbesserungen der Produkte können als Verbesserung der Warenerzeugung gelten.[554] Darüber hinaus genügt es sogar, wenn eine drohende Verschlechterung verhindert wird.[555]

Um von der Einzelfreistellung zu profitieren, müssen Anbieter, die Produkte mit Prestigecharakter herstellen, also nachweisen, dass ihre Produkte durch die Plattformverbote qualitativ verbessert werden. Voraussetzung dafür ist, dass das Image oder Prestige des Produkts von den Verbrauchern nachgefragt wird. In aller Regel kommen dafür Produkte in Betracht, die zu deutlich höheren

---

548 Leitlinien, Ziff. 47, Satz 3.

549 *Immenga*, K&R 2010, 24 (28).

550 Siehe dazu oben Kap. 2 A III; zu diesem Thema insbesondere *Franck*, WuW 2010, 772 (778).

551 Vgl. *Pohlmann*, in: Frankfurter Kommentar zum Kartellrecht, 65. EL. 2008, Grundfragen Art. 81 Abs. 1, Rn. 239.

552 *Ellger*, in: Immenga/Mestmäcker, EU-Wettbewerbsrecht, 2012, Art. 101 Abs. 3 AEUV, Rn. 133.

553 *Meessen*, in: Loewenheim/Meessen/Riesenkampff, Kartellrecht, 2009, Art. 81 Abs. 3 EGV, Rn. 32.

554 *Ellger*, in: Immenga/Mestmäcker, EU-Wettbewerbsrecht, 2012, Art. 101 Abs. 3 AEUV, Rn. 156.

555 *Pohlmann*, in: Frankfurter Kommentar zum Kartellrecht, 65. EL. 2008, Grundfragen Art. 81 Abs. 1, Rn. 242.

Preisen als vergleichbare Produkte derselben Warengruppe verkauft werden. Besonders augenfällig ist dies für Produkte wie Kosmetik, Parfums oder Schmuck.[556] Hier bestehen teilweise erhebliche Preisdifferenzen zwischen den verschiedenen Marken, die nicht allein durch die unterschiedliche Qualität der Produkte gerechtfertigt werden können. Gerade für den Bereich der Kosmetik zeigen Produkttests regelmäßig, dass die hochpreisigen Kosmetika häufig nicht die beste Qualität aufweisen. Dies zeigt, dass hochpreisige Erzeugnisse in diesen Kategorien sich weniger durch ihre Qualität als vielmehr durch ihr Image und womöglich den Namen eines Designers oder ihre Seltenheit ausweisen. Die objektiven Unterschiede im Produktnutzen können für Prestigeprodukte durch subjektive Unterschiede überlagert werden.[557] Die Konsumenten dieser Produkte wollen sich mit dem Produktimage häufig eine Identität verschaffen, die sie durch das Präsentieren der Ware gegenüber ihren Mitmenschen kommunizieren.[558] Soweit die Verbraucher ein bestimmtes Image nachfragen, ist das innerhalb der Prüfung der Einzelfreistellung zu berücksichtigen.[559] Für die Einzelfreistellung eines Plattformverbots reicht es aber nicht aus, dass das Prestige eines Produkts zu seinem Bestandteil geworden ist. Vielmehr muss der Verkauf der Produkte über Online-Plattformen auch das Image der Produkte schädigen.

Es wurde eingangs aufgezeigt, dass dem Online-Versandhändler Amazon in aller Regel ein sehr positives Image attestiert wird. Auch die hohen Nutzerzahlen von eBay weisen darauf hin, dass dieser Plattform nicht pauschal ein schlechtes Image unterstellt werden kann. Es müssen daher besondere Umstände hinzukommen, um nachzuweisen, dass ein Plattformverbot die Produktqualität verbessert und somit zur Verbesserung der Warenerzeugung beiträgt.

Dieser Nachweis kann ausschließlich im Einzelfall erbracht werden. Daher können diese Ausführungen sich lediglich auf allgemeine Hinweise beschränken. Kunden von Online-Plattformen erwarten in der Regel besonders günstige Angebote. Plattformverbote können sich daher für solche Produkte lohnen, bei denen es den Kunden in der Regel gar nicht auf den Preis ankommt sondern alleine auf das Image. Es kann sogar im Interesse der Kunden liegen, dass das Produkt überall besonders teuer ist, damit sie sich mit dem Erwerb von ihren

556 *Honnefelder*, Gruppenfreistellungsverordnung, 2003, S. 38.
557 *Honnefelder*, Gruppenfreistellungsverordnung, 2003, S. 38; siehe auch *Unglaub*, Der selektive Vertrieb von Parfum und Luxuskosmetika, 2001, S. 9.
558 *Franck*, WuW 2010, 772 (778).
559 Vgl. *Franck*, WuW 2010, 772 (779).

Mitmenschen abheben können.[560] In diesem Fall könnte das Image darunter leiden, wenn das entsprechende Produkt auf einer Plattform verkauft wird, die in dem Ruf steht, besonders günstige Produkte zu verkaufen. Zudem zeichnen sich Plattformen durch die hohe Produktverfügbarkeit aus. Das Image von Produkten die nur in kleinen Mengen hergestellt werden, um ihren Exklusivcharakter zu bewahren, kann vor diesem Hintergrund ebenfalls unter dem Verkauf über Online-Plattformen leiden. Denn die Verfügbarkeit auf einem solchen Online-Shop kann den Exklusivitätscharakter zunichtemachen.

Für Produkte wie Kosmetika oder Parfums wird es im Einzelfall allerdings sehr schwierig, den Qualitätsgewinn nachzuweisen. In der Regel werden diese Produkte jedenfalls nicht bloß in geringen Mengen hergestellt. Außerdem liegt es auch bei diesen Produkten im Interesse der Verbraucher, diese möglichst günstig zu erhalten. Das zeigt z.B. die große Beliebtheit der Duty-Free-Shops an den Flughäfen. Für Produkte wie seltenen teuren Schmuck oder seltene teure Uhren, ließe sich ein Plattformverbot gegebenenfalls leichter rechtfertigen.

II. Beteiligung der Verbraucher am entstehenden Gewinn

Soweit die Verbraucher Produkte mit Prestigecharakter tatsächlich nachfragen, und dieser Prestigecharakter durch den Verkauf über Online-Plattformen gefährdet wird, werden die Verbraucher auch am durch Plattformverbote entstehenden Gewinn beteiligt. Denn ohne ein solches Verbot könnten die Prestigeprodukte das von den Verbrauchern nachgefragte Image nicht aufrechterhalten.

Da im Rahmen der Verbesserung der Warenerzeugung auch qualitative Gewinne berücksichtigt werden, müssen sich die wettbewerbsbeschränkenden Vereinbarungen auch nicht in monetären Gewinnen für die Verbraucher niederschlagen.[561]

III. Unerlässlichkeit des Plattformverbots

Die Beschränkungen, die sich aus der Vertriebsvereinbarung ergeben, dürfen nicht weiter gehen, als dies zur Erreichung der positiven Auswirkungen der Wettbewerbsbeschränkung erforderlich ist.[562] Sofern der Hersteller nachweisen kann, dass sich der Plattformverkauf negativ auf das Image seiner Produkte

---

560 *Beutelmann*, Selektive Vertriebssysteme, 2004, S. 27; *Unglaub*, Der selektive Vertrieb von Parfum und Luxuskosmetika, 2001, S. 10; *Ahlert*, WRP 1987, 215 (222).

561 *Ellger*, in: Immenga/Mestmäcker, EU-Wettbewerbsrecht, 2012, Art. 101 Abs. 3 AEUV, Rn. 237.

562 *Ellger*, in: Immenga/Mestmäcker, EU-Wettbewerbsrecht, 2012, Art. 101 Abs. 3 AEUV, Rn. 253.

auswirkt und somit deren Qualität verschlechtert, ist ein Plattformverbot auch erforderlich.

Allerdings können sich die positiven Effekte eines Plattformverbots im Einzelfall auf die jeweilige Saisonware beschränken. Darüber hinaus ist auch vorstellbar, dass ein Hersteller verschiedene Produktlinien herstellt, die nur teilweise durch den Plattformverkauf in ihrem Image geschädigt werden. In diesem Fall müsste der Verkauf über Online-Plattformen für ausgelaufene Ware bzw. für Produktlinien gestattet werden, die an dem Verkauf über diesen Vertriebsweg keinen Schaden nehmen.

IV. Keine Ausschaltung des Wettbewerbs durch Plattformverbote

Einer Vereinbarung, durch die der Wettbewerb völlig ausgeschlossen wird, wird die Einzelfreistellung versagt. Plattformverbote schränken zwar den Wettbewerb ein, schließen ihn aber nicht völlig aus. Das gilt insbesondere dann, wenn der Internetvertrieb im Übrigen frei bleibt. Haben die beteiligten Unternehmen darüber hinaus einen nur geringen Marktanteil, ist ein wirksamer Wettbewerb weiterhin möglich.[563] Daher wird dieses vierte und letzte Kriterium der Einzelfreistellung regelmäßig erfüllt sein.

G. Zusammenfassung

Plattformverbote dienen dem Imageschutz. Damit können sie seit dem *Pierre Fabre* Urteil des EuGH nicht mehr als mit dem Kartellverbot vereinbar eingestuft werden. Sie beschränken überdies die Erreichbarkeit des Kundenkreises der Internetkunden und erfüllen damit den Tatbestand der Kernbeschränkung des Art. 4 lit. b Vertikal-GVO. Entgegen der Auffassung der Kommission kommt damit auch eine Gruppenfreistellung nicht in Betracht. Eine Einzelfreistellung für Plattformverbote ist im Einzelfall vorstellbar. Die Beweisleist, dass die effizienzsteigernden Auswirkungen gegenüber den Beschränkungen des Wettbewerbs überwiegen, liegt in diesem Fall beim Hersteller.

563 *Bechtold/Bosch/Brinker/Hirsbrunner*, EG-Kartellrecht, 2009, Art. 81, Rn. 158.

Kapitel 3: Brick-Store-Klausel: Betrieb eines Ladengeschäfts als Voraussetzung für Internetvertrieb

Die Kommission gesteht den Herstellern in den Leitlinien ausdrücklich zu, dass sie den Betrieb eines Ladengeschäfts als Voraussetzung für den Internetvertrieb fordern können. Diese Klausel wird auch knapp als Brick-Store- oder Brick-and-Mortar-Klausel bezeichnet.[564] In den Leitlinien heißt es:

> „Nach der GVO kann der Anbieter zum Beispiel von seinen Händlern verlangen, dass sie über einen oder mehrere physische Verkaufspunkte oder Ausstellungsräume verfügen, wenn sie Mitglied des Vertriebssystems werden wollen."[565]

Es stellt sich zunächst die Frage, ob eine solche Klausel den Wettbewerb beschränkt und damit gegen das Kartellverbot des Art. 101 Abs. 1 AEUV verstößt. Für nicht-selektive Vertriebssysteme ist die Frage eindeutig zu bejahen. Der Betrieb eines Ladengeschäfts ist mit hohen Kosten verbunden und hat folglich einen erheblichen Einfluss auf die Verkaufspolitik der Händler. Brick-Store-Klauseln beschränken damit die wettbewerbliche Handlungsfreiheit der potentiellen Einzelhändler und verstoßen gegen das Kartellverbot.[566]

A. Wettbewerbsbeschränkung durch Brick-Store-Klausel im Selektivvertrieb

Da sogenannte qualitative selektive Vertriebssysteme nach ständiger Rechtsprechung des EuGH als Bestandteil des Wettbewerbs eingeordnet werden und somit nicht gegen das Kartellverbot verstoßen, bedürfen Brick-Store-Klauseln innerhalb des Selektivvertriebs einer gesonderten Prüfung.

I. Bestandteil des Wettbewerbs

Nach EuGH und Kommission können insbesondere Kriterien wie die fachliche Ausbildung der Händler und ihres Personals sowie die Größe und Gestaltung der

564 *De Crozals/Heinen*, EWS 2009, 503 (507); *Schulze zur Wiesche*, K&R 2010, 541 (544).
565 Leitlinien, Ziff. 54 Satz 3.
566 Vgl. *Funke/Just*, KSzW 2010, 151 (159).

Verkaufsräume als qualitative Auswahlkriterien eingestuft werden.[567] Zwar ergingen diese Entscheidungen zu einem Zeitpunkt, zu dem das Internet noch nicht existierte. Doch es ist nicht erkennbar, dass der Gerichtshof qualitative Anforderungen an die Verkaufsräume heute anders beurteilen würde. Die Gültigkeit der Metro-Kriterien für selektive Vertriebssysteme wurde vom EuGH auch nochmals in der Sache *Pierre Fabre* bestätigt.[568] Sofern die Eigenschaften des Produkts den Betrieb eines solchen Vertriebsnetzes erfordern, verstößt es nicht gegen Art. 101 Abs. 1 AEUV. Die Einschränkungen, die der Gerichtshof in Bezug auf den Schutz des Prestigecharakters getroffen hat,[569] haben keine Auswirkungen auf die Brick-Store-Klausel.

Soweit selektive Vertriebssysteme den Metro-Kriterien entsprechen, verstoßen darin enthaltene Brick-Store-Klauseln nach Ansicht des EuGH nicht gegen das Kartellverbot.

II. Bewertung

Nach der hier vertretenen Auffassung sind die Metro-Kriterien allerdings systemwidrig und veraltet.[570] Seit Geltung von Art. 1 Abs. 1 VO 1/2003 (Kartellverfahrensordnung) und der Gruppenfreistellungsverordnungen benötigen die Unternehmen die Einzelfreistellungsentscheidungen der Europäischen Kommission nicht mehr.

Doch auch unter Zugrundelegung der Metro-Kriterien ist Betreibern selektiver Vertriebssysteme dringend zu raten, sich nach den Voraussetzungen der Vertikal-GVO zu richten.[571] Insbesondere stellt die Vertikal-GVO keine Anforderungen an die Produkteigenschaften beim Betrieb selektiver Vertriebssysteme.[572] Darüber hinaus sind Vorgaben wie Mindestumsätze für den stationären Vertrieb sowie duale Preisstrategien für Online- und Offline-Vertrieb nicht mehr von der tatbestandlichen Privilegierung erfasst. Diese Klauseln müssen daher ebenfalls

---

567 *EuGH*, Urt. v. 25.10.1977 – 26/ 76, Slg. 1977, 1875 (1905), Ziff. 20 – Metro I; *EuGH*, Urt. v. 22.10.1986 – 75/84, Slg. 1986 (3074), Ziff. 40 – Metro II; Entscheidungen der *Kommission* vom 18.4.1984. ABl. 1984 L 118/24 – IBM; Entsch. v. 16.12.1991, ABl. 1992 L 12/24 – Yves St. Laurent; Entsch. v. 21.12.1993, ABl. 1994 L 20/15 – Grundig; vgl. auch *Klotz*, in: von der Groeben/Schwarze, Vertrag über die Europäische Union, 2003, nach Art. 81 EG – Liefer- und Bezugsvereinbarungen, Rn. 178.

568 *EuGH*, Urt. v. 13.10.2011 – C-439/09, Slg. 2011, I-9419, Ziff. 41, MMR 2010, 50 – Pierre Fabre.

569 *EuGH*, Urt. v. 13.10.2011 – C-439/09, Slg. 2011, I-9419, Ziff. 46 – Pierre Fabre.

570 Siehe oben Kap. 2 B IV 2.

571 Vgl. *Immenga*, K&R 2010, 24 (26).

572 Leitlinien, Ziff. 176 Satz 2.

nach der Vertikal-GVO beurteilt werden. Die folgenden Ausführungen gelten, soweit nicht anders gekennzeichnet, für alle Vertriebssysteme.

B. Freistellbarkeit von Brick-Store-Klauseln

Die Kommission hat sich sowohl in der Vertikal-GVO als auch in den Leitlinien umfassend zu Brick-Store-Klauseln geäußert.

I. Rechtslage nach der Vertikal-GVO

Nach Art. 2 Abs. 1 Vertikal-GVO sind sämtliche vertikale Vereinbarungen freigestellt, wenn sie nicht unter den Tatbestand der Kernbeschränkung fallen und die nach Art. 2 und Art. 3 Vertikal-GVO vorgegebenen Umsatzschwellen nicht überschritten werden. Die Kernbeschränkungen sind unter Art. 4 Vertikal-GVO abschließend geregelt. Die Verpflichtung, ein Ladengeschäft zu unterhalten, ist dort nicht als Kernbeschränkung aufgeführt. Im Gegenteil wird in Art. 4 lit. b Vertikal-GVO ausdrücklich hervorgehoben, dass Beschränkungen in Bezug auf den Ort der Niederlassung nicht als Kernbeschränkung gelten. Für selektive Vertriebssysteme gilt nach Art. 4 lit. c Vertikal-GVO, dass die Betreiber die Möglichkeit haben, den Mitgliedern des Systems zu untersagen, Geschäfte von nicht zugelassenen Niederlassungen aus zu betreiben.

1. Vergleich zur Vertikal-GVO a.F. und aktuelle Rechtslage

Der Hinweis in Art. 4 lit. b auf den Ort der Niederlassung war in der Vertikal-GVO a.F. nicht enthalten. Teilweise wird behauptet, Brick-Store-Klauseln profitierten daher unter Geltung der alten Vertikal-GVO nur in selektiven Vertriebssystemen von der Gruppenfreistellung.[573] Es wurde sogar die Auffassung vertreten, dass es im Anwendungsbereich der Vertikal-GVO jedem Händler möglich sein müsse, die Produkte ausschließlich über das Internet zu verkaufen,[574] bzw. dass eine Brick-Store-Klausel nur in besonderen Ausnahmefällen gerechtfertigt sein könne.[575] Dabei wird jedoch übersehen, dass sämtliche vertikale Vereinbarungen nach der Vertikal-GVO freigestellt sind, soweit sie nicht den Tatbestand der Kernbeschränkung erfüllen. Die einfache Vorgabe,

573 *Ellger*, in: Immenga/Mestmäcker, EU-Wettbewerbsrecht, 2012, Art. 4 Vertikal-GVO, Rn. 44; *Schultze/Pautke/Wagener*, Vertikal-GVO, 2011, Rn. 771.

574 *Rheinländer*, WRP 2005, 285 (288).

575 *Baron*, in: Loewenheim/Meessen/Riesenkampff, Kartellrecht, 2009, Art. 4 Vertikal-GVO, Rn. 195; ähnlich argumentierend *Jaeger*, MMR 2004, 536 (539).

ein Ladengeschäft zu betreiben, beschränkt für sich genommen aber weder das Gebiet, in das der Händler verkaufen darf (Art. 4 lit. b), noch stellt sie eine Beschränkung des aktiven oder passiven Verkaufs an Endverbraucher dar (Art. 4 lit. c). Insofern haben die neuen Hinweise in Art. 4 lit. b und lit. c auf die Niederlassungen der Händler lediglich eine klarstellende Funktion.

Wie bereits dargestellt, macht die Kommission auch in den Leitlinien deutlich, dass Klauseln, nach denen der Hersteller einen oder mehrere Verkaufspunkte fordert, von der Vertikal-GVO freigestellt sind – und zwar unabhängig vom Vertriebssystem.[576] Damit ist die Auffassung der Kommission zum Verbot des ausschließlichen Internethandels keineswegs unklar, wie immer noch behauptet wird.[577] Schließlich vertreten auch nationale Kartellbehörden und Gerichte die Ansicht, dass die Vertikal-GVO den Herstellern nicht vorschreibt, auf das Erfordernis eines stationären Ladenlokals als regelmäßigen Absatzweg zu verzichten.[578]

Brick-Store-Klauseln bzw. Verbote des ausschließlichen Internethandels sind damit unabhängig vom Vertriebssystem im Anwendungsbereich der Vertikal-GVO zulässig.[579]

2. *Bewertung der Haltung der Kommission*

Die Entscheidung der Kommission, den Herstellern die Möglichkeit zu geben, nur Händler mit stationärem Ladengeschäft zu beliefern und dadurch reine Internethändler auszuschließen, ist richtig.[580] Dies gilt in besonderem Maße für selektive Vertriebssysteme. Diese stehen für eine bestimmte, in der Regel

---

576 Leitlinien, Ziff. 54 Satz 3; dazu *Murach*, GWR 2010, 210 (213).

577 So *Rösner*, WRP 2010, 1114 (1120).

578 *BGH*, Urt. v. 4.11.2003 – KZR 2/02, MMR 2004, 536 – Depotkosmetik im Internet; so auch Entscheidung des *Conseil de la Concurrence* vom 24.7.2006 – 06-D-24 – Festina; *BKartA*, Tätigkeitsbericht 2005/2006, S. 39.

579 So auch *Nolte*, in: Langen/Bunte, Kartellrecht, 2010, Art. 81 Fallgruppen, Rn. 609; *Ellger*, in: Immenga/Mestmäcker, EU-Wettbewerbsrecht, 2012, Art. 4 Vertikal-GVO, Rn. 44; *Simon*, in: Lange, Kartellrecht, 2006, § 4, Rn. 472; *Bauer*/de Bronett, EU-Gruppenfreistellungsverordnung, 2001, Rn. 256b; *Wijckmans/Tuytschaever*, Vertical Agreements, 2011, Rn. 6.160; *Mayr*, Internetvertrieb, 2006, S. 267; *Beutelmann*, Selektive Vertriebssysteme, 2004, S. 155; *Rösner*, WRP 2010, 1114 (1120); *Bühlmann/Schirmbacher*, Jusletter 30. Mai 2011, Rn. 94; *Funke/Just*, DB 2010, 1389 (1393); *Simon*, EWS 2010, 497 (502); *Pischel*, GRUR 2008, 1066 (1070); a.A. *Baron*, in: Loewenheim/Meessen/Riesenkampff, Kartellrecht, 2009, Art. 4 Vertikal-GVO, Rn. 195; *Jaeger*, MMR 2004, 536 (539); *Rheinländer*, WRP 2005, 285 (288).

580 Kritisch *Vergé*, in: Gheur/Petit, Vertical Restraints, 2011, 31 (41).

exklusive Markenpolitik.[581] Der Hersteller hat daher ein berechtigtes Interesse an einem einheitlichen Vertriebssystem, in dem alle Händler gleichermaßen, also auch über den Betrieb eines Ladengeschäfts, in das Image der Marke investieren.

Auch in offenen Vertriebssystemen kann das Interesse des Anbieters, dass alle Händler über ein Ladengeschäft verfügen, berechtigt sein. Multi-Channel-Strategien können zu einer erhöhten Nachfrage führen.[582] Ein Teil dieser Strategie kann darin liegen, dass im Internet bestellte Artikel auch in einem Ladengeschäft zurückgegeben werden können. Da der Betrieb eines Geschäfts mit hohen Kosten verbunden ist, wären die stationären Händler gegenüber den Internethändler im Nachteil. Zudem können Investitionen in den Service und das Produktimage auch im nicht-selektiven Vertrieb absatzfördernd sein. Die stationären Händler wären aber in aller Regel zu diesen Investitionen nicht bereit, wenn reine Internethändler die Vertragsprodukte ohne diese Kosten und damit günstiger verkaufen könnten. Tätigt der Hersteller die Investitionen in das Produktimage selbst, also insbesondere über Werbung, wird er im Vertrieb ohnehin ausschließlich auf hohe Absatzzahlen setzen und alle Händler – also auch reine Internethändler – beliefern, die seine Produkte verkaufen wollen.

II. Einschränkungen für einfache Produkte ohne Luxus-Aura

Die Kommission ist gem. Art. 7 VO 19/65/EWG[583] berechtigt, den an einer Vereinbarung beteiligten Unternehmen den Vorteil der Gruppenfreistellung zu entziehen, wenn sie im Einzelfall feststellt, dass die Vereinbarung den Zielen des Art. 101 Abs. 3 AEUV zuwiderläuft, obwohl die Voraussetzungen der Gruppenfreistellung erfüllt sind.

1. *Entzug der Gruppenfreistellung*

Auf Grundlage dieser Regelung macht die Kommission in den Leitlinien deutlich:

> „Erfordert das betreffende Produkt aufgrund seiner Beschaffenheit (…) nicht die Anwendung der gewählten Auswahlkriterien (wie z.B. der Bedingung, dass der Händler über einen oder mehrere physische Verkaufspunkte verfügen (…) muss), so hat ein solches Vertriebssystem in der Regel keine effizienzsteigernde Wirkung“.[584]

---

581 *Beutelmann*, Selektive Vertriebssysteme, 2004, S. 27; *Honnefelder*, Gruppenfreistellungsverordnung, 2003, S. 25; *Unglaub*, Der selektive Vertrieb von Parfum und Luxuskosmetika, 2001, S. 16 ff.

582 *Gundlach*, JECLaP 2013, 96 (98).

583 Verordnung 19/65/EWG des *Rates* vom 2.3.1965, ABl. 36 vom 6.3.1965, S. 533; dazu näher *Mestmäcker/Schweitzer*, Europäisches Wettbewerbsrecht, 2004, § 13, Rn. 21.

584 Leitlinien, Ziff. 176 Satz 3.

Stellt die Kommission aus diesem Grund spürbare wettbewerbswidrige Auswirkungen fest, will sie den Rechtsvorteil der Gruppenfreistellung entziehen.[585] In der Literatur wurde diese Aussage so interpretiert, dass eine Brick-Store-Klausel „nur dann möglich ist, wenn es um den Verkauf von Luxuswaren oder beratungsintensiven Produkten geht."[586] Für Produkte des alltäglichen Gebrauchs sei die Klausel nicht freistellungsfähig.[587] Diese Auslegung beruht auf einem Missverständnis. Es wird übersehen, dass die Freistellung nach der Vertikal-GVO unabhängig von der Art der Auswahlkriterien gilt.[588] Daher ist eine Brick-Store-Klausel zunächst ohne weitere Voraussetzungen freigestellt und damit auch für alltägliche Produkte freistellungsfähig. Die Kommission hat allenfalls die Möglichkeit, von ihrem Recht aus Art. 7 VO 19/65/EWG Gebrauch zu machen.

2. Bewertung des Luxuskriteriums

Fraglich ist, in welchen Fällen die Kommission die Freistellung entziehen sollte. Dass der Einkauf in einem Ladengeschäft insbesondere bei Luxusprodukten wesentlich zum Markenimage beitragen kann, ist anerkannt.[589] Die Annahme, dass die Strategie, nur auf stationäre Händler zu setzen, ausschließlich bei Luxusprodukten zu Effizienzgewinnen führen kann, geht jedoch fehl. Die Positionierung als Premiumprodukt ist in praktisch allen Produktbereichen denkbar, gerade auch bei Waren des täglichen Bedarfs. Die Beispiele dafür können beliebig gewählt werden. Im Bereich Mode reicht das Angebot für Kleidungsstücke jeglicher Art von Billig- zu Luxusprodukten. Dies gilt auch für Elektronikprodukte oder Möbel. Auch Alltagsprodukte wie Büromaterialien können als Spitzenprodukte positioniert werden. Unabhängig von der Produktnatur ist es damit Sache des Herstellers, wie er sich am Markt positionieren will.[590]

Maßgeblich ist nicht die Beschaffenheit des Produkts, sondern die Frage, ob der Hersteller sein Vertriebssystem diskriminierungsfrei anwendet.[591] Anhand einer einheitlichen und diskriminierungsfreien Anwendung kann der Betreiber

---

585 Leitlinien, Ziff. 176 Satz 4.

586 *Funke/Just*, KSzW 2010, 151 (160).

587 In diesem Sinne *Wijckmans/Tuytschaever*, Vertical Agreements, 2011, Rn. 6.161.

588 Leitlinien, Ziff. 176 Satz 2.

589 So *Caffarra*, in: Gheur/Petit, Vertical Restraints, 2011, 55 (57); *Velez*, ECLR 2011, 242 (245); *Buettner/Coscelli/Vergé/Winter*, ECJ 2009, 613 (615f.); *Pischel*, GRUR 2008, 1066 (1070); *Rösner*, WRP 2010, 1114 (1119).

590 Vgl. *OLG Karlsruhe*, Urt. v. 25.11.2009 - 6 U 47/08 Kart, MMR 2010, 175 (176); sowie im Ergebnis *Lettl*, WRP 2010, 807 (821).

591 In diesem Sinne *Schultze/Pautke/Wagener*, Vertikal-GVO, 2011, Rn. 772.

des Vertriebssystems deutlich machen, dass die den Händlern auferlegten Beschränkungen tatsächlich dem angestrebten Imagegewinn dienen. Werden die vorgegebenen Vertriebskriterien aber vom Hersteller in anderem Zusammenhang ignoriert, lässt dies darauf schließen, dass er mit der Brick-Store-Klausel nur eine Einschränkung des markeninternen Wettbewerbs bezweckt.[592] In einem solchen Fall ist die Europäische Kommission gehalten, den Rechtsvorteil der Gruppenfreistellung zu entziehen. Im Übrigen setzt sich der Hersteller bei einer diskriminierenden Anwendung seines Vertriebssystems möglichen Belieferungs- und Schadensersatzansprüchen nicht belieferter Händler nach § 20 i.V.m. § 33 Abs. 1 GWB bzw. Art. 101 AEUV i.V.m. § 823 Abs. 2 BGB aus.[593]

III. Verbot des Weiterverkaufs an reine Internethändler

Fraglich ist, ob Hersteller ihren (stationären) Einzelhändlern verbieten können, die Produkte an reine Internethändler zu veräußern. Eine solche Einschränkung beschränkt den Kundenkreis der Händler und verstößt damit gegen Art. 101 Abs. 1 AEUV. Eine Beschränkung des Kundenkreises erfüllt grundsätzlich auch den Tatbestand der Kernbeschränkung nach Art. 4 lit. b Vertikal-GVO. Für selektive Vertriebssysteme ist aber gem. Art. 4 lit. b Ziff. iii Vertikal-GVO eine Ausnahme vorgesehen. Der Verkauf an nicht zugelassene Händler darf demnach im Selektivvertrieb beschränkt werden.

Für nicht-selektive Vertriebssysteme sieht die Vertikal-GVO eine Ausnahme von der Kernbeschränkung jedoch nicht vor. Ein nicht-selektiven Händlern auferlegtes Verbot, an reine Internethändler zu verkaufen, führt damit zum Ausschluss der Gruppenfreistellung.[594] Anderer Ansicht war hier allerdings das OLG München.[595] Es urteilte, dass nicht-selektiven Abnehmern der Absatz über eBay untersagt werden dürfe. Die Zulässigkeit des eBay-Verbots führe dazu, dass die Belieferung von Händlern, die ihrerseits auf diese Weise vertreiben, ausgeschlossen werden könne. Dieser Auffassung kann nicht gefolgt werden. Die Ausnahmen vom Tatbestand der Kernbeschränkung sind in der Vertikal-GVO abschließend geregelt. Es liegt insofern auch keine Regelungslücke vor, da die Europäische Kommission die Möglichkeit des Ausschlusses nicht zugelassener Händler ausdrücklich auf selektive Vertriebssysteme beschränkt hat.

---

592 Vgl. *KG*, Urt. v. 19.9.2013 – 2 U 8/09 Kart, EuZW 2013, 873.

593 Dazu *Stockenhuber*, in: Grabitz/Hilf/Nettesheim, Das Recht der Europäischen Union 47. EL. 2012, Art. 101 Abs. 2 AEUV, Rn. 265.

594 So auch *Mayr*, Internetvertrieb, 2006, S. 193.

595 *OLG München*, Urt. v. 2.7.2009 – U (K) 4842/08, GRUR-RR 2009, 394.

Hersteller, die in nicht-selektiven Vertriebssystemen die Belieferung auf stationäre Händler beschränken wollen, müssen sich also die Frage stellen, ob sie ihr Ziel eines einheitlichen Vertriebs damit gewährleisten können. In aller Regel sollten Hersteller auf den Selektivvertrieb zurückgreifen, wenn der Vertrieb auf Händler mit Ladengeschäft beschränkt werden soll.

C. Umsatz- und Mengenvorgaben für den stationären Vertrieb

Da Totalverbote praktisch nicht durchsetzbar sind,[596] wollen einige Hersteller zumindest den Umfang des Internetvertriebs einschränken. So finden sich offenbar in einigen Vertriebsverträgen Klauseln, wonach die Umsätze im stationären Handel gegenüber den Internetumsätzen „überwiegen" müssen.[597] In der Literatur wird teilweise vertreten, prozentuale Begrenzungen des durch Internetverkäufe erzielten Umsatzes, oder zumindest Umsatzvorgaben für den stationären Handel,[598] seien nach der Rechtsprechung des BGH zumindest im selektiven Vertrieb zulässig.[599] In dem zitierten Fall musste sich der BGH mit dem Fall eines auf Belieferung klagenden, reinen Internethändlers auseinandersetzen.[600] Die Beklagte erlaubte seinen stationären Händlern den Internetverkauf, soweit deren Internetumsatz nicht mehr als maximal 50 % des jeweiligen Gesamtumsatzes ausmachte. Nach Auffassung des Gerichtshofs hatte der Internethändler keinen Belieferungsanspruch. Damit war die Frage der Umsatzbegrenzung nicht entscheidungsrelevant.[601] Zur Zulässigkeit der „50/50-Klausel" musste der BGH nicht Stellung nehmen.[602] Auch wenn zuzugeben ist, dass der Gerichtshof die Klausel unbeanstandet gelassen hat,[603] liegt damit dennoch keine Diskrepanz zwischen der deutschen Rechtsprechung und der Haltung der Europäischen Kommission vor.[604]

---

596 Siehe dazu oben Kap. 1 E.

597 So *Haslinger*, WRP 2009, 279 (281).

598 *Oest/Wagener*, RIW 2012, 35 (41).

599 *Galarza/Gissler*, in: Gheur/Petit, Vertical Restraints, 2011, 169 (177); *Vogel*, JECLaP 2012, 271 (276); *Wiring*, MMR 2010, 659 (660); *Pischel*, GRUR 2008, 1066 (1070); *Haslinger*, WRP 2009, 279 (281).

600 *BGH*, Urt. v. 4.11.2003 – KZR 2/02, MMR 2004, 536 – Depotkosmetik im Internet.

601 So auch *Rheinländer*, WRP 2005, 285 (286).

602 *Janssen*, in: Oelschlägel/Scholz, Versandhandelsrecht, 2013, Rn. 291.

603 *Schultze/Pautke/Wagener*, Vertikal-GVO, 2011, Rn. 756.

604 So aber *Wiring*, MMR 2010, 659 (660).

I. Umsatzbeschränkungen

Die Kommission hat in den Leitlinien deutlich zur Zulässigkeit von Umsatzbeschränkungen für den Internetvertrieb Stellung bezogen. Demnach liegt eine Kernbeschränkung dann vor, „wenn vereinbart wird, dass der Händler den über das Internet getätigten Teil der Gesamtverkäufe begrenzt“[605]. Prozentuale Vorgaben zu Internetverkäufen sind damit nach Ansicht der Kommission verboten.[606] Neben der Kommission sind auch andere, nationale Kartellbehörden der Ansicht, dass Umsatzgrenzen oder Quotenmodelle für den Internethandel nicht vom Kartellverbot freigestellt sind. So hatte die britische Kartellbehörde Klauseln beanstandet, nach denen Händlerrabatte vom Verhältnis zwischen Laden- und Internetverkäufen abhängig waren.[607] Das Bundeskartellamt hatte seinerseits eine Klausel für kartellrechtswidrig eingeordnet, nach der die über Internet-Verkäufe gemachten Umsätze, nicht höher als die Hälfte der stationären Umsätze sein durften.[608]

Dies entspricht auch der Regelung des Art. 4 lit. b Vertikal-GVO, nach der die Beschränkung des Kundenkreises als Kernbeschränkung gilt. Koppelt ein Hersteller die Zahl der erlaubten Verkäufe über das Internet an den Umsatz im Ladengeschäft, können die Händler nur eine „regionale Online-Nachfrage“ an Internetkäufen befriedigen.[609] Die Zahl potentieller Käufer im Internet übersteigt die Zahl möglicher Verkäufe in den stationären Geschäften um ein Vielfaches. So können Umsatzkopplungen dazu führen, dass ein Händler Angebote im Internet wieder löschen muss, wenn er mehr Bestellungen erhalten hat, als er stationär verkauft hat. Umsatzkopplungen beschränken damit die Erreichbarkeit des Kundenkreises der Internetkunden.[610]

II. Absolute Vorgaben für stationären Verkauf

Um einen effektiven Betrieb der Ladengeschäfte sicherzustellen, machen einige Hersteller zumindest absolute Vorgaben für den stationären Verkauf. Fraglich ist, ob solche Vorgaben von der Vertikal-GVO freigestellt werden.

---

605 Leitlinien, Ziff. 52 lit. c.

606 Vgl. *Schultze/Pautke/Wagener*, Vertikal-GVO, 2011, Rn. 757.

607 *Office of Fair Trading*, Pressemitteilung vom 8.9.2006; abrufbar unter: http://www.oft.gov.uk/news-and-updates/press/2006/132-06.

608 *Bundekartellamt*, Tätigkeitsbericht 2005/2006, S. 75; zu Umsatzbeschränkungen siehe auch *Ceffarra*, in: Gheur/Petit, Vertical Restraints, 2011, 55 (71).

609 *Themelis*, IILIT 2012, 346 (358 f.).

610 So auch *Lettl*, WRP 2010, 807 (818).

1. Position der Kommission

Zwar lässt die Kommission – richtigerweise – keine Umsatzvorgaben zu. Damit die Hersteller aber gewährleisten können, dass die Händler das geforderte Ladengeschäft nicht als reines Alibi-Geschäft betreiben, können sie den Händlern nach Ansicht der Kommission absolute Vorgaben machen.[611] Die Anbieter seien nicht daran gehindert, „vom Abnehmer zu verlangen (ohne die Online-Verkäufe des Händlers zu beschränken), dass er das Produkt mindestens in einem nach Wert oder Menge bestimmten absoluten Umfang offline verkauft, um einen effizienten Betrieb seines physischen Verkaufspunkts zu gewährleisten“[612]

2. Bewertung der Freistellung absoluter Umsatzvorgaben

Daran wird kritisiert, dass nur proportionale Vorgaben wirksam seien, um den Internetvertrieb zu beschränken.[613] Absolute Mengenvorgaben seien nicht geeignet, den Online-Handel der Händler zu kontrollieren.[614] Ein selektiv ausgewählter Händler könne in die gesamte Europäische Union verkaufen und gefährde so das Vertriebssystem.[615] Die Vertreter dieser Positionen übersehen jedoch, dass der Ansatz der Kommission gerade darin besteht, den Online-Handel weitgehend zu öffnen und die Kontrolle des Online-Handels durch die Hersteller nur in einem kleinen Umfang zuzulassen. Insbesondere sollen die Händler in der Lage sein, europa- bzw. sogar weltweite Verkäufe vorzunehmen.[616] Insofern stehen die Vertreter dieser Position für den unveränderten Erhalt der etablierten Allein- und Selektivvertriebssysteme. Der Internetvertrieb führt ihrer Meinung nach dazu, dass die Vertriebssysteme erodieren. Ziel des Kartellrechts ist es jedoch, Innovationen durch einen freien Wettbewerb zu fördern. Die pauschale Feststellung, die Vorgabe absoluter Verkaufsmengen nehme den Herstellern die Möglichkeit, ihre Händler zu kontrollieren, zeigt, dass hier einseitige wettbewerbsfeindliche Positionen zugunsten der Abnehmer vertreten werden.

Ein weiterer Einwand gegen die vermeintlich schwachen Kontrollinstrumente der Hersteller besteht darin, dass absolute Umsatzvorgaben nicht davor schützten, dass reine Internethändler durch die Eröffnung eines kleinen Geschäfts

---

611 Dazu näher *Ruppert*, Die neue Vertikal-GVO, 2010, S. 24.

612 Leitlinien, Ziff. 52 lit. c.

613 *Pitkänen*, Selective Distribution Under Article 101 TFEU, 2011, S. 46.

614 *Velez*, ECLR 2011, 242 (245).

615 *Velez*, ECLR 2011, 242 (246).

616 Vgl. Mitteilung der *Kommission*, Digitaler Binnenmarkt, 11.1.2012, KOM(2011) 942 endg.

in den Markt eindringen und diesen letztlich so zerstören könnten.[617] Diesem Einwand will die Kommission offenbar mit der ergänzenden Aussage begegnen, wonach der absolute Umfang der geforderten Offline-Verkäufe für alle Abnehmer identisch sein könne oder „anhand objektiver Kriterien, beispielsweise der Größe des Abnehmers im Vertriebsnetz“[618] festgelegt werden könne. Tatsächlich können absolute Umsatzvorgaben, die von der Größe des Abnehmers abhängig gemacht werden, dazu führen, dass zumindest das Szenario des kleinen Alibigeschäfts eines großen Internethändlers verhindert werden kann.

Dabei ist jedoch fraglich, ob die Möglichkeit flexibler Gestaltungen der absoluten Verkaufsmengen die Öffnung des Internetvertriebs letztlich konterkariert. Die Vorgabe absoluter Verkaufsmengen ist zunächst lediglich eine folgerichtige Entscheidung im Hinblick auf die Zulässigkeit des Ausschlusses reiner Internethändler. Insofern ist es dem Grunde nach zu begrüßen, dass die Kommission den Herstellern dieses Instrument zur Verfügung stellt. Gleichwohl können vertragliche Vereinbarungen zur Menge der offline zu veräußernden Produkte empfindliche Auswirkungen auf den Internetvertrieb haben. Wenn die Anbieter Prognosen über die zu erwartenden Verkäufe durch einen bestimmten Händler treffen können, sind sie auch in der Lage, den Händler durch sorgfältige Vorgaben für den Offline-Verkauf dazu zu zwingen, seinen Fokus auf eben jenen Vertriebskanal zu legen.[619] Auch wenn der Online-Handel, entsprechend dem Ziel der Kommission, so nicht verhindert werden kann, können die Vorgaben letztlich doch dazu führen, dass die Händler nicht vorrangig im Internet operieren können. Damit kann die Vorgabe absoluter Verkaufsmengen den gleichen Effekt haben wie die nicht freistellbaren 50/50-Klauseln und das Ziel der Etablierung eines digitalen Binnenmarkts untergraben.[620] Nach der derzeitigen in den Leitlinien getroffenen Regelung darf der Lieferant seinem Händler zum Beispiel vorgeben, mindestens 1000 Stück der Vertragsprodukte in seinem Ladengeschäft zu verkaufen.[621] Werden ihm aber insgesamt nur 1050 Stück geliefert, führt dies de facto zu einem Internetvertriebsverbot.[622] Hersteller könnten bestrebt sein, weitere Bestellungen des Händlers wegen vermeintlicher Liefer- oder Produktionsschwierigkeiten nur mit Verzögerung oder gar nicht auszuliefern.[623] Es ist

617 *Vogel*, JECLaP 2010, 218 (222); *Velez*, ECLR 2011, 242 (246).
618 Leitlinien, Ziff. 52 lit. c a.E.
619 *Themelis*, IJLIT 2012, 346 (358).
620 *Themelis*, IJLIT 2012, 346 (358).
621 *Janssen*, in: Oelschlägel/Scholz, Versandhandelsrecht, 2013, Rn. 289.
622 *Lettl*, WRP 2010, 807 (818).
623 *Themelis*, IJLIT 2012, 346 (359).

anzunehmen, dass die Kommission solchen Taktiken mit dem Hinweis vorbeugen wollte, dass die Online-Verkäufe des Händlers nicht durch die Vorgabe bestimmter Verkaufszahlen beschränkt werden dürfen.[624]

Gleichwohl bietet die Regelung der Vorgabe absoluter Verkaufsmengen in der derzeitigen Fassung zu viel Raum für Missbrauch. Hersteller dürfen damit rechnen, dass vorgegebene Mengen in beliebiger Höhe zunächst nach der Vertikal-GVO vom Kartellverbot freigestellt sind. Die Kommission muss auch deutlich machen, dass Klauseln, nach denen der Internetverkauf eines Händlers erst dann zulässig ist, wenn er einen bestimmten Offline-Absatz erreicht hat, nicht freistellungsfähig sind.[625] Darüber hinaus ist eine weitere Begrenzung der Mengenvorgaben notwendig, die verhindert, dass derlei Vorgaben den gleichen Effekt wie 50/50-Klauseln haben. Eine neue Ergänzung in den Leitlinien könnte beispielsweise lauten: „Die Mengenvorgaben für den physischen Verkaufspunkt dürfen ein Drittel der insgesamt verkauften Produkte nicht überschreiten." Damit wäre sicher gestellt, dass ein Händler nicht sämtliche Verkaufsanstrengungen auf sein Ladengeschäft konzentrieren muss, wenn abzusehen ist, dass er die Mengenvorgaben möglicherweise nicht erreicht. Darüber hinaus dürfen vermeintliche Lieferschwierigkeiten aufseiten des Herstellers nicht dazu führen, dass ein Händler nur noch offline verkaufen kann.

D. Unterschiedliche Preise für On- und Offline-Verkauf

Eine weitere klassische Strategie zur Kontrolle der Online-Verkäufe besteht in der Praxis darin, dass die Hersteller bei der Preisgestaltung Anreize zur Nutzung des Offline-Verkaufs setzen.[626]

I. Position der Kommission

Die Kommission hat zu sog. Doppelpreisen wie folgt Stellung bezogen:

> „Die Vereinbarung, dass ein Händler für Produkte, die er online weiterverkaufen will, einen höheren Preis zahlen soll als für Produkte, die Offline verkauft werden sollen (‚Doppelpreissystem'), ist eine Kernbeschränkung"[627].

---

624 Leitlinien, Ziff. 52 lit. c.

625 Vgl. *Lettl*, WRP 2010, 807 (818).

626 *Schultze/Pautke/Wagener*, Vertikal-GVO, 2011, Rn. 759; zur Sichtweise der Hersteller von Luxusartikeln *Caffarra*, in: Gheur/Petit, Vertical Restraints, 2011, 55 (67 f. und 74 f.).

627 Leitlinien, Ziff. 64 Satz 1, siehe auch Leitlinien Ziff. 52 lit. d.

Damit will die Kommission eine systematische Benachteiligung von Internetverkäufen vermeiden,[628] bzw. gegen künstlich hohe Online-Preise vorgehen.[629] Zwar sind nicht-marktbeherrschende Hersteller in ihrer Preisgestaltung grundsätzlich frei. Sie können einem reinen Online-Händler also höhere Preise berechnen, als einem stationären Händler.[630] Aber auch nicht marktbeherrschende Unternehmen dürfen ihre Preise nicht daran knüpfen, ob das Produkt vom Händler schließlich offline oder online verkauft wird. Darüber hinaus kann es als abgestimmtes Verhalten gewertet werden, wenn der Hersteller bei einer regelmäßigen Geschäftsbeziehung seine Preise hebt, wenn der Händler im Internet zu günstig verkauft und die Preise entsprechend wieder senkt, sobald sich der Händler den Preisvorstellungen des Herstellers wieder angepasst hat. Der Händler verliert in diesem Fall seine wettbewerbliche Freiheit bei der Preisgestaltung.[631]

Das Bundeskartellamt ist wiederholt gegen Doppelpreissysteme vorgegangen. So wurde ein Hersteller von Navigationsgeräten dafür bebußt, dass er seinen Händlern einen Bonus gewährte, wenn diese die Preise im Internet auf das vorgegebene Mindestpreisniveau anhoben.[632] Darüber hinaus hielt es Rabatte, die Händlern für die Gewährleistung einer fachgerechten Montage, die Inbetriebnahme der Produkte und einen adäquaten After-Sales Service gewährt wurden, für kartellrechtswidrig.[633] Dieses Preismodell mache den Weiterverkauf für Großmärkte, reine Internethändler und Discounter unattraktiv.[634] Damit hielt sich das Bundeskartellamt an die Vorgaben der Kommission. Nach ihrer Auffassung ist eine Ausnahme vom Doppelpreisverbot nur dann möglich, wenn die Online-Verkäufe „für den Hersteller mit erheblich höheren Kosten verbunden sind als offline verkaufte Produkte."[635] Offenbar konnte der Hersteller im vom Bundeskartellamt genannten Fall nicht nachweisen, dass der Online-Verkauf ohne Service mit einer höheren Anzahl an Kundenbeschwerden verbunden

---

628 *Wiring*, MMR 2010, 659 (660).

629 *Robertson*, ECLR 2012, 179 (181).

630 *Janssen*, in: Oelschlägel/Scholz, Versandhandelsrecht, 2013, Rn. 286.

631 *Janssen*, in: Oelschlägel/Scholz, Versandhandelsrecht, 2013, Rn. 286.

632 *Bundeskartellamt*, Fallbericht vom 28.6.2010 – B5 100/09; dazu *Schultze/Pautke/Wagener*, Vertikal-GVO, 2011, Rn. 760; sowie *Janssen*, in: Oelschlägel/Scholz, Versandhandelsrecht, 2013, Rn. 287.

633 *Bundeskartellamt*, Fallbericht vom 13.12.2011 – B5 100/10 – Dornbracht; bestätigt durch *OLG Düsseldorf*, Urt. v. 13.11.2013 – VI-U (Kart) 11/13.

634 Dazu näher *Janssen*, in: Oelschlägel/Scholz, Versandhandelsrecht, 2013, Rn. 288.

635 Leitlinien, Ziff. 64 Satz 3.

war.[636] Nur wenn die fehlenden Serviceleistungen zu höheren Kosten für den Hersteller führen, können unterschiedliche Preise gerechtfertigt sein.[637] Die Hersteller müssen in der Lage sein, die höheren Folgekosten bei Online-Verkäufen konkret nachzuweisen und mit Zahlen zu belegen.[638] Die Doppelpreisstrategie darf zudem nicht dazu führen, dass der Internetvertrieb erschwert wird.[639] Das übliche Argument, wonach Käufe in einem Ladengeschäft aufgrund des Beratungs- und Personalaufwands generell mit höheren Kosten verbunden sind als Online-Käufe, kann folglich ungleiche Verkaufspreise für Online- und Offline-Geschäft nicht rechtfertigen.[640]

II. Bewertung des Verbots dualer Preisstrategien

Die Kommission hat mit dem Verbot von unterschiedlichen Preisen für Online- und Offline-Verkäufe, was auch an den Vertriebsweg geknüpfte Rabattsysteme umfasst, den richtigen Weg gewählt, um eine systematische Benachteiligung des Internetvertriebs zu verhindern. Doppelpreissysteme können dazu führen, dass den Händlern der Anreiz für Internetverkäufe gänzlich genommen wird, was letztlich zu einer Beschränkung ihrer wettbewerblichen Handlungsfreiheit führt. Die Ausnahme von dieser Regelung betrifft nur wenige Fälle und kann – anders als absolute Verkaufsmengen für den stationären Verkauf – nicht als Umgehung des grundsätzlichen Verbots genutzt werden.

Statt Doppelpreisstrategien zu nutzen, können Anbieter zur Unterstützung der Offline-Aktivitäten mit den Händlern eine feste Gebühr vereinbaren.[641] Diese darf allerdings nicht variabel mit dem erzielten Offline-Umsatz steigen. Diese Gebühr oder Prämie darf sich also nicht an Umsätzen oder Mengen orientieren. Vielmehr muss es sich „um eine vorab absolut bestimmte und konkret unveränderliche Leistung" handeln.[642] So kann ausgeschlossen werden, dass die Prämie letztlich doch dem Ziel dient, den Internethandel zu begrenzen.[643]

---

636 Vgl. *Dreyer/Lemberg*, BB 2012, 2004 (2008).
637 Dazu *Wijckmans/Tuytschaever*, Vertical Agreements, 2011, Rn. 6.163.
638 *Schultze/Pautke/Wagener*, Vertikal-GVO, 2011, Rn. 763.
639 Leitlinien, Ziff. 64 Satz 5.
640 *Schultze/Pautke/Wagener*, Vertikal-GVO, 2011, Rn. 762.
641 Leitlinien, Ziff. 52 lit. d a.E.
642 *Lettl*, WRP 2010, 807 (819).
643 *Lettl*, WRP 2010, 807 (819).

Kapitel 4: Gleiche Verkaufspreise für stationären- und Internetvertrieb

Neben Plattformverboten versuchen einige Hersteller, den Internetvertrieb auf andere Weise zu beschränken. Teilweise wird in die Vertriebsverträge eine Klausel eingefügt, wonach der Händler die Vertragsprodukte im stationären Vertrieb nicht teurer verkaufen darf als in seinem Internetshop.[644] Es stellt sich auch bei dieser Klausel die Frage, ob sie gegen das Kartellverbot des Art. 101 Abs. 1 AEUV verstößt und ob sie ggf. von der Gruppenfreistellung erfasst ist.

Die besagte Klausel untersagt den Händlern, die Vertragsprodukte im Internet günstiger anzubieten als im stationären Vertrieb. Im Übrigen bleiben die Abnehmer in der Gestaltung ihrer Wiederverkaufspreise frei. Zur Höhe der Preise macht eine so formulierte Klausel keinerlei Vorgaben. Sie gestattet den Händlern auch, die Vertragsprodukte im Internet teurer zu verkaufen als im Ladengeschäft. Internetshops sind allerdings dafür bekannt, dass Produkte dort regelmäßig günstiger sind als in stationären Geschäften. Abgesehen von möglichen Rabattaktionen der Ladengeschäfte erwarten die Verbraucher jedenfalls im Internet keine höheren Preise als im stationären Vertrieb. Die Händler werden ihre Produkte in aller Regel in ihrem Online-Shop nicht teurer anbieten als in ihrem Ladengeschäft. In der Praxis wird daher kaum ein Händler, der einer solchen Vorgabe unterworfen ist, die Freiheit nutzen, die Vertragsprodukte im Internet teurer als im Ladengeschäft zu verkaufen. Damit wird sich die Klausel voraussichtlich so auswirken, dass die Händler die Vertragsprodukte im Internet zum gleichen Preis anbieten wie im stationären Vertrieb.

Eine solche Klausel führt damit zur Preisparität zwischen dem stationären Vertrieb eines Händlers und seinem Internetvertrieb. Die Klausel wird daher im Folgenden als Preisparitätsklausel bezeichnet. Sie ist nicht zu verwechseln mit Preisparitätsklauseln mancher Internetmarktplätze, die von ihren Nutzern verlangen, die Produkte nirgends günstiger zu verkaufen als auf der betreffenden Plattform.

Fraglich ist, ob eine Preisparitätsklausel für Offline- und Online-Vertrieb den Wettbewerb beschränkt.

---

644 *Buccirossi*, Vertical Restraints for On-Line Sales, 12.2.2013, Ziff. 93; *Caffarra*, in: Gheur/Petit, Vertical Restraints, 2011, 55 (71).

A. Wettbewerbsbeschränkung durch Preisparitätsklausel

Nach Art. 101 Abs. 1 AEUV sind alle Vereinbarungen verboten, die eine Verhinderung, Einschränkung oder Verfälschung des Wettbewerbs bezwecken oder bewirken (Kartellverbot). Darunter fällt insbesondere die unmittelbare oder mittelbare Festsetzung der Verkaufspreise (Art. 101 Abs. 1 lit. a AEUV).[645]

I. Preisbindung

Eine besondere Form der Wettbewerbsbeschränkung ist die Preisbindung gem. Art. 101 Abs. 1 lit. a AEUV. Mindestpreisvereinbarungen fallen nicht nur unter das Kartellverbot, wenn sie zwischen Konkurrenten vereinbart werden.[646] Auch vertikale Preisabsprachen zwischen Herstellern und Händlern beschränken den Wettbewerb.[647] Daneben werden auch Höchstpreisbindungen in der Regel vom Kartellverbot erfasst.[648]

Die hier in Rede stehende Preisparitätsklausel zwingt die Händler dazu, die Vertragsprodukte im Internet mindestens zu dem Preis zu verkaufen, den sie für ihr Ladengeschäft gewählt haben. Umgekehrt dürfen die Händler stationär höchstens den Preis nehmen, den sie in ihrem Online-Shop festgelegt haben. Allerdings kann der Händler den Referenzpreis, der den Mindestpreis für den Online-Shop bzw. den Höchstpreis für das Ladengeschäft vorgibt, autonom festlegen. In dieser Preisgestaltung ist er frei. Damit hat die Preisparitätsklausel weder die Wirkung einer Mindest- noch einer Höchstpreisbindung. Die Preise des Händlers sind nicht gebunden. Daher erfüllt die Preisparitätsklausel nicht den Tatbestand einer Preisbindung gem. Art. 101 Abs. 1 lit. a AEUV.

II. Einschränkung der Handlungsfreiheit

Die Preisparitätsklausel kann außerhalb der Regelbeispiele des Art. 101 Abs. 1 AEUV unter das Kartellverbot fallen. Das setzt voraus, dass eine Wettbewerbsbeschränkung vorliegt.

---

645 Dazu näher *Fuchs*, in: Immenga/Mestmäcker, EU-Wettbewerbsrecht, 2012, Art. 101 Abs. 1 AEUV, Rn. 235 ff.

646 *Zimmer*, in: Immenga/Mestmäcker, GWB, 2007, § 1 GWB, Rn. 243.

647 *Wägenbaur*, in: Loewenheim/Meessen/Riesenkampff, Kartellrecht, 2009, Art. 81 Abs. 1, Rn. 224 ff.

648 *Fuchs*, in: Immenga/Mestmäcker, EU-Wettbewerbsrecht, 2012, Art. 101 Abs. 1 AEUV, Rn. 237.

Der EuGH geht bei der Wettbewerbsbeschränkung vom sog. Selbstständigkeitspostulat aus und knüpft an die den Unternehmen auf einem bestimmten Markt offen stehenden Handlungsmöglichkeiten an.[649] Kern einer Wettbewerbsbeschränkung ist danach die Einschränkung dieser Handlungsmöglichkeiten durch eine Vereinbarung zwischen verschiedenen Unternehmen.[650] Jedes Unternehmen muss sein Wettbewerbsverhalten selbständig bestimmen, also autonome unternehmerische Entscheidungen treffen können.[651]

1. Zwang zu einheitlicher Verkaufsstrategie

Es stellt sich die Frage, welche Auswirkung die Anwendung einheitlicher Preise auf das Wettbewerbsverhalten von Händlern hat. Zur Veranschaulichung der Wirkung einer solchen Preisparitätsklausel sei von dem fiktiven Fall ausgegangen, in dem ein Händler zwei Ladengeschäfte in Gebieten mit jeweils unterschiedlicher Bevölkerungsstruktur betreibt. Der Händler wird in diesem Fall durch eine Preisparitätsklausel gezwungen, in beiden Geschäften die gleichen Preise zu verlangen. Sofern das Einkommensniveau in Gebiet A deutlich höher ist als das in Gebiet B, kann eine solche Klausel den Händler empfindlich schädigen. Entweder nutzt er aufgrund niedriger Preise nicht das Gewinnpotential in Gebiet A aus, in dem die Käufer bereit sind, mehr zu zahlen, oder er findet aufgrund hoher Preise in Gebiet B kaum Käufer. Darüber hinaus kann er auch in einem der beiden Gebiete einem stärkeren Wettbewerb ausgesetzt sein. Diese Konkurrenzsituation würde ihn zu einer für das betroffene Gebiet individuellen Reaktion zwingen. Seine Handlungsmöglichkeiten wären allerdings durch die Preisparitätsklausel deutlich eingeschränkt.

Übertragen auf die in Rede stehende Preisparitätsklausel für den stationären Vertrieb und den Internetvertrieb bedeutet dies, dass Händler, die einer solchen Klausel unterworfen sind, das Potential des Internets nicht vollständig ausnutzen können, da sie ihre Preiskalkulationen stets mit Rücksicht auf das Ladengeschäft durchführen müssen. Abhängig davon, ob Kunden in einem Ladengeschäft oder online einkaufen, haben sie unterschiedliche Präferenzen bei ihrer Kaufentscheidung. Im Internet lassen sich Preise leicht vergleichen. Daher sind diese ein wesentlicher Faktor für die Entscheidung, bei welchem Internethändler der

---

649 Vgl. *EuGH*, Urt. v. 16.12.1975, verb. Rs. 40–48/73, 50/73, 54–56/73, 111/73, 113 u. 114/73, Slg. 1975, 1663 – Zuckermarkt.

650 Vgl. *Heyers*, GRUR-Int 2013, 409 (410).

651 *Gippini-Fournier/Mojzesowicz*, in: Loewenheim/Meessen/Riesenkampff, Kartellrecht, 2009, Art. 81 Abs. 1, Rn. 3.

Kunde das gewünschte Produkt kauft. Dagegen steigt beim stationären Verkauf der Wert persönlicher Beratung. Verbraucher, die persönliche Beratung schätzen, nehmen dafür auch höhere Preise in Kauf.[652] Darüber hinaus greifen viele Käufer gerne auf den „Händler ihres Vertrauens" zurück. Auch sog. Spontankäufe werden in stationären Geschäften häufiger getätigt. Das unterschiedliche Marktumfeld bei Online- und Offlinevertrieb sowie die divergierenden Präferenzen der Kunden machen es daher für den Händler erforderlich, dass er unterschiedliche Verkaufsstrategien für den Ladenverkauf und den Internetvertrieb entwickelt. Daran hindert ihn die Preisparitätsklausel. Der Händler kann die Potentiale beider Vertriebsvarianten nicht voll auszunutzen.

Eine Preisparitätsklausel verpflichtet die Händler, ihre Preise für den Online-und Offline-Vertrieb im Rahmen einer Mischkalkulation für beide Vertriebsformen einheitlich festzulegen. So kann ein Partnerhändler Vorstöße zum Preiswettbewerb mit konkurrierenden Händlern nur für Internetvertrieb und stationären Verkauf gemeinsam, nicht aber nur für eine der beiden Vertriebsformen vornehmen. Die beiden Vertriebsformen können infolgedessen nicht in Konkurrenz treten.

2. Preisparitätsklauseln machen Internetvertrieb unattraktiv

Im Extremfall kann die Preisparitätsklausel einen Händler davon abhalten, überhaupt einen eigenen Internetshop zu eröffnen. Neben der Auferlegung einer solchen Klausel bestehen die Hersteller häufig auf die Einhaltung einer Reihe von Qualitätskriterien für den Internetvertrieb, die der Händler nur durch hohe Investitionen einhalten kann.[653] Werden im Internet bereits vergleichbare Produkte zu deutlich niedrigeren Preisen angeboten, kann dies den Händler vom Online-Markteintritt abhalten. Denn er wäre mit seinem Online-Shop in erster Linie durch niedrige Preise konkurrenzfähig. Die niedrigen Gewinnmargen im Onlinevertrieb würde er nur in Kauf nehmen, wenn er parallel weiter höhere Gewinne im stationären Geschäft durch die dort aufgebaute Kundenstruktur erwarten könnte.

3. Ergebnis: Preisparitätsklauseln beschränken den Wettbewerb

Das Kartellverbot schützt sowohl den Wettbewerb zwischen den Marken (interbrand) als auch den markenintern Wettbewerb (intrabrand).[654] Preisparitätsklauseln

652 Siehe dazu oben Kap. 1 D II.

653 Vgl. *LG Kiel*, Urt. v. 8.11.2013 – 14 O 44/13 Kart.

654 *Gonzalez Díaz*, in: Loewenheim/Meessen/Riesenkampff, Kartellrecht, 2009, Art. 81 Abs. 1, Rn. 3; *Kirchhoff*, in: Wiedemann, Kartellrecht, 2008, § 9, Rn. 1.

beschränken insbesondere den markeninternen Wettbewerb. Wettbewerbsvorstöße durch besonders niedrige Internetpreise und damit einhergehende geringe Gewinnmargen sind für Händler besonders riskant. Denn sie sind in diesem Fall verpflichtet, auf die eigentlich höhere Gewinnmarge im stationären Vertrieb zu verzichten. Daher sind bei Anwendung von Preisparitätsklauseln weniger günstige Angebote im Internet zu erwarten als ohne eine solche Klausel.

Preisparitätsklauseln schränken die den Händlern naturgemäß offen stehenden Handlungsmöglichkeiten ein. Die Händler sind nicht in der Lage, eigene und insbesondere unterschiedliche Vertriebsstrategien für den Online- und den Offline-Vertrieb zu entwickeln. Folglich verstoßen Preisparitätsklauseln gegen das Kartellverbot.

III. Verstoß gegen Kartellverbot durch Preisparitätsklausel im Selektivvertrieb

Nach der Metro-Rechtsprechung des EuGH sind sog. qualitative selektive Vertriebssysteme als ein mit Art. 101 Abs. 1 AEUV vereinbarer Bestandteil des Wettbewerbs und damit nicht als Wettbewerbsbeschränkung anzusehen.[655] Die Preisparitätsklausel könnte von dieser Legalausnahme profitieren und als qualitatives Auswahlkriterium innerhalb eines selektiven Vertriebssystems einzuordnen sein. Eine derartige Preisparitätsklausel war allerdings bisher weder Gegenstand gerichtlicher Entscheidungen noch wurde sie in der Literatur diskutiert.

Ein einheitlicher Offline- und Online-Preis kann das Vertrauen der Kunden in den – durch die Leitlinien geschützten – stationären Handel stärken. Die Preisparitätsklausel gewährleistet, dass die Verbraucher für ihren Weg zum Händler nicht mit einem höheren Preis „bestraft" werden. Sie könnte vor diesem Hintergrund als Qualitätskriterium eingestuft werden, da sie das Vertrauen der Verbraucher in den stationären Handel stärkt und so zu einem positiven Markenimage beiträgt.[656] Außerdem kann sie, so wird behauptet, Trittbrettfahrern aus dem Internet vorbeugen.[657]

Im Selektivvertrieb ist bei der Prüfung des Tatbestandsmerkmals der Wettbewerbsbeschränkung primär auf die Produkteigenschaften, die Selektionskriterien und deren Handhabung sowie auf die den Abnehmern auferlegten Pflichten abzustellen. Die Auswahlkriterien dürfen sich auf die fachliche Eignung des

655 *EuGH*, Urt. v. 25.10.1977 – Rs. 26/76 – Metro I.

656 *Buccirossi*, in: OECD, Vertical Restraints for On-line Sales, 12.9.2013, S. 27.

657 *Buccirossi*, Vertical Restraints for On-Line Sales, 12.2.2013, Ziff. 93; *Caffarra*, in: Gheur/Petit, Vertical Restraints, 2011, 55 (71).

Wiederverkäufers, seines Personals und seiner sachlichen Ausstattung beziehen.[658] Anerkannt wurden insbesondere Anforderungen an Geschäftsausstattung, Kundendienst, Beratungspotential oder Sortimentsbreite eines Handelsbetriebs. Eine das Markenimage fördernde Präsentation der Vertragswaren ist hingegen nicht mehr privilegiert.[659]

Der Preisparitätsklausel kann vor diesem Hintergrund nicht von den Metro-Kriterien profitieren. Im Vergleich zur deutlich spürbaren Einschränkung der Handlungsmöglichkeiten der Händler durch eine solche Klausel, ist eine mögliche Stärkung des Vertrauens in den Fachhandel ein schwaches Argument. Zudem ist nicht ersichtlich, warum nur einseitig diejenigen Kunden geschützt werden sollen, die im Ladengeschäft einkaufen. Nur für diese lässt sich aber ein – lediglich psychologischer – Vorteil durch die Preisparitätsklausel erkennen. Demgegenüber haben Internetkäufer ausschließlich Nachteile durch höhere Preise. Auch der Trittbrettfahrer-Effekt konnte bisher nicht belegt werden. Preisparitätsklauseln verbessern daher weder die Qualität des Vertriebs noch die Produktqualität und werden folglich den Metro-Kriterien des EuGH nicht gerecht. Eine tatbestandliche Privilegierung dieser Klausel im Selektivvertrieb kommt damit nicht in Betracht.

B. Freistellung von Preisparitätsklauseln

Damit stellt sich die Frage, ob Preisparitätsklauseln nach der Vertikal-GVO freigestellt sind. Da es sich um vertikale Vereinbarungen handelt, sind sie gemäß Art. 2 Abs. 1 Vertikal-GVO grundsätzlich von der Freistellung erfasst.[660]

Die Preisparitätsklausel darf nicht unter eine der Kernbeschränkungen von Art. 4 Vertikal-GVO fallen. Art. 4 lit. a Vertikal-GVO untersagt Preisbindungen. Nach Art. 4 lit. b Vertikal-GVO fallen Beschränkungen des Gebiets oder des Kundenkreises, in das oder an den der Partnerhändler verkaufen darf, unter den Tatbestand der Kernbeschränkung und führen zum Ausschluss der Freistellung. Die Kommission nennt in den Leitlinien mehrere Beispiele derartiger Einschränkungen.

---

658 *Zimmer*, in: Immenga/Mestmäcker, EU-Wettbewerbsrecht, 2012, Art. 101 Abs. 1 AEUV, Rn. 237.

659 *EuGH*, Urt. v. 13.10.2011 – C-439/09, Slg. 2011, I-9419, Ziff. 46, MMR 2010, 50 – Pierre Fabre; siehe dazu oben Kap. 2 B IV 1.

660 Dazu näher *Ellger*: in Immenga/Mestmäcker, EU-Wettbewerbsrecht, 2012, Art. 2 Vertikal-GVO, Rn. 49.

I. Preisbindung

Gemäß Art. 4 lit. a Vertikal-GVO entfällt die Freistellung für vertikale Vereinbarungen, die die Möglichkeiten des Händlers beschränken, seinen Verkaufspreis selbst festzusetzen.[661] Jede unmittelbare und mittelbare Beschränkung der Preissetzungsfreiheit der Abnehmer wird von dieser Vorschrift erfasst. Zum einen sind Vorgaben der Hersteller verboten, die einheitliche Preise für alle Kunden des Abnehmers vorsehen. Zum anderen erfasst die Vorschrift auch Vorgaben, die den Händler zu einer differenzierten Preisgestaltung gegenüber unterschiedlichen Vertriebskanälen verpflichten.[662] Diese Verpflichtung kann insbesondere eine Preisdifferenzierung zwischen Internet- und stationärem Vertrieb betreffen.

Eine Preisparitätsklausel bewirkt genau das Gegenteil der letztgenannten Alternative. Sie sorgt dafür, dass der Abnehmer einheitliche Preise im Internet und im Ladengeschäft verlangen muss. Fraglich ist aber, ob die von Art. 4 lit. a Vertikal-GVO geschützte Preisbildungsfreiheit[663] dadurch verletzt ist.

1. Verletzung der Preisbildungsfreiheit

Nach dem Wortlaut der Vorschrift entfällt die Freistellung dann, wenn die Möglichkeit des Händlers beschränkt wird, „seinen Verkaufspreis" selbst festzusetzen. Die Norm spricht also vom Verkaufspreis im Singular. Das spricht dafür, dass die Preisbildungsfreiheit nicht verletzt wird, wenn der Abnehmer, wie bei der Preisparitätsklausel, seinen Referenzpreis selbst festlegen kann. Welchen einheitlichen Preis er nimmt, steht dem Händler völlig frei. Auch der weitere Inhalt von Art. 4 lit. a Vertikal-GVO legt die Deutung nahe, dass Preisparitätsklauseln nicht erfasst sind. Danach sind Höchstpreise gestattet, wenn sie sich nicht tatsächlich wie Fest- oder Mindestverkaufspreise auswirken. Das spricht ebenfalls dafür, dass einheitliche Preise nur dann gegen Art. 4 lit. a Vertikal-GVO verstoßen, wenn diese ein bestimmtes Mindestniveau haben.

Demgegenüber ließe sich einwenden, dass die Verpflichtung zu einer differenzierten Preisgestaltung, etwa durch Festsetzung bestimmter Margen,[664] auch keinen Mindest- oder Festpreis zum Gegenstand hat und dennoch die Freistellung nach Art. 4 lit. a Vertikal-GVO entfallen lässt. Bei näherer Betrachtung zeigt

661 *Schultze/Pautke/Wagener*, Vertikal-GVO, 2011, Rn. 519.

662 *Schultze/Pautke/Wagener*, Vertikal-GVO, 2011, Rn. 528.

663 *Ellger*: in Immenga/Mestmäcker, EU-Wettbewerbsrecht, 2012, Art. 4 Vertikal-GVO, Rn. 14.

664 Dazu näher *Schuhmacher*, in: Liebscher/Flohr/Petsche, EU-Gruppenfreistellungsverordnungen, 2012, § 8, Rn. 52.

sich jedoch, dass die beiden Fälle unterschiedlich gelagert sind. Schreibt der Hersteller seinem Abnehmer bestimmte Preisunterschiede für die unterschiedlichen Absatzkanäle vor, kann er die Preise, die der Händler auf bestimmten Vertriebswegen mindestens nehmen wird, weitgehend vorhersehen. Damit ist die Wahrscheinlichkeit höher, dass sich Verpflichtungen zu differenzierten Preisstellungen auf unterschiedlichen Vertriebswegen wie Mindestpreise auswirken als dies bei der Vorgabe einheitlicher Preise, also bei Preisparitätsklauseln der Fall ist.

2. Ergebnis

Die Reichweite des Verbots von Preisbindungen darf nicht überdehnt werden. Diskriminierungen bestimmter Absatzwege werden von Art. 4 lit. b Vertikal-GVO erfasst. Lit. a beschränkt sich auf die direkte und indirekte Festsetzung von Mindest- oder Festpreisen. Preisparitätsklauseln erfüllen nicht den Tatbestand der Kernbeschränkung nach Art. 4 lit. a Vertikal-GVO.

II. Beschränkung des Kundenkreises durch Preisparitätsklausel

Preisparitätsklauseln könnten jedoch den Kundenkreis der Internetkunden beschränken und so die Kernbeschränkung des Art. 4 lit. b Vertikal-GVO erfüllen. Es sei daran erinnert, dass die Voraussetzungen dieser Vorschrift bereits dann erfüllt sind, wenn die Erreichbarkeit eines Kundenkreises eingeschränkt wird. Der Kundenkreis muss nicht vollständig ausgeschlossen werden.[665]

1. Vergleichbarkeit mit dualer Preisstrategie

Eine Möglichkeit, den Internetvertrieb zu kontrollieren, liegt in dualen Preisstrategien für den Online- und Offline-Verkauf.[666] So liegt nach Ansicht der Kommission[667] eine Kernbeschränkung beispielsweise dann vor, wenn der Händler für Produkte, die er online weiterverkaufen will, einen höheren Preis zahlen muss als für Produkte, die offline verkauft werden sollen. Eine Preisparitätsklausel sieht allerdings keine solche duale Preisstrategie für Online- und Offline-Verkäufe vor. Vielmehr zahlen die Händler an den Hersteller einen einheitlichen Preis für die Vertragsprodukte, unabhängig davon, ob sie über das Internet oder im Ladengeschäft verkauft werden.

---

665 Siehe oben Kap. 2 C I 2.

666 *Schultze/Pautke/Wagener*, Vertikal-GVO, 2011, Rn. 759.

667 Leitlinien, Ziff. 52 lit. d und Ziff. 64 Satz 1.

2. Benachteiligung des Internetvertriebs

Beschränkungen des Kundenkreises liegen nach Ansicht der Kommission insbesondere vor, wenn die Händler davon abgehalten werden, das Internet zu benutzen, um mehr und andere Kunden zu erreichen, wenn ihnen Qualitätskriterien für die Verwendung des Internets auferlegt werden, die mit den Qualitätsanforderungen für den stationären Vertrieb nicht gleichwertig sind.[668] Die Vorgaben für das Online-Geschäft dürfen vom Anbieter also nicht dazu genutzt werden, dass dem Händler für den Internetvertrieb höhere Hürden auferlegt werden, als diese für den stationären Verkauf gefordert werden.[669]

Internetkunden sind als eigener Kundenkreis einzuordnen.[670] Dieser Kundenkreis besteht aus der Gesamtheit der Abnehmer, die die Möglichkeit haben und bereit sind, online einzukaufen.[671] Somit bilden sie eine Mehrheit von Kunden nach abstrakten Merkmalen.[672] Die Kommission liegt folglich mit ihrer Position richtig, wonach Einschränkungen der Erreichbarkeit der Internetkunden unter den Tatbestand der Kernbeschränkung fallen.

Wie bereits festgestellt, hindert die Preisparitätsklausel die Händler daran, individuelle Verkaufsstrategien für das Internet zu entwickeln. Der Verkauf über das Internet wird gerade für Händler mit einer großen Anzahl an Stammkunden unattraktiv, wenn sie die Preise ihres Ladengeschäfts stets an die Internetpreise anpassen müssen. Zwar schränkt eine Preisparitätsklausel formal die Nutzung des Internets nicht ein. Doch mehr und andere Kunden können über das Internet in aller Regel nur über niedrige Preise erreicht werden. Die Verpflichtung zur Preisparität kann Händler aber davon abschrecken, die Vertragsprodukte im Internet besonders günstig anzubieten. Schließlich kann die Klausel sogar dazu führen, dass die Händler vollständig auf die Einrichtung eines eigenen Online-Shops verzichten. Eine Preisparitätsklausel hält Händler folglich davon ab, das Internet zu benutzen, um mehr und andere Kunden zu erreichen. Sie beschränkt die Erreichbarkeit des Kundenkreises der Internetkunden.

---

668 Leitlinien, Ziff. 56 Satz 4.

669 Vgl. *Schultze/Pautke/Wagener*, Vertikal-GVO, 2011, Rn. 766

670 Siehe oben Kap. 1 C.

671 *Ellger*, in: Immenga/Mestmäcker, EU-Wettbewerbsrecht, 2012, Art. 4 Vertikal-GVO, Rn. 58.

672 Vgl. *Ellger*, in: Immenga/Mestmäcker, EU-Wettbewerbsrecht, 2012, Art. 4 Vertikal-GVO, Rn. 42.

3. *Preisparitätsklausel als Qualitätskriterium*

Es ist jedoch zu berücksichtigen, dass die Kommission eine Ausnahme von ihren eigenen Vorgaben zulässt. Die Erreichbarkeit der Internetkunden darf nach dem Äquivalenztest durch Qualitätskriterien beschränkt werden, wenn gleichwertige Kriterien auch für den stationären Vertrieb gelten.

Die Preisparitätsklausel müsste folglich ein Qualitätskriterium darstellen. Als Beispiel für Qualitätsanforderungen nennen die Leitlinien das Kriterium, wonach der Händler über eine oder mehrere physische Verkaufspunkte verfügen muss, oder dass der Händler die Produkte im Online-Vertrieb nicht über Drittplattformen mit fremdem Logo, z.B. über eBay oder Amazon Marketplace, verkauft.[673] Darüber hinaus darf der Hersteller Anforderungen stellen, die dem Schutz seines Vertriebssystems dienen.[674] Innerhalb der Frage, ob bestimmte Kriterien gegen das Kartellverbot verstoßen, wurden auch Vorgaben an die Produktpräsentation als Qualitätsanforderung anerkannt. Zwei Bezugspunkte sind für Qualitätskriterien damit nach Ansicht der Kommission gestattet. Einschränkungen des Internetvertriebs können zum einen ihren Grund in der Beschaffenheit der Vertragsprodukte selbst haben. Das ist insbesondere der Fall, wenn von den Händlern umfangreiche Beratungsleistungen im Shop und im Internet verlangt werden und diese auch zum Qualitätserhalt notwendig sind. Zum anderen können Qualitätskriterien auch in der Pflege des Vertriebssystems begründet sein.

In seltenen Ausnahmefällen können Anreize, Verkäufe bevorzugt über das Ladengeschäft abzuwickeln, zulässig sein. Ein solcher Fall kommt in Betracht, wenn dadurch ein echter Mehraufwand, der mit dem stationären Verkauf verbunden ist, abgegolten wird.[675] Doch dafür müsste die Preisparitätsklausel überhaupt einen Anreiz für den stationären Verkauf setzen. Sie schränkt jedoch lediglich den Internetverkauf durch die mangelnde Preisflexibilität ein. Besondere Anreize die mit der Einschränkung der wirtschaftlichen Handlungsfreiheit durch die Klausel einhergehen, sind nicht erkennbar.

Die Preisparitätsklausel schützt weder die Produktqualität, noch dient sie der Pflege des Vertriebssystems. Damit kann sie nicht als Qualitätskriterium eingeordnet werden. Sie verstößt gegen Art. 4 lit. b Vertikal-GVO.

673 Leitlinien, Ziff. 54 Satz 5 f.

674 Leitlinien, Ziff. 56.

675 *Schultze/Pautke/Wagener*, Vertikal-GVO, 2011, Rn. 762.

C. Ergebnis

Preisparitätsklauseln, also Vorgaben zu einheitlichen Preisen für den Online- und Offline-Vertrieb, schränken die wirtschaftliche Handlungsfreiheit der Händler erheblich ein. Derartige Klauseln nehmen den Händlern die Möglichkeit, für den Internetvertrieb ein eigenes, vom stationären Vertrieb unabhängiges Vertriebskonzept zu entwickeln. Sie beschränken daher den Wettbewerb und verstoßen gegen das Kartellverbot.

Eine Gruppenfreistellung nach der Vertikal-GVO kommt für Preisparitätsklauseln ebenfalls nicht in Betracht. Sie beschränken die Erreichbarkeit der Internetkunden und erfüllen so den Tatbestand der Kernbeschränkung des Art. 4 lit. b Vertikal-GVO.

Eine Einzelfreistellung kommt ebenfalls nicht in Betracht. Wettbewerbsbeschränkende Vereinbarungen müssen, um von dieser Möglichkeit zu profitieren, zur Verbesserung der Warenerzeugung und -verteilung oder zur Förderung des technischen oder wirtschaftlichen Fortschritts beitragen. Es ist nicht erkennbar, dass Preisparitätsklauseln entsprechende Vorteile beinhalten.

Kapitel 5: Qualitätskriterien für den Internetvertrieb

Sowohl im selektiven Vertrieb als auch im offenen Vertrieb ist es den Herstellern gestattet, qualitative Anforderungen an das Angebot der Händler im Internet zu stellen, um eine angemessene Darstellung der Marken zu erreichen und die Qualität des Vertriebs zu sichern.[676] Wie die Kommission in den Leitlinien deutlich macht, „kann der Anbieter nach der GVO Qualitätsanforderungen an die Verwendung des Internets zum Weiterverkauf seiner Waren stellen“[677].

Beispiele für Qualitätskriterien für den Internetvertrieb, die den Händlern in der Praxis regelmäßig auferlegt werden, sind schnelle Reaktionsgeschwindigkeiten bzw. kurze Aufbauzeiten der Internetseite, Vorgaben zur Abbildung der Vertragsprodukte und Aufnahme von bestimmten Produkthinweisen.[678] Auch 3D-Animationen der Produkte und akustische bzw. visuelle Untermalungen werden teilweise gefordert.[679] Die kartellrechtliche Zulässigkeit dieser und weiterer Qualitätsvorgaben wird im weiteren Verlauf besprochen.

A. Äquivalenztest

Grundbedingung für die Zulässigkeit von Qualitätsanforderungen für den Internetvertrieb ist die Gleichwertigkeit mit den Kriterien, die für den Verkauf im Ladengeschäft festgelegt wurden. In den Leitlinien heißt es:

> „Die Kommission sieht (...) jede Verpflichtung als Kernbeschränkung an, die die Vertragshändler davon abhält, das Internet zu benutzen, um mehr und andere Kunden zu erreichen, indem ihnen Kriterien für Online-Verkäufe auferlegt werden, die insgesamt den Kriterien für Verkäufe im physischen Verkaufspunkt nicht gleichwertig sind.“[680]

---

676 Statt vieler *Whish/Bailey*, CMLR 2010, 1757 (1781); *Rösner*, WRP 2010, 1114 (1120).
677 Leitlinien, Ziff. 54 Satz 1.
678 *Schultze/Pautke/Wagener*, Vertikal-GVO, 2011, Rn. 767.
679 *Haslinger*, WRP 2009, 279 (283).
680 Leitlinien, Ziff. 56 Satz 4.

Diese Voraussetzung wird in der Literatur allgemein als Äquivalenztest bezeichnet (bzw. in der englischsprachigen Literatur equivalence requirement).[681]

I. Genauigkeit des Äquivalenztests

In der Literatur wird dieser Test regelmäßig kritisiert und als unpräzise bezeichnet.[682] Er sei nicht nur restriktiv, sondern versuche zwei Vertriebswege gleichzustellen, die von Natur aus unterschiedlich sind.[683] Ob eine Vorgabe für den Online-Verkauf gleichwertig ist mit einem Kriterium für den stationären Vertrieb könne nur vage bestimmt werden und führe damit zu erheblicher rechtlicher Unsicherheit.[684] Die Abstimmung der Kriterien sei eine Gratwanderung.[685] Das könne dazu führen, dass Unternehmen auch dann europäisches Kartellrecht verletzen, wenn sie sich an die Regeln halten wollen. Im Ergebnis setzten sie sich einem Bußgeldrisiko aus. Das Äquivalenzkriterium hindere die Unternehmen folglich daran, neue innovative Vertriebskonzepte zu etablieren. Erschwerend komme hinzu, dass Hersteller ihr Vertriebskonzept nicht mehr im Vorhinein der Kommission vorlegen können, sondern es selbst beurteilen müssen.[686] Das Kriterium der Gleichwertigkeit sei daher nicht überzeugend. Vielmehr solle für den Online-Vertrieb direkt auf eine sachliche Rechtfertigung der einzelnen Kriterien unter besonderer Berücksichtigung der Beschaffenheit des Produkts abgestellt werden.[687]

II. Bewertung der Äquivalenztests

Es stellt sich daher die Frage, ob die Kommission mit dem Äquivalenztest den richtigen Weg eingeschlagen hat. Den Kritikern ist zuzugestehen, dass für den Vertrieb über das Internet häufig andere Bedingungen gelten als beim stationären Vertrieb.[688] Die beiden Vertriebskanäle sind in vielen Punkten nicht vergleichbar. Allerdings ist der Vorschlag, dass die Kommission für den Internetvertrieb

681 *Schultze/Pautke/Wagener*, Vertikal-GVO, 2011, Rn. 766; *Wijckmans/Tuytschaever*, Vertical Agreements, 2011, Rn. 6.167; *Pitkänen*, Selective Distribution Under Article 101 TFEU, 2011, S. 48; *Velez*, ECLR 2011, 242 (245).

682 *Galarza/Gissler*, in: Gheur/Petit, Vertical Restraints, 2011, 169 (178).

683 *Velez*, ECLR 2011, 242 (245).

684 *Polley*, CR 2010, 625 (629).

685 *Schulze zur Wiesche*, K&R 2010, 541 (544).

686 *Velez*, ECLR 2011, 242 (245); kritisch auch *Galarza/Gissler*, Selective Distribution, GCP March 2009, S. 7; sowie Stellungnahme der *GRUR*, GRUR 2010, 37 (38).

687 *Seeliger/Klauß*, GWR 2010, 233 (235).

688 Vgl. *Themelis*, IJLIT 2012, 346 (347).

einen Katalog zulässiger Qualitätskriterien abhängig von der Produktbeschaffenheit veröffentlicht,[689] nicht zielführend. Es ist Sache des Herstellers, in welchem Marktsegment er sich mit seinen Produkten positioniert.[690] Produkte jeglicher Kategorie lassen sich als hochpreisige Spitzenprodukte vermarkten.[691] Umgekehrt ist es nicht zwingend, dass die Qualitätsstandards beim Vertrieb für technisch komplexe Produkte besonders hoch sein müssen. Informierte Verbraucher können an den entsprechenden Produkten auch ohne jegliche Beratung, hochwertige Präsentation oder besonderen Service Interesse haben und sich für den Kauf entscheiden. Ob der Hersteller den Kunden diesen Service zukommen lassen will oder nicht, ist eine Frage seiner Vertriebsstrategie. Daher kann die Zulässigkeit bestimmter Qualitätskriterien nicht abstrakt anhand der Beschaffenheit der Waren festgelegt werden. Die Forderung nach mehr Rechtssicherheit durch genauere Vorgaben könnte daher rasch zum Bumerang werden. Machte die Kommission genaue Vorgaben zu den im Einzelnen zulässigen Kriterien, unterlägen die Unternehmen im Ergebnis einer stärkeren Beschränkung als nach der derzeitigen Regelung. Gerade dadurch würde die Innovationskraft der Hersteller beim Vertrieb eingeschränkt.

Trotz der erheblichen Unterschiede im Online- und Offline-Vertrieb ist es keineswegs so, dass der Äquivalenztest allenfalls zu vagen Ergebnissen führt. Bei Vorgaben zur Abbildung der Produkte, zur Servergeschwindigkeit und zur Produktbeschreibung dürfte es selten Diskrepanzen zu den Vorgaben beim stationären Vertrieb geben.[692] Es kommt hier lediglich darauf an, dass der Händler ein angenehmes Verkaufsumfeld zu schaffen verpflichtet ist. Im Übrigen sieht die Kommission selbst, dass die Kriterien nicht stets identisch sein können. Es kommt ihr vielmehr darauf an, dass mit ihnen dieselben Ziele verfolgt und vergleichbare Ergebnisse erzielt werden sollen.[693] Insofern geht es auch nicht um die Gleichstellung von stationärem Vertrieb und Internetvertrieb. Die Hersteller sind im Übrigen durchaus in der Lage, selbst zu beurteilen, ob es ihnen um einheitliche Qualitätsstandards geht, oder ob sie den Internetvertrieb gegenüber

689 Stellungnahme der *GRUR*, GRUR 2010, 37 (38).

690 So auch *OLG Karlsruhe*, Urt. v. 25.11.2009 – 6 U 47/08 Kart, MMR 2010, 175 (176); sowie im Ergebnis *Lettl*, WRP 2010, 807 (821).

691 Siehe oben Kap. 3 B II 2.

692 *Schultze/Pautke/Wagener*, Vertikal-GVO, 2011, Rn. 767; *Wijckmans/Tuytschaver*, Vertical Agreements, 2011, Rn. 6.169 gehen hingegen davon aus, dass diese Kriterien unabhängig vom Äquivalenztest zulässig sind.

693 Leitlinien, Ziff. 56 Satz 5.

dem stationären Vertrieb benachteiligen wollen und somit gegen die Kernbeschränkung des Art. 4 lit. b Vertikal-GVO verstoßen.

Der Äquivalenztest berücksichtigt sowohl die Interessen der Hersteller als auch die der Händler. Den Betreibern von selektiven Vertriebssystemen ist es gestattet, ihren Händler Qualitätsanforderungen für den stationären Vertrieb aufzuerlegen. Qualitative Beschränkungen des stationären Vertriebs beziehen sich üblicherweise auf die fachliche Eignung des Händlers, die Ausstattung seiner Verkaufsräume, von ihm erwartete Serviceleistungen oder auf ähnliche objektive Merkmale.[694] Zudem dürfen Hersteller eine angemessene Präsentation verlangen.[695] Diese Anforderungen sollen die Anbieter auch auf das Internet übertragen können, etwa indem sie kurze Zeiten für den Seitenaufbau, jeweils mehrere Produktbilder und Beratungsleistungen auch für den Onlineverkauf vorschreiben. Das Gleichwertigkeitskriterium gewährleistet im Interesse der Hersteller, dass nicht nur der stationäre Verkauf, sondern auch der Internetvertrieb bis zu einem gewissen Grad im Hinblick auf Produktqualität und Image kontrolliert werden kann. Demgegenüber liegt es im Interesse der Händler, dass ihnen für den Internetvertrieb keine höheren Hürden auferlegt werden als für den stationären Vertrieb.[696]

Diese beiden Grundgedanken des Äquivalenztests – Ausweitung der Qualitätskriterien auf den Internetvertrieb, jedoch keine überschießenden Einschränkungen – sind nicht zu beanstanden. Eine Reihe von Beschränkungen können anhand dieses Tests zuverlässig auf ihre Zulässigkeit überprüft werden. Schreiben die Hersteller ihren Händler im stationären Verkauf z.B. vor, den Kunden Beratungsleistungen anzubieten, darf dies auch für das Internet gefordert werden. Ist der Händler offline allerdings dazu nicht verpflichtet, wäre eine entsprechende Verpflichtung für den Online-Verkauf eine Kernbeschränkung, da es dem Hersteller offenbar ausschließlich auf die Einschränkung des Internetvertriebs, nicht aber auf Qualitätsgewinne im Vertrieb ankommt. Der Äquivalenztest ist daher ein angemessenes und flexibles Instrument zur kartellrechtlichen Beurteilung von Vorgaben für den Internetvertrieb. Als Grundregel gilt: Je höher die Maßstäbe für den stationären Vertrieb sind, desto höhere Standards kann der Hersteller an den Internetvertrieb anlegen.[697]

---

694 *Kirchhoff*, in: Wiedemann, Kartellrecht, 2008, Vertikal-GVO, Rn. 282.

695 Entscheidung der *Kommission* vom 21.12.1976, ABl. 1977 L 30/10 (11) – Junghans; Entscheidung der *Kommission* vom 5.12.1983, ABl. 1983 L 348/20 (22) – Murat; vgl. *Kirchhoff*, in: Wiedemann, Kartellrecht, 2008, Vertikal-GVO, Rn. 284.

696 *Schultze/Pautke/Wagener*, Vertikal-GVO, 2011, Rn. 766.

697 *Schultze/Pautke/Wagener*, Vertikal-GVO, 2011, Rn. 766.

B. Qualitätsvorgaben im Einzelnen

Qualitätsvorgaben für den Internetvertrieb sind sowohl im offenen als auch im selektiven Vertrieb zulässig. Gleichwohl betont die Kommission, dass Qualitätsanforderungen „insbesondere für den selektiven Vertrieb" von Bedeutung seien.[698] Das führt aber nicht dazu, dass bei der kartellrechtlichen Beurteilung der Online-Kriterien nach der Art des Vertriebssystems differenziert werden muss. Selektive Vertriebssysteme machen es dem Hersteller jedoch leichter, die Gleichwertigkeit der Vertriebskriterien nachzuweisen. Insofern bietet der Selektivvertrieb die „weitreichendsten Gestaltungsmöglichkeiten".[699] Außerhalb des selektiven Vertriebs wird ein Hersteller beispielsweise keine telefonische Beratung durch die Online-Händler fordern können, wenn er seine Produkte regelmäßig über Discounter absetzt, die keine Beratungsleistungen anbieten.

In der Literatur ist man sich einig, dass Vorgaben zur fotografischen Abbildung der Waren, zur Reaktionsgeschwindigkeit der Server[700] bzw. der Internetseite oder die Verpflichtung, Produktbeschreibungen aufzunehmen, in aller Regel zulässig sind.[701] Dabei handelt es sich in aller Regel um Mindestanforderungen, die die Hersteller an den Internetvertrieb stellen.[702] Für deren Zulässigkeit reicht schon aus, dass der Hersteller bei der Belieferung stationärer Händler in erster Linie solche auswählt, die den Kunden Beratungsleistungen beim Kauf anbieten. Die Online-Kriterien sind in diesem Fall gleichwertig zu den Offline-Bedingungen. Vorgaben wie 3D-Animationen, virtuelle Shop-in-Shop-Systeme oder Präsentation ausschließlich mit ausgewählten anderen Produkten, besondere Beratungsleistungen sowie eine umfassende Syndikation der Händler-Seite mit der Seite des Herstellers, bedürfen einer gesonderten Betrachtung.

---

698 Leitlinien, Ziff. 54 Satz 3.

699 *Schultze/Pautke/Wagener*, Vertikal-GVO, 2011, Rn. 766.

700 *Nolte*, in: Langen/Bunte, Kartellrecht, 2010, Art. 81, Fallgruppen, Rn. 604.

701 *Ellger*, in: Immenga/Mestmäcker, EU-Wettbewerbsrecht, 2012, Art. 4 Vertikal-GVO, Rn. 55; *Schultze/Pautke/Wagener*, Vertikal-GVO, 2011, Rn. 766; *Wijckmans/Tuytschaver*, Vertical Agreements, 2011, Rn. 6.169; *Goyder*, EU Distribution Law, 2011, S. 141; *Petsche/Lager*, in: Liebscher/Flohr/Petsche, Handbuch der EU-Gruppenfreistellungsverordnungen, 2012, § 7, Rn. 114; *Caffarra*, in: Gheur/Petit, Vertical Restraints, 2011, 55 (67); *Fesenmair*, GRUR-Prax 2013, 283 (284); *Malec/von Bodungen*, BB 2010, 2383 (2388); *Haslinger*, WRP 2009, 279 (283).

702 So unter anderem adidas nach *Kürten*, GRUR-Prax 2013, 286.

I. 3D-Animationen

Qualitätsvorgaben für den Internetvertrieb dürfen nicht so weit gehen, dass die Händler aufgrund des hohen Aufwands letztlich vom Online-Verkauf Abstand nehmen.[703] Die Erstellung von 3D-Dateien von jedem einzelnen Produkt kann für die Händler mit einem großen und vor allem kostspieligen Aufwand verbunden sein. Sofern dies von den Händlern nicht geleistet werden kann, muss der Hersteller die Dateien zur Verfügung stellen um dem Händler den Online-Verkauf zu ermöglichen. Das hat für die Anbieter auch den Vorteil der einheitlichen Präsentation seiner Produkte.

Die Anforderung, die Produkte im Internet mittels 3D-Animationen zu präsentieren, verstößt gegen das Äquivalenzkriterium, wenn der Verkauf auch über Geschäfte erfolgt, die die Produkte lediglich in den Verpackungen verkaufen und kein Ausstellungsstück zur Ansicht anbieten. Dies ist bei Discountern regelmäßig der Fall. Nach dem derzeitigen Stand der Technik muss auf den Computern der Kunden zudem eine spezielle Software installiert sein, die die Anzeige der Animationen ermöglicht. Außerdem lassen sich solche Darstellungen häufig nicht auf Smartphones oder Tablets anzeigen. Die Vorgabe, die Produkte in 3D-Animationen anzuzeigen, kann daher dazu führen, dass manche potentielle Kunden gar keine Ansicht erhalten. Dies würde die Erreichbarkeit der Internetkunden beschränken. So lange sich 3D-Animationen bzw. 360°-Darstellungen nicht für alle Nutzer wie fotografische Abbildungen eingebunden werden können, müssen die Hersteller den Händler also gestatten, daneben auch eine rein fotografische Ansicht anzubieten. Im Übrigen sind 3D-Darstellungen als Vorgabe im Vertriebsvertrag von der Vertikal-GVO freigestellt.[704]

II. Virtuelles Shop-in-Shop-System

Virtuelle sog. Shop-in-Shop-Systeme bzw. separate Brand-Shops[705] werden häufig als zulässig eingestuft, wenn der Hersteller z.B. auch für den Vertrieb über Kaufhäuser solche Shop-in-Shop-Lösungen fordert.[706] Die Zulässigkeit der Vorgabe, im Internet separate Brand-Shops zu betreiben, hängt jedoch entscheidend davon ab, wie diese im Einzelnen ausgestaltet werden müssen.[707] Die Händler haben in ihren Online-Shops unzählige Möglichkeiten zur Anzeige der

---

703 *Schultze/Pautke/Wagener*, Vertikal-GVO, 2011, Rn. 766.

704 *Hülsen*, ZVertriebsR 2012, 299 (305).

705 *Fesenmair*, GRUR-Prax 2013, 283 (284).

706 *Kürten*, GRUR-Prax 2013, 286 (286).

707 *Schultze/Pautke/Wagener*, Vertikal-GVO, 2011, Rn. 768.

angebotenen Produkte. So können sich die Kunden die Produkte in aller Regel nach Marke, Produktkategorie, Preis, bei Modeartikeln häufig auch noch nach Farbe oder Größe anzeigen lassen. Es ist regelmäßig zulässig, wenn der Anbieter seine Händler dazu verpflichtet, dass die Kunden mit einem Klick auf seine Marke einen Überblick über sämtliche von dieser Marke verfügbaren Produkte erhalten. Die Möglichkeit, die Produkte nach der Marke zu sortieren, hat sich in Online-Shops mittlerweile so weit durchgesetzt, dass dies von den Kunden auch so gewünscht und erwartet wird. Daher kann der Hersteller dies auch dann fordern, wenn er von seinen Händlern in den Ladengeschäften keine Shop-in-Shop-Bereiche verlangt. Es handelt sich dabei vielmehr um ein einfach zu verwirklichendes, internetspezifisches Qualitätskriterium. Dabei sei nochmal daran erinnert, dass die Kriterien für Online- und Offline-Vertrieb nicht identisch sein müssen.[708]

Soweit der Hersteller aber verlangt, dass die Produkte ausschließlich in einem separaten Markenshop oder nicht neben vermeintlichen Billigmarken angezeigt werden, schränkt dies den Händler bei seinen Angebotsmöglichkeiten im Online-Umfeld erheblich ein. Es lässt sich auch kaum begründen, dass ein solches Kriterium gleichwertig mit den Offline-Bedingungen ist. Unabhängig davon, ob der Verkauf in Ladengeschäften mittels Shop-in-Shop-Systemen verläuft, können sich die Kunden beim Verkaufspersonal stets nach günstigeren Produkten der vergleichbaren Kategorie informieren. Diese Möglichkeit wäre den Kunden im Internet verwehrt. Nur wenn die Händler in ihren Ladengeschäften bestimmte Billigprodukte gar nicht anbieten, kann der Hersteller auch für den Verkauf im Internet verlangen, dass seine Produkte nicht neben diesen Produkten angezeigt werden. In allen anderen Fällen muss es den Händlern frei stehen, dass sie ihren Kunden auch die Möglichkeit bieten, die Produkte ohne Rücksicht auf die Marke nach dem Preis zu sortieren.

III. Online-Beratung

Die fachkundige Beratung der Kunden in den stationären Ladengeschäften ist für die Händler regelmäßig verpflichtend. Soweit der Hersteller eine solche Verpflichtung in seinen Vertriebsverträgen vorsieht, kann er von den Händlern auch verlangen, dass er in seinem Online-Shop auch eine Beratungsmöglichkeit zu den Kernzeiten z. B. über E-Mail oder eine Hotline anbietet.[709] Dies bedeutet nicht, dass bei der Hotline ständig ein freier Mitarbeiter zur Verfügung stehen

708 Leitlinien, Ziff. 56 Satz 5.
709 *Haslinger*, WRP 2009, 279 (283).

muss. Der Händler kann aber z.B. verpflichtet werden, den Kunden innerhalb eines angemessenen Zeitraums zurückzurufen.

Als Bestandteil der Online-Beratung wird es aber auch teilweise als zulässig erachtet, dass die Lieferung der im Internet bestellten Produkte ausschließlich an den Shop des Händlers erfolgt, wo der Kunde bei der Abholung eine Einweisung in die Funktionsweise des Produkts erhält.[710] Auch die französische Wettbewerbsbehörde hat eine Vertriebsklausel als zulässig eingestuft, nach der bestimmte Produkte nur nach vorheriger Beratung und Einweisung im Ladengeschäft online bestellt werden konnten.[711] Solche Klauseln haben jedoch einzig das Ziel, den Internetvertrieb gegenüber dem stationären Vertrieb zu benachteiligen. Die Beratung und Einweisung kann ebenso telefonisch oder mittels der Betriebsanleitung erfolgen. Sog. Qualitätskriterien für den Internetvertrieb, die die Kunden dazu zwingen, das Geschäft des Händlers zu irgendeinem Zeitpunkt persönlich aufzusuchen, wenn sie online bestellen wollen, schreckt die Verbraucher ab und hindert die Händler daran, das Internet zu benutzen, um mehr und andere Kunden zu erreichen. Damit handelt es sich bei einer solchen Klausel um eine unzulässige Kernbeschränkung.[712]

IV. Nutzung einer zentralen Website des Herstellers

In der Literatur wird es teilweise für zulässig gehalten, dass sich der Hersteller den Internetvertrieb selbst vorbehält, da er so am einfachsten einheitliche qualitative Standards durchsetzen kann.[713] Diese Sichtweise ist abzulehnen. Ein Selbstvorbehalt des Internetvertriebs stellt unabhängig vom zugrundeliegenden Motiv des Herstellers eine Kernbeschränkung dar, da die Erreichbarkeit der Internetkunden vollständig ausgeschlossen wird.[714]

Das gleiche gilt jedoch auch, wenn der Hersteller seinen Händlern den Internetvertrieb ausschließlich über die herstellereigene Website gestattet.[715] Einige Premiumhersteller von Elektrogeräten zwingen ihre Händler, die Produkte ausschließlich über die Website des Herstellers anzubieten. Dabei wird offenbar bewusst darauf verzichtet, diese Website auf Suchmaschinen wie Google oder

---

710 *Wijckmans/Tuytschaever*, Vertical Agreements, 2011, Rn. 6.172 ff.

711 Entscheidung des *Conseil de la Concurrence* vom 6.10.2006 - 06-D-28.

712 So im Ergebnis auch *Schultze/Pautke/Wagener*, Vertikal-GVO, 2011, Rn. 766.

713 *Caffarra*, in: Gheur/Petit, Vertical Restraints, 2011, 55 (69 f.).

714 *Schultze/Pautke/Wagener*, Vertikal-GVO, 2011, Rn. 721; *Dietrich/Menais*, Distribution Networks and On-line Sales, 2001, S. 4.

715 Dazu *Szönyi*, GRUR Int 2004, 567.

auf Preissuchmaschinen zu bewerben. Zudem haben die Besucher der Internetseite keine Möglichkeit, die Preise der Händler miteinander zu vergleichen. Der endgültige Preis erscheint erst, wenn der Händler ausgewählt wurde, der die Lieferung ausführen soll. In aller Regel entspricht dieser Preis der unverbindlichen Preisempfehlung.

Die Pflicht zur Nutzung einer zentralen Website stellt aus mehreren Gründen eine Kernbeschränkung dar. Zunächst verletzt eine solche Klausel in aller Regel das Verbot der Preisbindung gem. Art. 4 lit. a Vertikal-GVO.[716] Dafür sind nicht mal konkrete Vorgaben zu den Verkaufspreisen notwendig. Ist die Seite so aufgebaut, dass die Preise nicht miteinander verglichen werden können, wird den Händlern jeglicher Anreiz genommen, die Produkte unter der Preisempfehlung des Herstellers zu verkaufen. Dies wirkt sich im Ergebnis wie eine Preisvorgabe aus.[717] Darüber hinaus wird den Händlern die Freiheit genommen, ihr Angebot im Internet nach ihren Vorstellungen zu bewerben. Der Erfolg eines Internetshops hängt vor allem von seiner Bekanntheit ab. Diese kann aber in diesem Fall nicht mehr vom Händler beeinflusst werden. Schließlich ist der Händler nicht in der Lage, die Produkte des Herstellers neben den Produkten anderer Hersteller anzubieten, die er ebenfalls im Sortiment hat. Dadurch sinkt die Attraktivität seines Online-Angebots. Die Pflicht zur Nutzung einer vom Hersteller vorgegebenen Plattform beschränkt damit die Erreichbarkeit der Internetkunden und erfüllt den Tatbestand der Kernbeschränkung des Art. 4 lit. b Vertikal-GVO.[718] Der Wortlaut der Vertikal-GVO hat gegenüber den Leitlinien Vorrang. Daher kann die Klausel auch nicht mit Hilfe des Äquivalenztests gerechtfertigt werden. Im Übrigen ist aus Sicht der Kommission allenfalls der Ausschluss von Drittplattformen mit fremdem Logo zulässig.[719] Im Umkehrschluss muss aber die Nutzung der übrigen – herstellerfremden – Plattformen frei bleiben. Insofern führt auch die Diskussion um mögliche Gebühren für den Anschluss an die Plattform des Herstellers ins Leere.[720]

Vertragsklauseln, nach denen Händler die Produkte des Herstellers ausschließlich über eine Online-Plattform desselben verkaufen dürfen, stellen eine Wettbewerbsbeschränkung gem. Art. 101 Abs. 1 AEUV dar.[721] Sie sind darüber

---

716 Vgl. *Pautke/Schultze*, BB 2001, 317 (323); sowie *Haslinger*, WRP 2009, 279 (283).

717 Vgl. *Schultze/Pautke/Wagener*, Vertikal-GVO, 2011, Rn. 565.

718 So im Ergebnis wohl auch *Rösner*, WRP 2010, 1114 (1121).

719 Leitlinien, Ziff. 54 Satz 6.

720 Diese Diskussion führen aber *Bühlmann/Schirmbacher*, Jusletter 30. Mai 2011, Rn. 104; und *Haslinger*, WRP 2009, 279 (283).

721 Andere Ansicht wohl *Hülsen*, ZVertriebsR 2012, 299 (306).

hinaus nicht nach der Vertikal-GVO freigestellt. Effizienzgewinne, die innerhalb einer Einzelfreistellung nach Art. 101 Abs. 3 AEUV geltend gemacht werden könnten, sind nicht ersichtlich.

V. Vorgaben für Online-Werbung

Bei der Schaltung von Online-Websites kann es gerechtfertigt sein, dass die Hersteller von ihren Händlern verlangen, auf die Displaywerbung auf bestimmten Internetseiten wie z.B. von Boulevardmedien oder Erotikanbietern zu verzichten.[722] Das gleiche gilt für belästigende Werbung durch Pop-Ups oder bunte bzw. blinkende Banner. Außerdem kann der Hersteller sich Werbung für die Marke, welche sich nicht auf einen konkreten Händler bezieht, selbst vorbehalten.[723]

VI. Weitere Qualitätskriterien für den Internetvertrieb

Vorgaben, geschützte Kennzeichen des Herstellers nur in ihrer jeweiligen Form und gemäß der corporate identity zu nutzen, sind ohne weiteres zulässig.[724] In der Literatur wird teilweise auch die Verpflichtung, einen Domainnamen zu wählen, der in Verbindung mit dem physischen Verkaufspunkt steht, als zulässig eingestuft.[725] Diese Vorgabe geht zu weit. Es muss ausreichen, wenn der Händler auf imageschädigende Zusätze wie „Discount" verzichtet und auf seiner Website einen deutlichen Hinweis auf sein Ladengeschäft anbringt.[726] Im Übrigen muss der Händler in der Wahl des Namens seiner Internetseite frei sein.[727] Der Bezug zum stationären Handel kann durch einen Hinweis auf der Internetseite dennoch gewährleistet werden. Darüber hinaus kann der Händler zur Nutzung von sog. Top-Level-Domains verpflichtet werden, da Free-Domain-Anbietern häufig ein zweifelhafter Ruf anhängt.[728] Schließlich kann der Hersteller vom Händler auch verlangen, dass er auf seiner Internetseite auf die Verfügbarkeit der Produkte hinweist und für einen unverzüglichen sowie sicheren Versand nach Zah-

---

722 *Bühlmann/Schirmbacher*, CR 2012, 451 (458).

723 *Bühlmann/Schirmbacher*, CR 2012, 451 (458); siehe zu weiteren Werbeformen, wie z.B. Targeting-Methoden, die Ausführungen unter Kap. 6 D VIII.

724 *Rösner*, WRP 2010, 1114 (1121), *Haslinger*, WRP 2009, 279 (283), *Bühlmann/Schirmbacher*, Jusletter 30. Mai 2011, Rn. 103.

725 *Bühlmann/Schirmbacher*, Jusletter 30. Mai 2011, Rn. 107.

726 *Hülsen*, ZVertriebsR 2012, 299 (305).

727 *Haslinger*, WRP 2009, 279 (282).

728 *Rösner*, WRP 2010, 1114 (1120).

lungseingang sorgt.[729] Dem Händler kann auch zugemutet werden, verschiedene Zahlungsmöglichkeiten gleichzeitig anzubieten (z.B. Sofortüberweisung, Kreditkartenzahlung und PayPal).

Nicht freigestellt sind Verbote der Verwendung der Marke als Key-Word für Online-Suchmaschinen.[730] Ein solches Verbot kann mit der Einhaltung von Qualitätsstandards nicht begründet werden und beschränkt die Möglichkeit des Händlers, den Bekanntheitsgrad seiner Internetseite zu steigern. Die französische Wettbewerbsbehörde hat außerdem zu Recht eine ganze Reihe weiterer Vorgaben als unzulässige Beschränkung des Internetvertriebs eingestuft: Verpflichtung zur Video-Beratung der Kunden bei Kosmetikprodukten vor dem Online-Einkauf, die Verpflichtung, eine separate Zahlungsstelle zu unterhalten, sowie das Erfordernis, die Beratung neben Französisch auch in vielen anderen Sprachen anzubieten.[731] Diese vermeintlichen Qualitätsanforderungen gehen weiter als die üblichen Verpflichtungen für den stationären Vertrieb und verfolgen folglich das Ziel, den Internetvertrieb gegenüber dem stationären Vertrieb zu benachteiligen.

729 *Fesenmair*, GRUR-Prax 2013, 283 (284).

730 *Hülsen*, ZVertriebsR 2012, 299 (305).

731 Entscheidungen des *Conseil de la Concurrence* vom 8.3.2007 – 07-D-07; Entsch. v. 29.10.2008 – 08-D-25; Entsch. v. 24.7.2006 – 06-D-24; sowie Entsch. v. 4.10.2006 – 06-D-28.

Kapitel 6: Die Abgrenzung zwischen aktivem und passivem Verkauf im Internet

Die Abgrenzung zwischen aktivem und passivem Verkauf wird stets bei der Frage von Gebiets- oder Kundenkreisbeschränkungen relevant. Nach der Vertikal-GVO können aktive Verkäufe in fremde Alleinvertriebsgebiete untersagt werden. Durch Beschränkungen, in fremde Alleinvertriebsgebiete oder an andere ausschließlich zugewiesene Kundengruppen zu verkaufen, wird der Händler in seiner wettbewerblichen Freiheit eingeschränkt. Dies bewirkt eine Beschränkung des intrabrand-Wettbewerbs sowie eine Einschränkung der Bezugsmöglichkeiten durch die Endabnehmer. Gebiets- und Kundenkreisbeschränkungen stellen damit eine Wettbewerbsbeschränkung gem. Art. 101 Abs. 1 AEUV dar.[732]

Auch nach Art. 4 lit. b Vertikal-GVO stellen Beschränkungen des Gebiets oder des Kundenkreises eine Kernbeschränkung dar. Sie sind damit grundsätzlich nicht freistellungsfähig. Für den Vertrieb über das Internet bedeutet diese Regelung, dass die Händler frei sein müssen, online in jede beliebige Region zu verkaufen und dort für sich zu werben sowie jede beliebige Kundengruppe anzusprechen. Art. 4 lit. b Ziff. i Vertikal-GVO lässt von dieser Regelung allerdings eine gewichtige Ausnahme zu: Zulässig sind Beschränkungen des aktiven Verkauf in Gebiete oder an Kundengruppen, die der Hersteller sich selbst vorbehalten oder ausschließlich einem anderen Händler zugewiesen hat.

Der Schwerpunkt dieses Kapitels liegt auf der Auseinandersetzung mit dem Begriff des aktiven Verkaufs im Internet in Abgrenzung zum passiven Verkauf. Fraglich ist dabei, ob diese duale Differenzierung dem Online-Umfeld gerecht wird und mit dem Ziel der Kommission, der „Schaffung eines echten digitalen Binnenmarkts"[733], vereinbar ist. Außerdem erfolgt eine kartellrechtliche Auseinandersetzung mit der Einschränkung möglicher aktiver Verkaufsmaßnahmen. Daneben stellt sich die Frage, was die Kommission unter selbst vorbehaltenen oder ausschließlich zugewiesenen Gebieten oder Kundengruppen versteht.

---

732 *Mayr*, Internetvertrieb, 2006, S. 194; *Nolte*, in: Langen/Bunte, Kartellrecht, 2010, Art. 81 Fallgruppen, Rn. 525 f.

733 Mitteilung der *Kommission*, Digitaler Binnenmarkt, 11.1.2012, KOM(2011) 942 endg., S. 1.

A. Definitionen des aktiven und passiven Verkaufs

Die Vertikal-GVO befasst sich weder mit der Abgrenzung zwischen aktiven und passiven Verkaufsanstrengungen noch mit dem Internetvertrieb.[734] Die Kommission hat sich jedoch in den Leitlinien der Abgrenzung zwischen aktivem und passivem Verkauf im Internet gewidmet.

I. Aktiver Verkauf

Den Begriff des aktiven Verkaufs definiert die Kommission als die aktive Ansprache einzelner Kunden.[735] Damit macht sie deutlich, dass nicht die Handlung des Vertragsabschlusses für die Frage entscheidend ist, ob aktiver oder passiver Verkauf vorlag. Vielmehr kommt es darauf an, in welcher Richtung sich die Vertragsanbahnung vollzogen hat.[736] Das verdeutlicht sie durch den Begriff der Ansprache. Gleichwohl fällt auf, dass die Kommission für die Definition des aktiven Verkaufs den zu definierenden Begriff selbst nutzt und damit nur einen geringen inhaltlichen Gewinn für das Verständnis des aktiven Verkaufs bietet.[737] Immerhin wird ergänzt, aktiver Verkauf liege dann vor, wenn sich Ansprachen „gezielt" an bestimmte Kundengruppen oder Kunden richteten.[738] Aktiver Verkauf ist demnach anzunehmen, wenn ein Händler bestimmte Kundengruppen oder Kunden in einem bestimmten Gebiet gezielt adressiert.[739] Doch auch damit lassen Vertikal-GVO und Leitlinien eine Erklärung des grundlegenden Begriffs der Aktivität letztlich vermissen.[740]

Hinter den von der Kommission gewählten Definition steht der Grundgedanke, dass ein Alleinvertriebshändler in seinem Gebiet oder für seine Kundengruppe alle in Betracht kommenden Maßnahmen ergreifen kann und soll, um die Kunden zum Kauf der Vertragsprodukte zu bewegen. Dabei richtet sich die Kontaktaufnahme vom Händler auf den Kunden. Für fremde Exklusivgebiete oder Exklusivkunden soll diese Form der Ansprache jedoch dem dort eingesetzten Händler vorbehalten bleiben. Anfragen und Bestellungen aus diesen Gebieten dürfen von anderen Händlern nur bearbeitet werden, wenn die Initiative von

734 Vgl. *Petit/Henry*, in: Gheur/Petit, Vertical Restraints, 2011, 123 (164).

735 Leitlinien, Ziff. 51, 1. Spiegelstrich a.A.

736 *Wijckmans/Tuytschaever*, ECLR 2004, 107 (108).

737 *Lettl*, WRP 2010, 807 (815).

738 Leitlinien, Ziff. 51, 1. Spiegelstrich.

739 *Ellger*, in: Immenga/Mestmäcker, EU-Wettbewerbsrecht, 2012, Art. 4 Vertikal-GVO, Rn. 50.

740 *Lettl*, WRP 2010, 807 (815); *Velez*, ECLR 2011, 212 (217).

den Kunden selbst ausging, sich die Kontaktaufnahme also in der entgegengesetzten Richtung vollzieht. Anders ausgedrückt verhält sich ein Anbieter aktiv, wenn er den ersten Schritt zur Absatzförderung unternommen hat und der Angesprochene ihm keinen Anlass zu dieser absatzfördernden Tätigkeit gegeben hat.[741]

1. *Attraktivitätstest*

Seit Geltung der aktuellen Leitlinien hat die Kommission die Abgrenzung zwischen aktivem und passivem Verkauf um einen Test ergänzt, der die Begriffe Aktiv und Passiv danach abgrenzt, ob eine Investition in Form einer bestimmten Verkaufsmaßnahme im Hinblick auf ein bestimmtes Gebiet attraktiv ist.[742] Danach liegen aktive Verkaufsmaßnahmen an ausschließlich zugewiesene Gebiete oder Kundengruppen vor, wenn diese für den Händler nur attraktiv sind, wenn sie (auch) eine bestimmte Kundengruppe oder Kunden in einem bestimmten Gebiet erreichen.[743] Dieser Test wird als Attraktivitätstest bezeichnet.

2. *Bewertung des Attraktivitätstests*

Dieser Test mag mehr Sicherheit bei der Abgrenzung zwischen aktivem und passivem Verkauf vermitteln. Er lässt aber viel Raum für eine subjektive Auslegung. Die Beurteilung, ob eine bestimmte Investition auch dann attraktiv ist, wenn sie fremde exklusiv zugewiesene Gebiete nicht erreichen würde, muss anhand finanzieller Kriterien erfolgen.[744] Dabei können Hersteller und Händler unterschiedliche Ansätze vertreten. Die Abgrenzung zwischen einer Kernbeschränkung des passiven Verkaufs von einer gem. Art. 4 lit. b Ziff. i Vertikal-GVO freigestellten Beschränkung des aktiven Verkaufs, ist damit zumindest teilweise der Auslegung der Vertragsparteien überlassen. Denn die Frage, ob die aus Sicht eines objektiven Händlers getätigten Investitionen in Werbe- oder Verkaufsförderungsmaßnahmen hinsichtlich der dadurch zulässigerweise angesprochenen Kundenzahl (also ohne Kunden aus fremden Exklusivgebieten oder Exklusivkundengruppen) in

---

741 *Lettl*, WRP 2010, 807 (815); *Nolte*, in: Langen/Bunte, Kartellrecht, 2010, Art. 81 Fallgruppen, Rn. 544.

742 *Wijckmans/Tuytschaver*, Vertical Agreements, 2011, Rn. 6.153.

743 Leitlinien, Ziff. 51, 1. Spiegelstrich a.E.; dazu *Schultze/Pautke/Wagener*, Vertikal-GVO, 2011, Rn. 744.

744 *Wijckmans/Tuytschaver*, Vertical Agreements, 2011, Rn. 6.153.

einem angemessenen Verhältnis stehen bzw. betriebswirtschaftlich sinnvoll sind, ist äußerst schwer zu beantworten.[745]

II. Passiver Verkauf

Beschränkungen des passiven Verkaufs fallen unter den Tatbestand der Kernbeschränkungen, die nach Art. 4 Vertikal-GVO zu einem vollständigen Verlust der Freistellung führen.

Passiver Verkauf liegt im Umkehrschluss zur Definition des aktiven Verkaufs vor, wenn der Händler unaufgeforderte Anfragen einzelner Kunden beantwortet.[746] Ergänzend ordnet die Kommission solche Werbe- oder Verkaufsförderungsmaßnahmen als passive Verkäufe ein, die Kunden in Gebieten oder Kundengruppen erreichen, die anderen Exklusivhändlern zugewiesen sind, aber eine sinnvolle bzw. vernünftige Alternative zur Ansprache von Kunden ausschließlich außerhalb dieser Gebiete oder Kundengruppen darstellen.[747] Eine vernünftige Alternative zur Ansprache von Kunden außerhalb fremder Exklusivgebiete oder Kundengruppen liegt spiegelbildlich zum Attraktivitätskriterium im aktiven Verkauf vor, wenn es für den Abnehmer auch attraktiv wäre, die entsprechenden Investitionen zu tätigen, wenn die Kunden anderer Alleinvertriebshändler nicht erreicht würden.[748] Die in der Literatur getätigte Aussage, dass die getätigte Investition folglich „allein im Hinblick auf das eigene Gebiet oder die eigene Kundengruppe sinnvoll sein muss“[749], ist allerdings unvollständig und damit irreführend. Art. 4 lit. b Ziff. i Vertikal-GVO stellt Beschränkungen des aktiven Verkaufs in fremde Exklusivgebiete oder an exklusive Kundengruppen frei. Maßgeblich ist also nicht das Gebiet, in dem der Händler tätig ist, sondern das Gebiet oder die Kundengruppe, die einem anderen Händler exklusiv zugewiesen wurde. Investitionen müssen folglich, um unter den Tatbestand des passiven Verkaufs zu fallen, im Hinblick auf das eigene Exklusivgebiet einschließlich anderer nicht-exklusiver Gebiete bzw. Kundengruppen sinnvoll sein.[750]

Der Verkauf über eine eigene Website wird nach den Leitlinien „in der Regel“ als Form des passiven Verkaufs angesehen. Der Umstand, dass eine Internetseite

745 *Lettl*, WRP 2010, 807 (816).

746 Leitlinien, Ziff. 51, 2. Spiegelstrich a.A; dazu *Nolte*, in: Langen/Bunte, Kartellrecht, 2010, Art. 81 Fallgruppen, Rn. 545.

747 *Lettl*, WRP 2010, 807 (816).

748 Leitlinien, Ziff. 51, 2. Spiegelstrich a.E.

749 *Lettl*, WRP 2010, 807 (816).

750 Siehe dazu sogleich Kap. 6 B I.

Wirkungen auch über das eigene Gebiet hinaus haben kann, sei eine Folge der technischen Entwicklung.[751]

III. Kritische Betrachtung der Definitionen

Der Kommission ist es nicht gelungen, die Begriffe des aktiven und passiven Verkaufs im Internet trennscharf voneinander abzugrenzen.[752] So wird die Definition der Kommission teilweise so interpretiert, dass sich der Händler bei der Beantwortung einer Kundenanfrage aus einem fremden Alleinvertriebsgebiet auf die Beantwortung exakt dieser Anfrage beschränken müsse. Aussagen, die darüber hinausgehen, könnten sich als aktiver Verkauf darstellen. Aktiver Verkauf liege sogar dann vor, wenn ein potenzieller Kunde beim Händler nachfragt, ob ein bestimmtes Produkt noch vorrätig sei, und der Händler seiner Antwort einen Link beifüge, der das Produkt, das die Kundennachfrage betrifft, konkret bewerbe oder gar anbiete.[753] Einer solchen Interpretation kann nicht gefolgt werden. Die Ansprache des Händlers durch einen Kunden hinsichtlich eines Produkts macht deutlich, dass dieser aus eigener Initiative an den Händler herangetreten ist. Lässt man ihm sodann Werbung zu genau diesem Produkt zukommen, ist dies als passiver Verkauf zu werten. Dies muss darüber hinaus auch gelten, wenn der Händler den potenziellen Kunden auf mögliche Alternativen hinweist. Diese Auslegung ist ein Beispiel dafür, dass die Abgrenzung im Einzelfall immer noch unklar ist.[754] Die Unklarheiten wiegen umso schwerer, wenn man bedenkt, dass die Abgrenzung über Freistellung oder Wegfall der gesamten Vertriebsvereinbarung entscheidet.[755] Der Kommission ist aber zugute zu halten, dass sie in

751 Leitlinien, Ziff. 52 Satz 3.

752 So auch *Mayr*, Internetvertrieb, 2006, S. 175.

753 *Lettl*, WRP 2010, 807 (815).

754 Kritisch zur Anwendbarkeit der Definitionen auch *Velez*, ECLR 2011, 212 (217); *Polley*, CR 2010, 625 (628); Stellungnahme der *GRUR*, GRUR 2010, 37 (38); *Rahlmeyer*, in: Martinek/Semler/Habermeier/Flohr, Vertriebsrecht, 2010, § 37, Rn. 55; *Schultze/Pautke/Wagener*, Vertikal-GVO, 2. Aufl. 2008, Rn. 572; *Wijckmans/Tuytschaever*, ECLR 2004, 107 (108); *Pautke/Schultze*, in: Bettinger/Leistner, Werbung und Vertrieb im Internet, 2003, 443 (465); *Hörnle*, Computer Law & Security Report 2002, 155 (157); *Seeliger*, WuW 2000, 1174 (1182); *Vajda/Gahnström*, ECLR 2000, 94 (104), a.A. *Erenning-Louko/Gurin/Peeperkorn/Viertiö*, Competition Policy Newsletter 2/2010, 14 (18); sowie *Baron*: in: Loewenheim/Meessen/Riesenkampff, Kartellrecht, 2009, Art. 4 Vertikal-GVO, Rn. 193.

755 Vgl. *Ellger*, in: Immenga/Mestmäcker, EU-Wettbewerbsrecht, 2012, Art. 4 Vertikal-GVO, Rn. 52; sowie *Pautke/Schultze*, BB 2001, 317 (318).

den Leitlinien einige Beispiele für aktive und passive Verkaufsmaßnahmen aufgenommen hat.[756] Die Auseinandersetzung mit diesen und weiteren konkreten Beispielen für den aktiven und passiven Verkauf im Internet erfolgt im weiteren Verlauf dieses Abschnitts.

B. Systematik

Die in der Literatur geäußerte – fehlerhafte – Auffassung, wonach für die Abgrenzung zwischen aktivem und passivem Verkauf allein das Gebiet bzw. die Kundengruppe eines Alleinvertriebshändlers entscheidend sei,[757] macht deutlich, dass hinsichtlich der Systematik der Freistellung des Verbots aktiver Verkäufe noch Klärungsbedarf besteht. Das gilt auch für das Verhältnis zwischen Art. 4 lit. b und Art. 4 lit. c Vertikal-GVO, bzw. für das Verhältnis zwischen Alleinvertrieb und Selektivvertrieb.

Art. 4 lit. c Vertikal-GVO schreibt vor, dass in selektiven Vertriebssystemen weder der aktive noch der passive Verkauf beschränkt werden darf. Demgegenüber gestattet Art. 4 lit. b Ziff. i Vertikal-GVO, wie dargestellt, die Beschränkung aktiver Verkäufe in Alleinvertriebsgebiete. In diesem Zusammenhang stellt sich die Frage, ob Alleinvertrieb mit Selektivvertrieb kombiniert werden kann, also ob Art. 4 lit. b Ziff. i gegenüber Art. 4 lit. c Vertikal-GVO Vorrang genießt und damit auch selektiven Händlern der aktive Verkauf in Alleinvertriebsgebiete untersagt werden kann.

I. Nur im Zielgebiet muss ein Alleinvertriebssystem vorliegen

Die Vorgängerverordnungen zur Vertikal-GVO a.F. 2790/1999 und zur aktuellen Vertikal-GVO 330/2010, die Verordnungen 67/67[758] und 1983/83[759], gestatteten den Anbietern noch, ihre Alleinvertriebshändler zu verpflichten, außerhalb des Vertragsgebiets keine Kunden zu werben (Art. 2 Abs. 1 lit. b VO 67/67 bzw. Art. 2 Abs. 2 lit. c VO 1983/83). Dies wurde in einer Bekanntmachung der Kommission als Verbot „aktiver Verkaufspolitik" bezeichnet.[760]

---

756 Leitlinien, Ziff. 52 und 53.

757 *Lettl*, WRP 2010, 807 (816).

758 Verordnung der *Kommission* 67/67/EWG vom 22.3.1967, ABl. 57, 25.3.1967, S. 849.

759 Verordnung der *Kommission* (EWG) 1983/83, ABl. Nr. L 173, 30.6.1983, S. 1.

760 Bekanntmachung zu den Verordnungen (EWG) Nr. 1983/83 und Nr. 1984/83 der *Kommission* vom 22. Juni 1983 über die Anwendung von Artikel 85 Absatz 3 des Vertrages auf Gruppen von Alleinvertriebsvereinbarungen beziehungsweise Alleinbezugsvereinbarungen ABl. C 101 vom 13.4.1984, S. 2. (3); dazu *Bunte/Sauter*,

Damit war das Grundprinzip der Freistellung des Verbots aktiver Verkäufe, dass der Händler, dem die aktiven Verkäufe untersagt wurden, selbst Alleinvertriebshändler sein musste.[761] Es kam nicht darauf, wie der Hersteller den Vertrieb außerhalb des dem Alleinvertriebshändler zugewiesenen Gebiets organisierte. Dieses Prinzip hat die Kommission mit der Vertikal-GVO a.F. (2790/1999) umgekehrt.[762] Die Situation des Händlers, dem ein Verbot des aktiven Verkaufs auferlegt wird, ist seitdem irrelevant.[763] Es kommt ausschließlich darauf an, dass in dem Zielgebiet, in das keine aktiven Verkäufe erfolgen dürfen, ein Alleinvertriebshändler eingesetzt wurde bzw. der Hersteller sich dieses Gebiet selbst vorbehalten hat.

II. Parallele Einrichtung von Selektiv- und Alleinvertrieb

Unter Geltung der Vertikal-GVO a.F. wurde noch die Auffassung geäußert, für Exklusivgebiete gelte ein „Alles-oder-Nichts-Grundsatz". Die Freistellung von Exklusivvereinbarungen mit einer Beschränkung des aktiven Verkaufs setze voraus, dass für alle anderen Verkaufsgebiete in der Gemeinschaft ebenfalls ein Exklusivvertrieb eingerichtet sei.[764] Die Vertreter dieser Auffassung waren offenbar der Ansicht, dass Art. 4 lit. c Vertikal-GVO gegenüber der Ausnahme für die Beschränkung aktiver Verkäufe Vorrang einzuräumen sei und in selektiven Vertriebssystemen aktive Verkäufe auch dann nicht beschränkt werden dürfen, wenn damit nur Verkäufe in Alleinvertriebsgebiete betroffen sind. Diese Annahme beruhte auf einer missverständlichen Formulierung in den Leitlinien. Zwar hieß es dort, selektiver Vertrieb könne mit dem Alleinvertrieb verknüpft werden. Die Kommission hatte jedoch ergänzt, dass der aktive und der passive Verkauf nirgendwo eingeschränkt werden dürfe.[765]

In den aktuellen Leitlinien hat die Kommission nunmehr klargestellt, dass die Regelung des Art. 4 lit. b Ziff. i gegenüber Art. 4 lit. c Vertikal-GVO Vorrang hat bzw. als Ausnahme auch zu lit. c gilt: Händlern in einem selektiven

EU-Gruppenfreistellungsverordnungen, 1988, VO Nr. 1983/83, Rn. 6 und 10; vgl. auch *Vajda/Gahnström*, ECLR 2000, 94 (104); *Semler/Bauer*, DB 2000, 193 (197); *Subiotto/Amato*, Antitrust LJ 2001, 147 (168).

761 Vgl. *Wijckmans/Tuytschaever*, ECLR 2004, 107 (108).

762 Vgl. *Schultze/Pautke/Wagener*, Vertikal-GVO, 2011, Rn. 632.

763 *Wijckmans/Tuytschaever*, ECLR 2004, 107 (109).

764 *Baron*, in: FS Loewenheim, 2009, S. 429; a.A. zur Vertikal-GVO a.F. *Veelken*, in: Engel/Möschel, Recht und spontane Ordnung, 2006, 487 (508 ff.).

765 Leitlinien a.F., Ziff. 53; zur tatsächlichen Haltung der Kommission *Wijckmans/Tuytschaever*, ECLR 2004, 107 (112).

Vertriebssystem dürfen Beschränkungen auferlegt werden, „wenn es dem Schutz eines andernorts betriebenen Alleinvertriebssystems dient".[766] Damit kann ein Hersteller neben einem Gebiet, in dem er ein selektives Vertriebssystem betreibt, einen Alleinvertriebshändler einsetzen und diesen vor aktiven Verkäufen durch die selektiven Händler schützen.[767] Dies ist jedoch nicht mit der Kombination von selektivem Vertrieb und Alleinvertrieb in einem Gebiet zu verwechseln, welche nach Ansicht der Kommission nicht gestattet ist.[768]

III. Definition des Alleinvertriebs

Das Gebiet, in das aktive Verkäufe nach der Vertikal-GVO untersagt werden dürfen, muss der Hersteller entweder sich selbst vorbehalten, oder einem Händler ausschließlich zugewiesen haben. Fraglich ist, wann ein Gebiet oder eine Kundengruppe ausschließlich zugewiesen ist. Dies ist nach Ansicht der Kommission der Fall,

> „wenn sich der Anbieter verpflichtet, sein Produkt nur an einen Händler zum Vertrieb in einem bestimmten Gebiet oder an eine bestimmte Kundengruppe zu verkaufen, und der Alleinvertriebshändler (...) vor aktivem Verkauf in sein Gebiet oder an seine Kundengruppe durch alle anderen Abnehmer des Anbieters innerhalb der Union geschützt wird."[769]

1. Ausschließlich zugewiesenes Gebiet oder Kundengruppe

Ausschließlich zugewiesene Gebiete werden in aller Regel als Exklusivgebiete bezeichnet.[770] Darüber hinaus werden auch die Begriffe des Exklusiv- oder Alleinvertriebs synonym für die ausschließliche Zuweisung eines Gebiets oder einer Kundengruppe genutzt.

In einem Alleinvertriebssystem verpflichtet sich der Hersteller, in dem Gebiet, das dem Alleinvertriebshändler zugewiesen ist, keine weiteren Abnehmer einzusetzen und mit den im Vertrag genannten Waren zu beliefern.[771] Die

---

766 Leitlinien, Ziff. 56 Satz 2.

767 Vgl. *Simon*, EWS 2010, 497 (501); *Schultze/Pautke/Wagener*, Vertikal-GVO, 2011, Rn. 799.

768 Leitlinien, Ziff. 57 Satz 1; dazu *Schultze/Pautke/Wagener*, Vertikal-GVO, 2011, Rn. 789.

769 Leitlinien, Ziff. 51 Satz 2.

770 Dazu *Schultze/Kübler*, in: Schultze/Wauschkuhn/Spenner/Dau, Der Vertragshändlervertrag, 2008, Rn. 445.

771 *Ellger*, in: Immenga/Mestmäcker, EU-Wettbewerbsrecht, 2012, Art. 101 Abs. 3 AEUV, Rn. 178.

Ausnahmebestimmung des Art. 4 lit. b Ziff. i Vertikal-GVO greift damit weder in Fällen gemeinsam in Anspruch genommener Exklusivität, noch in Fällen, in denen der Lieferant zwar nur einen Händler beliefert, sich aber vorbehalten hat, zu einem späteren Zeitpunkt einen weiteren Händler für das betreffende Gebiet zuzulassen.[772] Das Gebiet muss einem einzigen Händler vorbehalten sein.[773]

Die zugewiesenen Gebiete müssen nicht mit den mitgliedstaatlichen Grenzen übereinstimmen, sie dürfen auch viel kleinere Gebiete, wie z.B. Städte, umfassen.[774] Hinsichtlich des Begriffs der Kundengruppe hat die Kommission bewusst auf Vorgaben verzichtet. Offenbar soll deren Bestimmung den Anbietern überlassen werden. In den Leitlinien heißt es nur beispielhaft, dass die Abgrenzung anhand der beruflichen Tätigkeit der Kunden erfolgen könne, oder durch eine Liste bestimmter Kunden, die anhand objektiver Kriterien zusammengestellt wurde.[775] Es liegt daher im freien Ermessen des Herstellers, wie er die Eingruppierung vornimmt. Insbesondere ist es nicht Aufgabe des Kartellrechts zu bestimmen, welche Abgrenzung innerhalb des Betriebssystems vernünftig ist.[776] Nach den Leitlinien ist es auch gestattet, die exklusive Zuweisung eines Gebietes und einer Kundengruppe miteinander zu verknüpfen.[777]

2. *Zwang zum umfassenden Schutz des Exklusivhändlers*

Neben der Bedingung, die Produkte nur an einen Händler zum Vertrieb in dem zugewiesenen Gebiet zu verkaufen, muss der Alleinvertriebshändler nach der von der Kommission gewählten Definition vor aktiven Verkäufen durch alle anderen Abnehmer des Anbieters innerhalb der Union geschützt werden.[778]

Die praktische Konsequenz dieses zusätzlichen Kriteriums besteht darin, dass eine Beschränkung des aktiven Verkaufs einem Händler nur wirksam auferlegt und von der Vertikal-GVO freigestellt werden kann, wenn eine Beschränkung des aktiven Verkaufs allen anderen Händlern in der Europäischen Union

772 *Wijckmans/Tuytschaever*, Vertical Agreements, 2011, Rn. 4.108.

773 *Ellger*, in: Immenga/Mestmäcker, EU-Wettbewerbsrecht, 2012, Art. 4 Vertikal-GVO, Rn. 61; *Wijckmans/Tuytschaever*, ECLR 2004, 107 (109).

774 *Bauer*/de Bronett, EU-Gruppenfreistellungsverordnung, 2001, Rn. 108; *Goyder*, EU Distribution Law, 2011, S. 78; vgl. auch *Baron*, in: FS Loewenheim, 2009, S. 429.

775 Leitlinien, Ziff. 163 Satz 3.

776 *Bauer*/de Bronett, EU-Gruppenfreistellungsverordnung, 2001, Rn. 108.

777 Leitlinien, Ziff. 51 Satz 3; dazu *Wijckmans/Tuytschaever*, Vertical Agreements, 2011, Rn. 4.143.

778 Leitlinien, Ziff. 51 Satz 2, 2. Halbsatz.

ebenfalls auferlegt wird.[779] Anders ausgedrückt müssen alle Händler, die in der Union vom Hersteller beliefert werden auf den aktiven Verkauf in das Exklusivgebiet verzichten, wenn der Hersteller nur einem Händler wirksam ein Verbot des aktiven Verkaufs auferlegen will.[780]

Die Leitlinien zur Vertikal-GVO 2000 sahen noch vor, dass der Exklusivhändler nicht nur vor aktiven Verkäufen durch alle anderen Händler, sondern auch vor solchen des Herstellers geschützt werden müsse.[781] Dieses Kriterium wurde in die aktuellen Leitlinien nicht wieder aufgenommen. Dort steht nun ausdrücklich, der Schutz vor aktiven Verkäufen sei „unabhängig von den Verkäufen des Anbieters" zu beurteilen.[782]

IV. Selbstvorbehalt eines Gebiets

Nach der ersten Variante des Art. 4 lit. b Ziff. i Vertikal-GVO können aktive Verkäufe auch in Gebiete oder an Kundengruppen untersagt werden, die der Hersteller sich selbst vorbehalten hat. Die Frage, welche Voraussetzungen für den Selbstvorbehalt eines Gebiets vorliegen müssen, wird in den Leitlinien nicht erörtert. Unter einem Selbstvorbehalt ist zunächst die Entscheidung des Herstellers zu verstehen, ein Gebiet selbst und alleine zu bearbeiten. Unklarheit herrscht allerdings bei der Frage, ob Gebiete schon dann i.S.d. Art. 4 lit. b Ziff. i Vertikal-GVO selbst vorbehalten sind, wenn sich der Hersteller ein Gebiet lediglich reserviert hat, ohne bestimmte Maßnahmen getroffen zu haben, es tatsächlich zu beliefern.[783]

1. Vorlaufzeit bei Reservierung eines Gebiets durch den Hersteller

In der Literatur ist man sich einig, dass der Hersteller bei einem Selbstvorbehalt das betreffende Gebiet jedenfalls zum Zeitpunkt des Vertragsschlusses mit seinen Händlern noch nicht selbst bearbeiten muss.[784] Ungeklärt ist damit

---

779 Dazu mit anschaulichen Beispielen *Wijckmans/Tuytschaever*, ECLR 2004, 107 (110).

780 *Wijckmans/Tuytschaever*, Vertical Agreements, 2011, Rn. 4.109.

781 Leitlinien a.F., Ziff. 50.

782 Leitlinien, Ziff.. 51 Satz 2; dazu näher *Wijckmans/Tuytschaever*, Vertical Agreements, 2011, Rn. 4.110.

783 *Nolte*, in: Langen/Bunte, Kartellrecht, 2010, Art. 81 Fallgruppen, Rn. 554.

784 *Nolte*, in: Langen/Bunte, Kartellrecht, 2010, Art. 81 Fallgruppen, Rn. 555; *Ellger*, in: Immenga/Mestmäcker, EU-Wettbewerbsrecht, 2012, Art. 4 Vertikal-GVO, Rn. 60; *Petsche/Lager*, in: Liebscher/Flohr/Petsche, EU-Gruppenfreistellungsverordnungen, 2012, § 7, Rn. 102; *Schultze/Pautke/Wagener*, Vertikal-GVO, 2011, Rn. 647; *Bauer*/de Bronett, EU-Gruppenfreistellungsverordnung, 2001, Rn. 115.

allerdings noch, inwieweit der Anbieter die Absicht haben muss, die Gebiete, die er sich selbst vorbehalten hat, zu beliefern bzw. ab wann er eine konkrete Verkaufstätigkeit entfalten muss.[785] Es ist kaum anzunehmen, dass die Kommission die Intention eines Herstellers für schutzwürdig erachtet, sich Gebiete zu reservieren, ohne dafür hinreichend konkrete Verkaufsabsichten zu haben.[786] Beschränkungen aktiver Verkäufe in nur abstrakt reservierte Gebiete würden sich auch deutlich gegen das Ziel der Vertikal-GVO richten, Handelsbeschränkungen nur dann zuzulassen, wenn von diesen effizienzsteigernde Auswirkungen zu erwarten sind.[787] Davon kann bei fehlenden Verkaufsanstrengungen des Herstellers nicht ausgegangen werden.[788]

2. Bewertung

Die Nichtbearbeitung eines Gebiets für einen Zeitraum von 6 bis 24 Monaten wird teilweise als noch mit der Vertikal-GVO vereinbar angesehen.[789] Dafür spreche, dass die Regelung des Art. 4 lit. b Ziff. i Vertikal-GVO gerade dazu diene, den Aufbau von Vertriebssystemen zu ermöglichen.[790] Der Hersteller sei in einem solchen Fall jedoch gehalten, diese Absicht konkret und nachweisbar zu dokumentieren.[791] Der Auffassung, dass dem Hersteller eine gewisse Zeit zuzugestehen ist, ist im Grundsatz zuzustimmen. Allerdings wird ein Hersteller nur in besonderen Ausnahmefällen zwei Jahre benötigen, um ein Produkt am Markt einzuführen. In aller Regel muss der Hersteller das betreffende Gebiet daher spätestens nach einem halben Jahr beliefern. Bei längeren Zeiträumen muss er in der Lage sein, den Grund für die Verzögerung schlüssig darzulegen.

C. Kritische Beurteilung des Abgrenzungsmodells im Internetvertrieb

Zu Beginn des Jahres 2012 veröffentlichte die Kommission eine Mitteilung zum Aufbau eines „kohärenten Rahmens zur Stärkung des Vertrauens in den

---

785 Vgl. *Piesker*, in: Taeger, Die Welt im Netz, 2011, S. 378.
786 *Schultze/Pautke/Wagener*, Vertikal-GVO, 2011, Rn. 649.
787 Vgl. Erwägungsgrund 7 der Vertikal-GVO.
788 In diesem Sinne auch *Polley*, CR 2010, 625 (626).
789 *Schultze/Pautke/Wagener*, Vertikal-GVO, 2011, Rn. 650; *Pautke/Schultze*, BB 2001, 317 (320).
790 *Bauer*/de Bronett, EU-Gruppenfreistellungsverordnung, 2001, Rn. 114.
791 *Bauer*/de Bronett, EU-Gruppenfreistellungsverordnung, 2001, Rn. 115.

digitalen Binnenmarkt für elektronischen Handel und Online-Dienste."[792] In diesem Papier erläutert die Kommission ihren neuen wettbewerbspolitischen Fokus auf die Förderung und den Ausbau des Internets. Das bedeutendste Ziel der Kommission im Bereich der Wettbewerbspolitik liegt danach in der „Schaffung eines echten digitalen Binnenmarkts",[793] das auch in der 2011 erschienenen Binnenmarktakte als eines der zwölf Hebel zur Förderung von Wachstum bezeichnet wird.[794] Unter einem digitalen Binnenmarkt versteht die Europäische Union unter anderem einen harmonisierten europäischen Markt ohne Grenzen zwischen den EU-Mitgliedsstaaten für die Nutzung digitaler Technologien sowie einen Markt, der zu grenzüberschreitendem Handel und Investitionen in neue Online-Dienste anregt.[795] Der digitale Binnenmarkt ist nach Ansicht der Kommission erst dann verwirklicht, wenn es Verbrauchern und Unternehmen ebenso leicht fällt, Informationen und Waren über das Internet aus anderen EU-Mitgliedsstaaten zu bekommen wie aus ihrem eigenen Land.

Eines der Haupthindernisse, das für die Schaffung eines digitalen Binnenmarkts beseitigt werden muss, ist nach der Mitteilung der Kommission das fortwährend unzureichende grenzübergreifende Angebot an Online-Diensten.[796] Die Strategie des Aktionsplans sieht vor, einen einheitlichen, harmonisierten Rahmen für den elektronischen Handel zu schaffen, um den Verbrauchern Zugang zu einem breiten Warenangebot in einem möglichst großen Gebiet zu ermöglichen.[797] Die Kommission zeigt sich darüber hinaus davon überzeugt, dass auch der Wettbewerb zwischen den Waren und Dienstleistungen verstärkt werden müsse. Sie werde daher über die strikte Anwendung der Vertikal-GVO wachen.[798] Nach der Mitteilung dürften europäische Maßnahmen keine zusätzlichen Hindernisse für die Entwicklung der Online-Dienste schaffen.[799]

Auf den ersten Blick folgen die Vertikal-GVO und die begleitenden Leitlinien dem Konzept des digitalen Binnenmarkts, da der Internetverkauf als passiv und

---

792 Mitteilung der *Kommission*, Digitaler Binnenmarkt, 11.1.2012, KOM(2011) 942 endg; begleitet wurde die Mitteilung vom *Commission* Staff Working Document, SEC(2011) 1641 final.

793 Mitteilung der *Kommission*, KOM(2011) 942 endg., S. 1.

794 Mitteilung der *Kommission*, KOM(2011) 206 endg., S. 14.

795 Mitteilung der *Kommission*, Digitale Agenda, KOM(2010), 245, S. 11; vgl. auch *European Policy Center*, Digital Single Market, March 2010, S. 11.

796 Mitteilung der *Kommission*, KOM(2011) 942 endg., S. 4.

797 Mitteilung der *Kommission*, KOM(2011) 942 endg., S. 5.

798 Mitteilung der *Kommission*, KOM(2011) 942 endg., S. 6.

799 Mitteilung der *Kommission*, KOM(2011) 942 endg., S. 19.

seine Beschränkung damit als Kernbeschränkung eingeordnet wird. Die angestrebte Öffnung des Online-Markts unterstreichen die Leitlinien zudem mit der Aussage, wonach es jedem Händler prinzipiell erlaubt sein müsse, das Internet für den Verkauf von Produkten zu nutzen.[800] Die Kommission hat damit einen vermeintlich klaren Leitsatz: „Das Internet ist frei!“[801]

Mit der Übertragung der Abgrenzung zwischen aktivem und passivem Verkauf auf das Internet, koppelt die Kommission den Internetvertrieb allerdings an das Konzept des Exklusivvertriebs – ein Vertriebssystem, das sich bereits einige Jahrzehnte vor der Entwicklung des Internets etabliert hat und damit zu einer Zeit entstanden ist, wo schon allein die großen Hürden bei der Kommunikation zwischen den Staaten grenzüberschreitenden Handel weitgehend eingeschränkt haben. Das ubiquitäre Internet zeichnet sich aber gerade dadurch aus, dass es nicht an Grenzen gebunden ist.[802] Die Anbindung des grenzenlosen Internets an ein Vertriebssystem, das sich in erster Linie durch Gebietsschutz auszeichnet, kann grenzüberschreitenden Handel verhindern und damit das Konzept „Digitaler Binnenmarkt“ konterkarieren.

I. Das Konzept „Digitaler Binnenmarkt“

Die Schaffung eines digitalen Binnenmarkts innerhalb der europäischen Union gehört, wie erläutert, zu den zentralen Zielen der EU-Wettbewerbspolitik. Die Intensivierung des grenzüberschreitenden Handels soll die Produktvielfalt erhöhen, den Preisvergleich erleichtern sowie für niedrigere Preise und bessere Qualität sorgen.[803] Darüber hinaus verspricht sich die Kommission eine Erhöhung der Produktivität und eine Anregung für Innovationen.[804]

Grenzüberschreitender Online-Handel wird allgemein als bedeutende Quelle für Wachstum und Innovation bezeichnet, dessen fehlende Nutzung immense Kosten verursachen würde.[805] Darüber hinaus trägt das Internet durch seine Möglichkeiten für Unternehmer und Verbraucher entscheidend zur Verbreitung des Wohlstands bei.[806] Die Notwendigkeit der Entwicklung eines digitalen Binnenmarkts gründet sich im Wesentlichen auf drei Ansätze. Erstens sind die

---

800 Leitlinien, Ziff. 52 Satz 2.
801 *Kapp*, WuW 2009, 1003.
802 Vgl. u.a. *Kirsch*, WuW 2005, 986 (987).
803 Mitteilung der *Kommission*, KOM(2011) 942 endg, S. 3.
804 Mitteilung der *Kommission*, KOM(2011) 942 endg, S. 4.
805 *European Policy Center*, Digital Single Market, March 2010, S. 4.
806 *MGI*, Internet matters, May 2011, S. 2.

fortschreitenden Veränderungen in der Wirtschaft, die durch die Etablierung des Internets angestoßen wurden, nicht mehr aufzuhalten. Statt an den alten Strukturen festzuhalten, kann nur eine progressive Herangehensweise zu mehr Wachstum führen und Europas Wettbewerbsfähigkeit erhalten. Zweitens trägt eine Etablierung des grenzüberschreitenden Handels zu einer Intensivierung des Wettbewerbs bei, der aufgrund der angesprochenen positiven Auswirkungen im Hinblick auf Preise, Produktvielfalt und Qualität insbesondere für die Verbraucher zu begrüßen ist. Drittens verhilft ein digitaler Binnenmarkt insbesondere kleinen und mittleren Unternehmen zu mehr Wachstum, die den gesamten europäischen Markt auch dann für sich nutzen können, wenn sie lediglich eine ländlich gelegene Niederlassung haben.[807] Ebenso können auch Verbraucher aus ländlichen Regionen besonders profitieren.

1. Potential des Online-Handels

Hinsichtlich seiner wirtschaftlichen Erschließung bietet das Internet noch immer ein großes Potential.[808] Selbst in hochentwickelten Ländern wie England oder Schweden trägt der Handel über das Internet nur zu etwa 6 Prozent des Bruttoinlandsprodukts (BIP) bei.[809] Üblicherweise liegt der Beitrag zum BIP deutlich darunter.[810] In Deutschland betrug er 2009 3,4 Prozent.[811] Zu Beginn des Jahres 2013 nutzten etwa ein Drittel der Weltbevölkerung das Internet,[812] wobei die Steigungsraten in der Versorgung der Bevölkerung und in der Nachfrage enorm sind. Von dem Jahr 2000 bis zum Jahre 2012 ist der Anteil der Internetnutzer um 566 Prozent gewachsen. Was Europa betrifft, so lag der Anteil der Internetnutzer im Jahre 2012 bei immerhin 63 Prozent. Doch auch hier sind für die Internetwirtschaft deutliche Wachstumsraten zu verzeichnen.[813] Schätzungen zufolge reichen diese bis zum Jahre 2015 von jährlich 8,3 Prozent (Deutschland) bis 13,6 Prozent (Polen).[814] Dies verdeutlicht das enorme

---

807 *BCG*, Turning Local, Sep. 2011, S. 15.

808 *BCG*, Turning Local, Sep. 2011, S. 15.

809 *MGI*, Internet matters, May 2011, S. 2.

810 *MGI*, Internet matters, May 2011, S. 2.

811 *BCG*, Turning Local, Sep. 2011, S. 12.

812 Quelle: http://www.internetworldstats.com/stats.htm (zuletzt abgerufen am 28.1.2014).

813 Quelle: http://www.internetworldstats.com/stats.htm (zuletzt abgerufen am 28.1.2014).

814 *BCG*, Turning Local, Sep. 2011, S. 14; vgl. auch *European Policy Center*, Digital Single Market, March 2010, S. 33f.

Potential für die Wirtschaft, das von der Nutzung von Online-Technologien ausgeht. Gleichzeitig steigen damit auch die Erwartungen an die Hersteller.[815] Junge Konsumenten, die mit dem Internet aufgewachsen sind, erwarten vielfältige Online-Services von den Produktherstellern.[816] So wird prognostiziert, dass viele Unternehmen Marktanteile verlieren werden, die sich dem Wettbewerb im Internet nicht stellen.[817]

2. *Intensivierung des Wettbewerbs*

Ein Digitaler Binnenmarkt fördert den Wettbewerb zwischen den Unternehmen in den Mitgliedsstaaten und führt zu geringeren Preisen und einer größeren Produktvielfalt.[818] Je weniger Online-Handel in einem Staat betrieben wird, desto höher sind in der Regel die Preise.[819] Eine breitere Produktauswahl ist schon allein dadurch zu erwarten, dass Hersteller mit ihrem bereits vorhandenen Angebot in neue Märkte vordringen können, um dort Waren zu verkaufen, die ohne einen funktionierenden grenzüberschreitenden Handel dort nicht verfügbar wären.[820] Darüber hinaus ist auch mit deutlichen Verbesserungen bei der Gestaltung von Internetseiten, bei der Produktinformation und insbesondere beim Service zu rechnen. Verbraucher schätzen schnelle Lieferzeiten, eine einfache Rückabwicklung und vor allem die Möglichkeit, ohne großen Aufwand mit dem Händler in direkten Kontakt treten zu können.

Diese Vorteile werden in erster Linie den Verbrauchern zugutekommen.[821] Eine gewachsene Akzeptanz des Online-Handels macht es gleichzeitig für Unternehmen attraktiver, die Vermarktung und den Verkauf über das Internet in ihr Geschäftsmodell einzubeziehen.[822] Dabei wird der räumliche Absatzmarkt für Hersteller und Händler deutlich vergrößert.

815 Vgl. *MGI*, Internet matters, May 2011, S. 5.

816 Vgl. *European Policy Center*, Digital Single Market, March 2010, S. 7.

817 *MGI*, Internet matters, May 2011, S. 3; *BCG*, Turning Local, Sep. 2011, S. 4.

818 *European Policy Center*, Digital Single Market, March 2010, S. 37.

819 *Veugelers/van Pottelsberghe*, Memo to the New Digital Agenda Commissioner, 2010, S. 3.

820 *European Policy Center*, Digital Single Market, March 2010, S. 39.

821 Vgl. *MGI*, Internet matters, May 2011, S. 3.

822 *European Policy Center*, Digital Single Market, March 2010, S. 38.

3. *Wachstum insbesondere für kleine und mittlere Unternehmen*

Insbesondere kleine und mittlere Unternehmen (KMU) können nach Ansicht in der Literatur deutlich schneller wachsen, wenn sie das Internet in ihre Verkaufsstrategien einbeziehen.[823] In den meisten Mitgliedsstaaten der Europäischen Union sind KMU der Motor für Wachstum und Schaffung neuer Arbeitsplätze.[824] Gerade ländliche Regionen mit bisher schwachen Unternehmen werden von einem Zuwachs des Onlinehandels profitieren. Die KMU erhalten Zugang zu neuen Märkten außerhalb ihrer Landesgrenzen und sind so in der Lage, neue Kunden über das Internet zu akquirieren, unabhängiger von der örtlichen Nachfrage zu agieren und damit zu expandieren. Effektive Marketinginstrumente, die bisher nur großen Unternehmen zur Verfügung standen, können über das Internet nun auch von kleinen Unternehmen genutzt werden.[825] Erfahrungen haben gezeigt, dass KMU, die das Internet für den Verkauf ihrer Waren oder Services nutzen, weitaus schneller wachsen als solche, die lediglich eine Internetseite ohne Verkauf betreiben oder sogar vollständig auf eine Internetpräsenz verzichten.[826] Das Konzept des digitalen Binnenmarkts zielt damit gerade auch auf kleinere Hersteller und Händler, die ihren Aktionsradius mit einem grenzüberschreitenden Online-Handel wesentlich ausweiten können.[827]

4. *Bewertung*

Die mit dem Konzept des digitalen Binnenmarkts verbundenen Ziele sind zu begrüßen und können verwirklicht werden. Das Internet beinhaltet enorme wettbewerbsfördernde Effekte.[828] Eine signifikante Zunahme des grenzüberschreitenden Internethandels führt zu deutlich mehr Wettbewerb, dessen übliche Vorteile günstigere Preise, bessere Produkte, eine größere Produktauswahl und höhere Produktivität sind.[829] Nach allgemeiner Ansicht tragen diese Effekte insgesamt zu einer Verbesserung der Wohlfahrt bzw. Vermehrung des Reichtums in der Gesellschaft bei.

---

823 *MGI*, Internet matters, May 2011, S. 2.

824 *BCG*, Turning Local, Sep. 2011, S. 4; *European Policy Center*, Digital Single Market, March 2010, S. 35.

825 *BCG*, Turning Local, Sep. 2011, S. 15.

826 *BCG*, Turning Local, Sep. 2011, S. 15; *MGI*, Internet matters, May 2011, S. 3.

827 Vgl. Mitteilung der *Kommission*, KOM(2011) 942 endg., S. 3f.

828 *Themelis*, IJLIT 2012, 346 (346).

829 Vgl. statt aller *Whish/Bailey*, Competition Law, 2011, S. 4; *Emmerich*, Kartellrecht, 2012, S. 3 ff.

Gleichwohl wird in der Literatur teilweise behauptet, dass die Vorteile des Wettbewerbs damit stark simplifiziert dargestellt werden.[830] Als zentrale Funktion des Wettbewerbs wird in aller Regel die Steuerung des Warenangebots und des Preisniveaus durch das Prinzip von Angebot und Nachfrage bezeichnet.[831] Dabei sorgten letztlich die Abnehmer für eine Anpassung des Angebots nach ihren Wünschen und Möglichkeiten. Gegen diesen Ansatz der zentralen Rolle des Abnehmers wendet sich eine grundlegende Systemkritik mit dem Argument, dass es für diese Vorstellung einer Konsumentendemokratie an der erforderlichen Markttransparenz fehlt.[832] Die Konsumenten seien aus Zeitmangel oder mangelnder fachlicher Kompetenz nicht in der Lage, die Produkte nach objektiven Kriterien zu vergleichen.[833] Dabei ist zu berücksichtigen, dass diese Kritik nicht die Vorteile des Wettbewerbs in Frage stellt. Vielmehr wendet sie sich lediglich gegen den erwähnten Erklärungsansatz und weist darauf hin, dass die positiven Effekte eines funktionierenden Wettbewerbs weitaus weniger präzise bestimmt werden können, da für dieses die tatsächlich ausschlaggebenden Faktoren nicht zuverlässig vorausgesagt werden können.[834]

Eine weitgehende Öffnung des Internethandels ist jedoch geeignet, der Kritik der fehlenden Markttransparenz zu begegnen und tatsächlich deutlich bessere Wettbewerbsbedingungen zu schaffen. Denn neben der leichteren Erreichbarkeit potentieller Abnehmer ist es gerade das Element der Markttransparenz, das den Online-Markt auszeichnet. So kann der Markt deutlich näher an die Bedingungen des sog. „perfekten Wettbewerbs" heranrücken, als es beim Handel lediglich unter offline-Bedingungen je möglich war.[835] Darüber hinaus ist der Handel über das Internet kein Markt, der vollkommen eigenständig neben dem klassischen Verkauf in Geschäften steht. Vielmehr müssen sich die stationären Ladengeschäfte gegenüber dem Internethandel behaupten und ihre in der Regel höheren Preise etwa durch einen besseren Kundenservice rechtfertigen. Ein transparenter Online-Handel stärkt also auch die Kompetenz der Verbraucher im klassischen Vertrieb. Nicht nur können die Verbraucher die Preise deutlich leichter vergleichen. Sie sind auch in der Lage, sich in kurzer Zeit detaillierte Informationen oder Bewertungen für die unterschiedlichsten Produkte zu erlangen. Damit

---

830 *Whish/Bailey*, Competition Law, 2011, S. 4; *Beater*, Unlauterer Wettbewerb, 2011, Rn. 125 ff.

831 *Götting*/Nordemann, UWG, 2013, Einl., Rn. 29.

832 *Götting*/Nordemann, UWG, 2013, Einl., Rn. 33.

833 *Götting*/Nordemann, UWG, 2013, Einl., Rn. 33.

834 *Hayek*, in: ORDO Bd. 26, 1975, 12 (14ff.).

835 *Beck*, WuW 1999, 460 (461).

tritt das Argument, wonach die Abnehmer schon aus Zeitmangel oder fehlender fachlicher Kompetenz die konkurrierenden Angebote gar nicht miteinander vergleichen können, bei einer zunehmenden Öffnung des Online-Handels mehr in den Hintergrund.

II. Entstehung der Abgrenzung zwischen aktivem und passivem Verkauf

Seit Jahrzehnten setzen Hersteller Alleinvertriebssysteme für die Vermarktung und den Verkauf ihrer Produkte ein.[836] Diese Systeme erscheinen den Anbietern regelmäßig als besonders geeignetes Mittel, hohe Absatzzahlen bei hohen Gewinnen zu erzielen und dabei das Image ihrer Marke zu erhalten und zu fördern.[837] Aufgrund der besonderen Absatzförderungspflichten, die die Abnehmer im Rahmen dieser Verträge üblicherweise übernehmen müssen, sind Alleinvertriebsverträge auch in den Augen der Kommission ein besonders geeignetes Mittel zur Erschließung des europäischen Binnenmarkts.[838] Diese Vertriebsabreden gehörten damit zu den ersten, die durch Gruppenfreistellungsverordnungen vom Kartellverbot freigestellt wurden.[839]

Nachfolgend soll eine Auseinandersetzung mit der Historie der EU-Wettbewerbspolitik bzgl. des Alleinvertriebs das Prinzip der Abgrenzung zwischen aktivem und passivem Verkauf verdeutlichen und den Vorteil erklären, den die Hersteller und die Kommission im Alleinvertrieb und dem diesem System immanenten Gebietsschutz sehen. Die Gegenüberstellung der wettbewerbspolitischen Überlegungen zu Zeiten, in denen ausschließlich der physische Verkauf maßgeblich war, mit den aktuellen Betrachtungen zum Internetvertrieb, soll zur Klärung der Frage beitragen, ob – wie die Kommission in der Vertikal-GVO annimmt – die damaligen Annahmen auch in dem heutigen Marktumfeld Geltung beanspruchen können. Insbesondere der Gebietsschutz in der Form der dualen Abgrenzung im Internetvertrieb, dessen Grundkonzept aus den sechziger Jahren stammt, bedarf einer vergleichenden Untersuchung mit den Zielen dieser Abgrenzung im physischen Marktumfeld.

---

836 Vgl. schon *Lach*, Das Recht des Alleinvertriebes, 1936, S. 7; *Schluep*, Der Alleinvertriebsvertrag, 1966, S. 15.

837 *Meyer*, Der Alleinvertrieb, 1990, S. 12.

838 Vgl. u.a. Leitlinien, Ziff. 164; dazu *Emmerich*, Kartellrecht, 2012, S. 102.

839 *Emmerich*, Kartellrecht, 2012, S. 102.

1. *Kein Alleinvertrieb mit absolutem Gebietsschutz*

Bereits in ihrer ersten Einzelentscheidung zu Alleinvertriebsverträgen machte die Kommission deutlich, dass sie von diesen Verträgen eine Förderung des europäischen Binnenmarktes erwartet und damit eine Intensivierung des Wettbewerbs.[840] Dagegen wurden die in Alleinvertriebsverträgen typischerweise enthaltenen absoluten Gebietsschutzklauseln weder von der Kommission noch vom Europäischen Gerichtshof gebilligt.[841] Die Integration der nationalen Märkte werde durch den absoluten Gebietsschutz erschwert, wenn nicht vereitelt.[842] Ausfuhrverbote bewirkten eine Abriegelung der Märkte und führten dazu, dass die entsprechenden Erzeugnisse keinem wirksamen Wettbewerb ausgesetzt sind.[843]

2. *Zur positiven Ausgestaltung von Alleinvertriebssystemen*

Erst im Anschluss an die erwähnte Entscheidung setzte sich die Kommission damit auseinander, wie der Alleinvertrieb positiv ausgestaltet werden durfte. In zwei Freistellungsentscheidungen bezog sie zu den mit dem Alleinvertrieb einhergehenden Beschränkungen Stellung und betonte dabei die aus ihrer Sicht vielfältigen Vorteile dieses Vertriebssystems.[844] In beiden Fällen hatten sich die Hersteller verpflichtet, in den festgelegten Alleinvertriebsgebieten ausschließlich an den jeweils ausgewählten Händler zu liefern. Den Vertragshändlern war es nicht gestattet, Artikel anzubieten, die den Vertragserzeugnissen gleichen.

Die Kommission stellte jeweils fest, dass insbesondere der markeninterne Wettbewerb durch die Vereinbarungen deutlich eingeschränkt werde und diese damit gegen das Kartellverbot verstießen. Allerdings erteilte sie jeweils eine Freistellung nach Art. 85 Abs. 3 EWG a.F.[845] Die Konzentration der Verkaufstätigkeit

---

840 Entscheidung der *Kommission* vom 20.10.1964, ABl. 1964, 161/2545; dazu *Schulte-Mäter*, Alleinvertriebsverträge, 1970, S. 20.

841 Entscheidung der *Kommission* vom 20.10.1964, ABl. 1964, 161/2545 (2547 f.); bestätigt durch *EuGH*, Urt. v. 13.07.1966 – 56 und 58/64, Slg. 1966, 326 – Grundig/Consten; dazu *Schluep*, Der Alleinvertriebsvertrag, 1966, S. 15; sowie *Schulte-Mäter*, Alleinvertriebsverträge, 1970, S. 21.

842 Entscheidung der *Kommission* vom 20.10.1964, ABl. 1964, 161/2545 (2548).

843 *EuGH*, Urt. v. 13.07.1966 – 56 und 58/64, Slg. 1966, 326 (392); dazu *Bohlig*, GRUR Ausl 1966, 580 (586).

844 Entscheidung der *Kommission* vom 23.9.1965, ABl. 1965, 156/2581 – Hummel-Isbecque; Entscheidung der *Kommission* vom 6.1.1966, ABl. 1966, 3/37 – Maison Jallatte.

845 Entscheidung der *Kommission* vom 23.9.1965, ABl. 1965, 156/2581 (2581); Entscheidung der *Kommission* vom 6.1.1966, ABl. 1966, 3/37 (38).

des Herstellers auf einen Alleinvertriebshändler gestatte dem Anbieter eine weniger komplexe Absatztätigkeit. Das ermögliche ihm eine bessere Übersicht über die Vertriebsmöglichkeiten auf dem Markt, mit der Folge, dass er sich diesen leichter anpassen könne. Der Alleinvertriebshändler biete darüber hinaus die Gewähr, dass die Vertragswaren dauerhaft und mit geringem Aufwand auf dem zugewiesenen Markt angeboten werden. Zudem verwies die Kommission auf den üblicherweise vereinbarten Kundendienst durch die Alleinvertriebshändler und wertete diesen als Beitrag zur Verbesserung der Warenverteilung. Den Verbrauchern komme zudem die Möglichkeit des raschen und bequemen Bezugs der Waren zugute.[846] Gleichzeitig betonte die Kommission in den genannten Freistellungsentscheidungen die Bedeutung mittelbarer Lieferungen in die Vertragsgebiete. Andere Unternehmen dürften nicht daran gehindert werden, die Vertragswaren auf anderem Wege als über die Vertragshändler in ihrem Gebiet zu beziehen. In beiden Fällen erteilte die Kommission die Freistellung unter dem Hinweis, dass die Händler nicht im Genuss eines absoluten Gebietsschutzes stünden.[847]

3. *Die ersten Gruppenfreistellungsverordnungen*

Mit der Gruppenfreistellungsverordnung 67 von 1967[848] (VO 67/67) änderte die Kommission ihre Entscheidungspraxis und machte erstmals allgemeine Vorgaben für Alleinvertriebsvereinbarungen. Bis dahin überstieg die Bearbeitung der Anträge auf Einzelfreistellung deutlich die Kapazitäten der Kommission.[849] Die Verordnung „über die Anwendung von Art. 85 Abs. 3 des Vertrages auf Gruppen von Alleinvertriebsvereinbarungen" stellte Vereinbarungen frei, an denen nur zwei Unternehmen beteiligt waren und in denen ausschließliche Liefer- und/oder Bezugspflichten zum Zwecke des Weiterverkaufs vereinbart worden waren.

Sowohl nicht freistellbare Beschränkungen des passiven Verkaufs als auch freistellbare Beschränkungen des aktiven Verkaufs wurden nun einer verbindlichen Regelung zugeführt, wenn auch die Begriffe des aktiven und passiven Verkaufs zunächst noch keine ausdrückliche Erwähnung fanden. Die Anbieter durften es Zwischenhändlern und Verbrauchern gem. Art. 3 lit. b VO 67/67 nicht erschweren,

846 Entscheidung der *Kommission* vom 23.9.1965, ABl. 1965, 156/2581 (2582); Entscheidung der *Kommission* vom 6.1.1966 ABl. 1966, 3/37 (38).
847 Entscheidung der *Kommission* vom 23.9.1965, ABl. 1965, 156/2581 (2583); Entscheidung der *Kommission* vom 6.1.1966, ABl. 1966, 3/37 (39).
848 Verordnung der *Kommission* 67/67/EWG, ABl. 57 vom 25.3.1967, 849.
849 *Geers*, Die Gruppenfreistellung, 2000, S. 43.

sich die Vertragswaren bei anderen Händlern in den Mitgliedsstaaten zu beschaffen. Nach Art. 3 lit. b Nr. 2 VO 67/67 konnten zudem solche Vereinbarungen nicht von der Gruppenfreistellung profitieren, in denen die Hersteller Maßnahmen trafen, die Händler oder Verbraucher daran hinderten, die Vertragswaren anderweitig innerhalb des gemeinsamen Marktes zu beziehen oder zu veräußern. Gleichzeitig stellte Art. 2 Abs. 1 lit. b VO 67/67 Vertragsklauseln vom Kartellverbot frei, in denen Hersteller ihre Vertragshändler verpflichteten, außerhalb ihres Vertragsgebiets keine Kunden zu werben und keine Niederlassungen einzurichten. Ein solches Verbot sollte eine effektive Funktionsweise des Alleinvertriebssystems gewährleisten. Es durfte einem Alleinvertriebshändler also uneingeschränkt verboten werden, außerhalb seines Vertragsgebietes Kunden zu akquirieren und zu werben.[850] Dagegen musste es dem Händler freistehen, Bestellungen zu bearbeiten, die von außerhalb seines Exklusivgebiets an ihn gerichtet waren.[851]

Diese Bestimmungen wurden ohne inhaltliche Änderungen in der Nachfolgerverordnung VO 1983/83[852] übernommen. Die Bestimmung, wonach dem Händler keine weitere Wettbewerbsbeschränkung auferlegt werden durfte, als die Verpflichtung, außerhalb seines Vertragsgebiets für die Vertragswaren keine Kunden zu werben, keine Niederlassung einzurichten und keine Auslieferungslager zu unterhalten, wurde von der Kommission in der begleitenden Bekanntmachung nun ausdrücklich als Verbot „aktiver Verkaufspolitik" bezeichnet.[853]

4. *Fazit: Aufbau des Binnenmarkts durch Alleinvertriebsverträge*

Die Kommission betrachtete Alleinvertriebsverträge als wichtiges Instrument zur europäischen Marktintegration.[854] Laut den Erwägungsgründen der VO 67/67 zeigte sie sich davon überzeugt, der Exklusivvertrieb sorge für eine bessere Verteilung der Waren.[855] Durch den Geschäftsverkehr mit nur einem

850 *Gleiss/Hirsch*, EWG-Kartellrecht, 1978, Art. 85 EWGV, Rn. 278.

851 *Gleiss/Hirsch*, EWG-Kartellrecht, 1978, Art. 85 EWGV, Rn. 276; vgl. auch Entscheidung der *Kommission* vom 28.10.1970, ABl. 1970 L 242/22 – Omega.

852 Verordnung der *Kommission* vom 22.6.1983, ABl. 1983 L 173/1.

853 Bekanntmachung der *Kommission*, ABl. 1984 C 101/3.

854 So insbesondere Entscheidung der *Kommission* vom 23.9.1965, ABl. 1965, 156/2581 (2582) – Hummel-Isbecque; sowie Entscheidung der *Kommission* vom 6.1.1966, ABl. 1966, 3/37 (39) – Maison Jallatte.

855 Verordnung der *Kommission* 67/67/EWG, ABl. 57 vom 25.3.1967, 849; vgl. auch Erwägungsgrund 5 der Verordnung der *Kommission* 1983/83, ABl. Nr. L 173 vom 30.6.1983, 1; sowie *Niederleithinger/Ritter*, Kartellrechtliche Entscheidungspraxis, 1989, S. 70.

Händler ließen sich Absatzschwierigkeiten, die sich aus sprachlichen, rechtlichen oder sonstigen Unterschieden ergeben, leichter überwinden. Insbesondere die Absatzförderung werde im Alleinvertrieb erleichtert, was zu einer intensiven Bearbeitung des Marktes und einer kontinuierlichen Versorgung unter gleichzeitiger Rationalisierung der Verteilung führe.[856] Außerdem gebe die Bestellung eines Exklusivhändlers, der für den Hersteller Aufwendungen für Absatzförderung, Kundendienst und Lagerhaltung übernehme, vielfach kleinen und mittleren Unternehmen erst die Möglichkeit, auf dem Markt als Wettbewerber in Erscheinung zu treten. In der Regel trügen derlei Vertriebssysteme auch zu einer angemessenen Beteiligung der Verbraucher an dem entstehenden Gewinn bei.[857]

Obgleich der europäische Binnenmarkt aufgrund der Abschaffung der Binnenzölle und der Beseitigung der Hindernisse für den freien Personen-, Dienstleistungs- und Warenverkehr Ende 1970 als vollendet galt, waren die vier Grundfreiheiten zu diesem Zeitpunkt nur unvollkommen verwirklicht,[858] wie die Kommission selbst im Weißbuch zur „Vollendung des Binnenmarkts"[859] feststellte. Es fehlte an den angestrebten binnenmarktähnlichen Verhältnissen. Namentlich fanden an den Binnengrenzen weiter Zollkontrollen für die Eintreibung der Mehrwertsteuern[860] oder für Währungsausgleichsbeträge für Agrarerzeugnisse[861] statt. Technische Schranken waren vielfach auf unterschiedliche nationale Regelungen und Normen für Waren zurückzuführen, die Hersteller oftmals dazu zwangen, sich nur auf einzelstaatliche Teilmärkte, nicht aber auf den gesamten europäischen Markt auszurichten.[862]

Diese materiellen und technischen Beschränkungen hatten zur Folge, dass Hersteller einige Anstrengungen unternehmen mussten, um andere nationale Märkte innerhalb der Europäischen Gemeinschaft zu erschließen. Viele Hersteller scheuten die Investitionsrisiken, die für das Eindringen in den fremden Markt erforderlich waren. Das System des Alleinvertriebs konnte für die Anbieter eine

---

856 Verordnung der *Kommission* Nr. 67/67/EWG, ABl. 57 vom 25.3.1967, 849.

857 Verordnung der *Kommission* Nr. 67/67/EWG, ABl. 57 vom 25.3.1967, 849 (850).

858 *Krägenau*, in: Mayer/Scharrer/Schmahl, Der Europäische Binnenmarkt, 1989, S. 18; zu den tatsächliche Beschränkungen im Warenverkehr siehe auch *Zschiedrich*, Binnenmarkt Europa, 1993, S. 73f.

859 Weißbuch der *Kommission*, Juni 1985, KOM(85) 310 endg.

860 Weißbuch der *Kommission*, Juni 1985, KOM(85) 310 endg., Ziff. 33.

861 Weißbuch der *Kommission*, Juni 1985, KOM(85) 310 endg., Ziff. 38.

862 Weißbuch der *Kommission*, Juni 1985, KOM(85) 310 endg., Ziff. 60.

deutliche Erleichterung darstellen.[863] Vorbereitende Maßnahmen für den Verkauf der Produkte in den jeweiligen Gebieten, konnten den Exklusivhändlern übertragen werden. Außerdem wurden diese in aller Regel zur Absatzförderung, insbesondere durch Werbemaßnahmen, in ihren Gebieten verpflichtet. So konnte sich der Anbieter weitgehend auf den Kontakt mit dem eingesetzten Abnehmer beschränken.

Die Händler waren zu diesen kostenintensiven Anstrengungen aber nur bereit, wenn ihnen seitens der Hersteller eine gewisse Garantie für den Absatz in ihrem Exklusivgebiet gewährt wurde. Dies erkannte auch die Kommission und stellte Alleinvertriebsvereinbarungen unter einen besonderen Schutz. Dieser Schutz erfuhr seine deutlichste Ausprägung darin, dass den Alleinvertriebshändlern der aktive Verkauf außerhalb ihrer Vertragsgebiete untersagt werden durfte. Das schränkte die Exklusivhändler ein, führte aber dazu, dass diese ihrerseits keine aktiven Verkäufe fremder Händler in ihren Gebieten fürchten mussten. Die Kommission sicherte so eine effektive Funktionsweise des Alleinvertriebs.

Vor diesem Hintergrund hatte die Kommission mit der Abgrenzung zwischen aktivem und passivem Verkauf als Maßstab für die Freistellbarkeit des Exklusivvertriebs den richtigen Ansatz gewählt. Verbote des passiven Verkaufs waren aufgrund der Verhinderung des Parallelhandels und der damit einhergehenden Marktabschottungen untersagt. Von solchen Vereinbarungen waren keine Fortschritte für den zwischenstaatlichen Handel zu erwarten gewesen. Insbesondere wären unangemessene Verbraucherpreise zu erwarten gewesen. Soweit aber in Alleinvertriebssystemen auf eine solche Klausel verzichtet wurde, konnten die gegenteiligen Effekte erzielt und die Warenverteilung innerhalb der Europäischen Gemeinschaft deutlich verbessert werden. Die dafür erforderlichen Investitionen mussten durch den Schutz vor aktiven Verkäufen abgesichert werden.

III. Im Internet ist Aktiv/Passiv-Abgrenzung wettbewerbsfeindlich

Die oben genannten Schranken für die Erschließung nationaler Märkte innerhalb der Europäischen Union sind heute weitgehend abgebaut. Mit dem Euro verwenden mittlerweile 17 Länder innerhalb der Europäischen Union die gleiche Währung. Durch Mobiltelefone und Internet wurde die Kommunikation zwischen den Ländern deutlich vereinfacht. Bei Rechtstreitigkeiten zwischen Verbrauchern und Unternehmen kann jeder Verbraucher in sei-

863 *Düesberg*, WuW 1966, 463 (469); vgl. auch *Kirchhoff*, Vertikale Vertriebsverträge, 1989, S. 266.

nem Heimatland eine alternative Streitbeilegungseinrichtung anrufen.[864] Es wurde in der EU zudem ein einheitliches Rücktrittsrecht bei Fernabsatzverträgen von mindestens 14 Tagen eingeführt. Der Grundsatz der gegenseitigen Anerkennung – als Ausfluss des Grundsatzes des freien Warenverkehrs – stellt sicher, dass nationale technische Vorschriften kein Hindernis für den freien Warenverkehr in der EU darstellen.[865] Ein Produkt, das in einem Mitgliedsstaat rechtmäßig in den Verkehr gebracht worden ist, muss danach in jedem anderen Mitgliedsstaat auf den Markt gebracht werden dürfen.[866] Außerdem wurden viele Produktsicherheitsnormen mittlerweile durch Europäische Normen vereinheitlicht.[867]

Auch wenn noch immer eine Vielzahl an unterschiedlichen nationalen Normen fortbesteht, so sind diese Handelsschranken nicht mehr mit denen vergleichbar, die noch zum Ende des 20. Jahrhunderts innerhalb der Europäischen Gemeinschaft galten. Die Hemmnisse bei der Erschließung nationaler Märkte innerhalb der Europäischen Union sind deutlich gesunken.[868] Mit dem geringeren Aufwand bei der Markterschließung geht auch ein geringeres Bedürfnis nach dem Schutz der Investitionen einher, die durch die von den Herstellern eingesetzten Alleinvertriebshändlern getätigt werden. Das Argument, der Schutz der Alleinvertriebshändler vor aktiven Verkäufen benachbarter Länder in ihr Vertragsgebiet führe zu Effizienzgewinnen,[869] kann vor diesem Hintergrund nicht mehr pauschal bejaht werden. Dabei ist zu berücksichtigen, dass Hersteller Alleinvertriebshändler auch einsetzen können, ohne sie vor aktiven Verkäufen zu schützen. So hat der EuGH bereits geurteilt, dass die herstellerseitige Zusicherung gegenüber einem Händler, wegen seiner Investitionen in die Markterschließung für einen bestimmten Zeitraum keine weiteren Händler in seinem Gebiet zu beliefern, nicht gegen das Kartellverbot verstößt, wenn der durch diese Klausel beschränkte Wettbewerb sonst gar nicht erst eröffnet würde.[870] Diesem

---

864 Dazu *Europäische Kommission*, 20 Jahre Europäischer Binnenmarkt, 2012, S. 22.

865 *Europäische Kommission*, 20 Jahre Europäischer Binnenmarkt, 2012, S. 34.

866 Siehe dazu die Verordnung 764/2008 des *Europäischen Parlaments* und des *Rates* vom 13.8.2008, ABl. 2008 L 218/21 vom; sowie der Bericht der *Europäischen Kommission* vom 15.6.2012, COM(2012) 292 final.

867 *Europäische Kommission*, 20 Jahre Europäischer Binnenmarkt, 2012, S. 35.

868 *Europäische Kommission*, 20 Jahre Europäischer Binnenmarkt, 2012, S. 33.

869 Vgl. Leitlinien, Ziff. 164.

870 *EuGH*, Urt. v. 30. 6. 1966 – 56/65, Slg. 1966, 281 (304) – Maschinenbau Ulm; dazu *Zimmer*, in: Immenga/Mestmäcker, EU-Wettbewerbsrecht, 2012, Art. 101 Abs. 1, Rn. 285.

Markterschließungsgedanken kann unabhängig vom Schutz des Händlers vor aktiven Verkäufen weiter Rechnung getragen werden.

1. *Verstoß gegen Kartellverbot durch Verbot aktiver Verkäufe*

Ein Verbot, aktive Verkäufe in fremde Alleinvertriebsgebiete vorzunehmen, wurde nach der Rechtsprechung des EuGH bisher nicht unter dem Tatbestand des Kartellverbots privilegiert. Daher gilt für derartige Vertriebsabreden, anders als für selektive Vertriebssysteme, dass die Frage, ob eine Wettbewerbsbeschränkung vorliegt, nach den üblichen Kriterien zu beantworten ist. Nach Art. 101 Abs. 1 AEUV sind alle Vereinbarungen verboten, die den zwischenstaatlichen Handel zu beeinträchtigen geeignet sind und eine Beschränkung des Wettbewerbs bezwecken oder bewirken

Mit einem Verbot, aktiv in fremde Alleinvertriebsgebiete zu verkaufen, kann einem Händler zum Beispiel untersagt werden, in dem betreffenden Gebiet gezielt für sich zu werben. Die Klausel ist aufgrund der ihr innewohnenden Exportbeschränkung geeignet, den zwischenstaatlichen Handel zu beschränken.[871] Die Wettbewerbsbeschränkung ist dem Ziel der Klausel nach auch bezweckt.[872] Es wird dem Händler deutlich erschwert, die in anderen Alleinvertriebsgebieten ansässigen Kunden zu erreichen und mit ihnen Verkäufe abzuwickeln. Dies beschränkt seine wirtschaftliche Handlungsfreiheit.[873] Der Händler ist nicht mehr in der Lage, selbstständig zu bestimmen, welche Verkaufspolitik im europäischen Binnenmarkt er zu verfolgen gedenkt.[874] Gerade Vereinbarungen, die das Ziel haben, grenzüberschreitende Arbitrage oder Parallelimporte zu verhindern, gelten als wettbewerbswidrig.[875] Damit erfüllt ein Verbot des Aktivverkaufs die Voraussetzungen des Art. 101 Abs. 1 AEUV und verstößt gegen das Kartellverbot.[876]

---

871 Vgl. *Lettl*, Kartellrecht, 2013, S. 43.

872 Vgl. *Emmerich*, in: Immenga/Mestmäcker, EU-Wettbewerbsrecht, 2012, Art. 101 Abs. 1, Rn. 171.

873 Vgl. zu diesem Begriff *Emmerich*, Kartellrecht, 2012, S. 67.

874 Vgl. *EuGH*, Urt. v. 23.11.2006 – C-238/05, Slg. 2006, I-11125, EuZW 2006, 753; *Emmerich*, Kartellrecht, 2012, S. 61.

875 *Gippini-Fournier/Mojzesowicz*, in: Loewenheim/Meessen/Riesenkampff, Kartellrecht, 2009, Art. 81 Abs. 1, Rn. 9.

876 So auch *Goyder*, EU Distribution Law, 2011, S. 81 f.; sowie *Nolte*, in: Langen/Bunte, Kartellrecht, 2010, Art. 81 Fallgruppen, Rn. 543.

2. *Effizienzgewinne durch Verbot aktiver Verkäufe*

Es stellt sich die Frage, ob von der durch Art. 4 lit. b Ziff. i Vertikal-GVO verliehenen Möglichkeit, aktive Verkäufe über das Internet in Alleinvertriebsgebiete zu untersagen, heute weiterhin so viele Vorteile für die Verbesserung des Warenvertriebs ausgehen, dass eine gruppenweise Freistellung einer solchen Klausel weiterhin gerechtfertigt erscheint.

Gruppenfreistellungsverordnungen sind Ausdruck der Regelung des Art. 101 Abs. 3 AEUV. Für Freistellungen nach der Vertikal-GVO gelten daher dieselben Voraussetzungen, wie sie auch bei einer Einzelfreistellung gelten.[877] Diese werden von der Kommission vereinfacht so zusammengefasst, dass die wettbewerbsfördernden Auswirkungen die negativen Auswirkungen überwiegen müssen.[878] Insbesondere die folgenden Voraussetzungen müssen für eine Freistellung vollständig erfüllt sein:

i. Die Wettbewerbsbeschränkungen müssen der Verbesserung der Warenverteilung dienen oder den technischen oder wirtschaftlichen Fortschritt fördern,
ii. die Verbraucher müssen am Gewinn angemessen beteiligt werden
iii. und die Wettbewerbsbeschränkungen müssen für die Verbesserungen unerlässlich sein.

Es wird vermutet, dass Vereinbarungen, die die Voraussetzungen der Verordnung erfüllen, auch die Voraussetzungen von Art. 101 Abs. 3 AEUV erfüllen.[879]

a) Positive Effekte durch Beschränkungen aktiver Verkäufe

Die Kommission zeigt sich davon überzeugt, dass vertikale Vereinbarungen aufgrund der besseren Koordinierung die wirtschaftliche Effizienz innerhalb der Vertriebskette erhöhen können. Insbesondere können die Transaktions- und Vertriebskosten verringert werden.[880] Sie ist weiter der Ansicht, dass Alleinvertrieb vor allem dann mit Effizienzgewinnen einhergehen kann, „wenn von den Händlern Investitionen zum Schutz oder Aufbau des Markenimages verlangt

---

877 *Ellger*, in: Immenga/Mestmäcker, EU-Wettbewerbsrecht, 2012, Art. 101 Abs. 3, Rn. 333.

878 Leitlinien der *Kommission* zu Art. 81 Abs. 3, 27.4.2004, ABl. 2004 C 101/97, Ziff. 33; dazu ausführlich *Kjølbye*, ECLR 2004, 566.

879 *Schultze/Pautke/Wagener*, Vertikal-GVO, 2011, Rn. 21.

880 Erwägungsgrund 6 der Vertikal-GVO; dazu *Ellger*, in: Immenga/Mestmäcker, EU-Wettbewerbsrecht, 2012, Art. 101 Abs. 3, Rn. 174.

werden."[881] Verbote des Aktivverkaufs seien darüber hinaus geeignet, eine effektive Funktionsweise des Exklusivvertriebs zu gewährleisten.[882] Sie sollen sicherstellen, dass die Exklusivität, die der eingesetzte Händler genießt, nicht durch Verkäufe benachbarter Händler untergraben wird.[883] Ohne die Zusicherung der Exklusivität könne von den Händlern nicht erwartet werden, dass sie die entsprechenden Investitionen tätigen.[884]

b) Negative Effekte durch Verbot aktiver Internetverkäufe

Die Auswirkungen von Verboten aktiver Verkäufe in fremde Alleinvertriebsgebiete auf die wirtschaftliche Handlungsfreiheit der Händler waren noch Ende des 20. Jahrhunderts deutlich geringer als zum heutigen Zeitpunkt, zu dem sich das Internet längst etabliert hat. Ohne die Nutzbarkeit eines solchen Mediums waren die Möglichkeiten der Händler, auch außerhalb ihrer Region hohe Absatzzahlen zu erzielen, erheblich eingeschränkt. Daher hatte auch die Auferlegung eines Verbots von Aktivverkäufen vergleichsweise geringe Auswirkungen auf die Verkaufspolitik der Händler. Bei der Abwägung zwischen den negativen Auswirkungen von Beschränkungen des aktiven Verkaufs und den positiven Effekten ist daher zu berücksichtigen, dass es für Händler nun um ein Vielfaches leichter ist, in den gesamten Europäischen Binnenmarkt zu verkaufen. Auch Verbraucher mussten früher erhebliche Anstrengungen unternehmen, um mit einem außerhalb seiner Region ansässigen Alleinvertriebshändler Kontakt aufzunehmen. Nun kann dies mit wenigen Klicks über das Internet erledigt werden.[885] Ein Verbot von Aktivverkäufen schränkt damit sowohl Händler als auch Verbraucher heute deutlich schwerer ein.

Ziel von Art. 101 Abs. 1 AEUV ist außerdem die Gewährleistung der Verkehrsfreiheiten[886] und die Verwirklichung des europäischen Binnenmarkts.[887] So ordnete der EuGH in der Sache *Pierre Fabre* das Verbot des Internetvertriebs

---

881 Leitlinien, Ziff. 164 Satz 1.

882 Vgl. *Velez*, ECLR 2011, 212 (216); *Seeliger*, WuW 2000, 1174 (1182).

883 Zu den Vorteilen des Exklusivvertriebs insgesamt siehe *Klein/Murphy*, Antitrust Law Journal 2008, 433; *Klotz*, in: von der Groeben/Schwarze, Kommentar zum EU-/EG-Vertrag, 2003, Art. 81 Anhang, Rn. 129.

884 *BGH*, Urt. v. 14.1.1997 – KZR 35/95, NJWE-WettbR 1997, 211; dazu *Zimmer*, in: Immenga/Mestmäcker, GWB, 2007, § 1 GWB, Rn. 371.

885 *Goyder*, EU Distribution Law. 2011, S. 231.

886 *Zimmer*, in: Immenga/Mestmäcker, EU-Wettbewerbsrecht, 2012, Art. 101 Abs. 1, Rn. 242.

887 *Funke/Just*, KSzW 2010, 151 (158).

auch im Hinblick auf die Warenverkehrsfreiheit als Verstoß gegen das Kartellverbot ein.[888] Alleinvertriebsvereinbarungen können zudem Marktaufteilungen fördern,[889] und so den freien Warenverkehr einschränken. Gerade ein Verbot, aktive Verkäufe über das Internet zu tätigen, konterkariert die Anstrengungen der Europäischen Kommission, einen gemeinsamen digitalen Binnenmarkt zu schaffen, in dem es keinen Unterschied macht, ob Bestellungen im eigenen Land oder in einem beliebigen anderen Mitgliedsstaat der Europäischen Union erfolgen.

3. *Fazit: Regelung der Vertikal-GVO zum Verbot von Aktivverkäufen muss abgeschafft werden*

Die Übertragung der Abgrenzung zwischen aktivem und passivem Verkauf auf den Internetvertrieb ist ein Kompromiss zwischen den Interessen der Hersteller, die weitgehende Freiheit bei der Ausgestaltung ihrer Vertriebssysteme fordern, und dem Interesse der Kommission sowie der Internethändler, den grenzüberschreitenden Handel zu fördern.[890] Mit diesem Interessenausgleich hat die Kommission in zweifacher Hinsicht einen falschen Ansatz gewählt. Erstens sind die Argumente der Hersteller und der Kommission zum Schutz des Exklusivvertriebs nicht mehr aktuell. Zweitens ist die duale Abgrenzung für das ubiquitäre Internet nicht geeignet und der Ansatz der Kommission widersprüchlich. Der größte Mangel der Vertikal-GVO besteht letztlich darin, dass die Kommission versucht, den Exklusivvertrieb aufrecht zu erhalten und gleichzeitig den Internetvertrieb zu fördern. Diese beiden Ziele lassen sich nebeneinander nicht verwirklichen.[891]

Die Schranken bei der Erschließung nationaler Märkte wurden mittlerweile so weit abgebaut, dass eine pauschale Privilegierung von Verkaufsbeschränkungen in Alleinvertriebsgebiete nicht länger gerechtfertigt ist. Alleinvertriebssysteme waren ein Instrument zur Förderung des Europäischen Binnenmarkts. Soweit sie aber heute mit Beschränkungen aktiver Verkäufe einhergehen, bewirken sie in aller Regel das Gegenteil. Die Frage der Freistellung von Verboten des

888 *EuGH*, Urt. v. 13.10.2011 – C-439/09, Slg. 2011, I-9419, Ziff. 44, MMR 2010, 50 – Pierre Fabre; dazu *Vogel*, JECLaP 2012, 271 (274); sowie *Themelis*, IJLIT 2012, 346 (350).

889 *Petsche/Lager*, in: Liebscher/Flohr/Petsche, Handbuch der EU-Gruppenfreistellungsverordnungen, 2012, § 7, Rn. 160.

890 *Polley*, CR 2010, 625 (628); *Simon*, EWS 2010, 497 (502); *Seeliger/Klauß*, GWR 2010, 233 (236).

891 *Accardo*, Vertical Antitrust Enforcement, 2012, S. 60.

aktiven Verkaufs muss daher von der Gruppenfreistellung hin zur Einzelfreistellung verlagert werden. Die früher geltende allgemeine Annahme, wonach Alleinvertriebshändler stets den Schutz vor aktiven Verkäufen fordern, kann heute nicht mehr gelten.[892] Soweit ein Hersteller dennoch den Nachweis führen kann, dass er selbst nicht zu der Erschließung neuer nationaler Märkte innerhalb der Europäischen Union in der Lage ist, und ein Alleinvertriebshändler zu den notwendigen Investitionen nur dann bereit ist, wenn er vor aktiven Verkäufen geschützt wird, kommt eine Privilegierung nach der Einzelfreistellung weiterhin in Betracht. Insofern kann das Konzept des Exklusivvertriebs, wo es benötigt wird, weiterhin angewandt werden.

Teilweise wurden Befürchtungen geäußert, schon mit dem geltenden Konzept könne das System des Exklusivvertriebs aufgeweicht, wenn nicht gar zerstört werden.[893] Richtig ist, dass Alleinvertriebssysteme spätestens mit dem Wegfall einer Privilegierung von Verboten des Aktivverkaufs schwächer geschützt wären. Gerade dies muss aber das Ziel des Kartellrechts sein.[894] Wettbewerbsbeschränkende Abreden dürfen nur so lange zugelassen werden, wie von ihnen tatsächlich Effizienzgewinne ausgehen.[895]

Weniger als zwei Jahre nachdem die Europäische Kommission die Vertikal-GVO 330/2010 verabschiedet hatte, veröffentlichte sie ihre Mitteilung zum Aufbau eines digitalen Binnenmarkts.[896] Die beiden Dokumente bilden gemeinsam ein Paradoxon. Mit der Freistellung des Verbots aktiver Verkäufe ist nach der Vertikal-GVO die Aufteilung des Vertriebs in nationale Märkte bis zu einem gewissen Grad gestattet. Insbesondere kann der Vertrieb über das noch junge Internet den Regeln eines jahrzehntealten Vertriebskonzepts unterworfen werden, das seiner Natur nach auf Gebietsaufteilungen ausgerichtet ist. Demgegenüber vertritt die Kommission in ihrer nachfolgenden Mitteilung die Position, dass „die traditionellen Wirtschaftstätigkeiten (…) sich an Entwicklungen anpassen [müssen], die die Grenzen zwischen Geschäfts- und Online-Verkäufen (…) verwischen lassen.“[897]

892 So aber *Peeperkorn*, in: Kilpailuoikeudellinen Vuosikirja 2010, 2011, 201 (215).

893 *Ruppert*, Die neue Vertikal-GVO, 2010, S. 24; *Kirsch*, WuW 2005, 986 (996); *Kirsch/Weesner*, JILP 2006, 297 (309); *Dethmers/Posthuma de Boer*, ECLR 2009, 424 (434); differenzierend *Seeliger*, WuW 2000, 1174 (1182).

894 So im Ergebnis auch *Themelis*, IJLIT 2012, 346 (360).

895 Andere Ansicht *Petit/Henry*, in: Gheur/Petit, Vertical Restraints, 2011, 123 (164).

896 Mitteilung der *Kommission* vom 11.1.2012, KOM(2011) 942 endg.

897 Mitteilung der *Kommission* vom 11.1.2012, KOM(2011) 942 endg. S. 1.

Die Grenzen zwischen Offline- und Online-Verkauf werden aber nicht aufgehoben, indem beide Vertriebswege den gleichen Regeln unterworfen werden – insbesondere solchen, die lange vor der Erfindung des Internets geschaffen wurden. Das Gegenteil ist der Fall, denn die Regeln zum Alleinvertrieb wurden nicht für die virtuelle Online-Welt entwickelt.[898] Der klassische Handel findet über stationäre Verkaufsgeschäfte statt, die sich nach regionalen Anforderungen und der Nachfrage aus dem jeweiligen Gebiet richten müssen.[899] Mit der Vertikal-GVO wurde das alte Konzept auf die neue Online-Umgebung ausgedehnt und versucht, die bisherigen Regelungen diesem Umfeld anzupassen.[900]

Die Abgrenzung zwischen aktivem und passivem Verkauf ist nicht geeignet, den Anforderungen des Internetvertriebs gerecht zu werden.[901] Die vielfältigen Möglichkeiten, die die neuen Technologien für Werbung und Vertrieb bieten, sind so komplex, dass sie nicht in eine simple duale Unterscheidung zwischen kartellrechtlich erlaubt bzw. verboten eingepasst werden können.[902] Daran ändern auch die Beispiele der Kommission zur Abgrenzung zwischen aktivem und passivem Verkauf nichts.[903] So sind zum Beispiel Massen-E-Mails[904] als Marketingmethode längst veraltet.[905] Da eine klare Abgrenzung im Online-Umfeld nicht zu erreichen ist, müssen die Kategorien des aktiven und passiven Verkaufs in der Vertikal-GVO abgeschafft werden.

D. Abgrenzung zwischen aktivem und passivem Verkauf im Einzelnen

Unabhängig von der bereits geäußerten Kritik an der Abgrenzung zwischen aktivem und passivem Verkauf, beschäftigt sich dieser Abschnitt mit der Abgrenzung zwischen den beiden Verkaufsformen bei der Verwendung der gängigen Online-Werbeformen. Dabei werden nicht nur die Beispiele aus den Leitlinien erörtert, wie Massen-E-Mails, Newsletter mit Einverständnis der Empfänger,

---

898 *Goyder*, EU Distribution Law. 2011, S. 231.

899 *Themelis*, IJLIT 2012, 346 (353).

900 *Vogel*, JECLaP 2011, 245 (247).

901 *Galarza/Gissler*, in: Gheur/Petit, Vertical Restraints, 2011, 169 (175); *Themelis*, IJLIT 2012, 346 (354 f.).

902 *Goyder*, EU Distribution Law, 2011, S. 231; kritisch auch *Velez*, ECLR 2011, 212 (216 f.); sowie schon *Dietrich/Menais*, Distribution Networks and On-line Sales, 2001, 3.

903 Leitlinien, Ziff. 51 bis 53.

904 Leitlinien, Ziff. 51, 1. Spiegelstrich.

905 *Themelis*, IJLIT 2012, 346 (360).

sog. Targeting-Methoden, Beschränkungen bei der Erreichbarkeit oder der Verkaufsabwicklung für die händlereigene Internetpräsenz, verfügbare Sprachen und Bannerwerbung. Darüber hinaus wird unter anderem die Zulässigkeit der Beschränkung aktiver Kundenansprachen über Smartphones, soziale Netzwerke und Such- sowie Preissuchmaschinen geprüft.

Es sei nochmal an die kartellrechtlichen Grundlagen dieser Abgrenzungsfrage erinnert. Beschränkungen sowohl des aktiven als auch des passiven Verkaufs verstoßen gegen das Kartellverbot. Auch nach Art. 4 lit. b Vertikal-GVO fallen sie unter den Tatbestand der Kernbeschränkung und sind damit von der Gruppenfreistellung ausgenommen. Nur nach der Ausnahme des Art. 4 lit. b Ziff. i Vertikal-GVO können aktive Verkäufe in exklusiv zugewiesene Gebiete oder an exklusive Kundengruppen untersagt werden. Daher ist die Frage der Abgrenzung nur dann relevant, wenn in dem Zielgebiet, in das der aktive Verkauf untersagt wird, ein Alleinvertriebssystem eingerichtet ist. In diesem Fall ist aber die Differenzierung von zentraler Bedeutung.[906] Denn sie entscheidet darüber, ob die Vertriebsvereinbarung als Ganze das Privileg der Gruppenfreistellung verliert (weil passive Verkäufe beschränkt wurden) oder ob sie insgesamt vom Kartellverbot freigestellt ist, weil den engen Vorgaben des Art. 4 lit. b Ziff. i Vertikal-GVO genüge getan wurde.

Darüber hinaus sei auch nochmals auf die häufig anzutreffenden missverständlichen Formulierungen bei der Bezeichnung der Gebiete hingewiesen, für die der aktive Verkauf eingeschränkt werden darf. So findet sich in der Literatur der folgende Klauselvorschlag für Alleinvertriebsverträge:

> „Untersagt ist die direkte Ansprache gebietsfremder Kunden“. Der Händler hat sicherzustellen, „dass die Werbung nur den ihm zugewiesenen Kunden ausgeliefert wird“.[907]

Die Verfasser dieses Vorschlages lassen den Hinweis vermissen, dass diese Klausel nur im Einklang mit der Vertikal-GVO steht, wenn das Alleinvertriebssystem einheitlich für die gesamte Europäische Union eingerichtet wird. Vorstellbar ist aber auch, dass beispielsweise ein deutscher Hersteller in Deutschland und Österreich ein selektives oder offenes Vertriebssystem betreibt und in allen weiteren Mitgliedsstaaten Alleinvertriebshändler beliefert. In diesem Fall würde die obige Formulierung in Bezug auf Deutschland und Österreich gegen Art. 4 lit. b Ziff. i Vertikal-GVO verstoßen, denn diese Gebiete wären nicht ausschließlich

906 *Lettl*, WRP 2010, 807 (814); *Whish/Bailey*, CMLR 2010, 1757 (1779).

907 *Bühlmann/Schirmbacher*, CR 2012, 451 (453); missverständlich auch *Lettl*, WRP 2010, 807 (816).

einem anderen Abnehmer zugewiesen. Eine nach dem obigen Vorbild formulierte Klausel müsste also richtig lauten:

> „Untersagt ist aktive Ansprache von Kunden, die einem anderen Exklusivhändler zugewiesen wurden. Der Händler hat [mit Ausnahme nachfolgend erläuterter Einschränkungen] sicherzustellen, dass die Werbung nur den ihm zugewiesenen Kunden sowie anderen nicht-exklusiven Kunden ausgeliefert wird."

Die Kommission hat deutlich gemacht, dass die Abgrenzung zwischen aktivem und passivem Verkauf von der Ansprache der potentiellen Kunden abhängt.[908] Es kommt damit nicht auf den Verkaufsvorgang selbst, sondern vielmehr auf die Vorbereitung an. Daher ist die Frage der Differenzierung zwischen den beiden Verkaufsformen in erster Linie an die im Internet gängigen Werbeformen geknüpft.[909]

I. Website

Die Einrichtung einer eigenen Internetseite des Händlers wird von der Kommission als passiver Verkauf eingeordnet.[910] Eine andere Einordnung wäre mit dem Wortlaut von Art. 4 lit. b Vertikal-GVO, wonach Gebiets- und Kundenkreisbeschränkungen als Kernbeschränkungen gelten, nicht in Einklang zu bringen. Daran ändert auch die Ausnahme für den aktiven Verkauf nach Art. 4 lit. b Ziff. i Vertikal-GVO nichts. Diese Regelung soll gerade nicht dafür sorgen, dass Kunden fremder Exklusivhändler nicht mehr erreicht werden können. Die Kunden sollen in der Lage sein, jeden beliebigen Händler anzusprechen. Dafür ist das Internet das zentrale Medium. Passive Ansprachen des Händlers durch die Kunden würden ohne eine vom Händler betriebene Internetseite kaum vorkommen. Daher muss jedem Händler der Verkauf der Vertragsprodukte über einen eigenen Online-Shop gestattet werden.[911]

Die Frage der Abgrenzung zwischen aktivem und passivem Verkauf im Internet entscheidet sich damit nicht anhand der Einrichtung einer Internetseite als solcher. Diese Diskussion muss spätestens nach dem *Pierre Fabre* Urteil des EuGH nicht mehr geführt werden.[912] Das Unterhalten einer Website durch den

---

908 Leitlinien, Ziff. 51, 1. Spiegelstrich.

909 Vgl. *Schultze/Pautke/Wagener*, Vertikal-GVO, 2011, Rn. 727 f.

910 Leitlinien, Ziff. 52 Satz 3.

911 So auch *EuGH*, Urt. v. 13.10.2011 - C-439/09, Slg. 2011, I-9419, Ziff. 54 - Pierre Fabre.

912 So im Ergebnis auch *Bühlmann/Schirmbacher*, CR 2012, 451; ausführlich aber noch *Mayr*, Internetvertrieb, 2006, S. 142 ff.

Händler ist eine Form des passiven Verkaufs.[913] Vielmehr wird die Frage der Differenzierung erst dann relevant, wenn ein Händler neben der Einrichtung eines Online-Shops zusätzliche Schritte unternimmt, um auf diesen aufmerksam zu machen.

Es wäre allenfalls denkbar, die Frage, ob Internetseiten aktive oder passive Verkaufstätigkeiten beinhalten, in Anlehnung an den Kriterien zum „Ausrichten" einer unternehmerischen Tätigkeit gem. Art. 15 Abs. 1 lit. c EuGVVO zu beantworten.[914] Nach dieser Norm müssen Verbraucherklagen bei dem zuständigen Gericht im Land des Verbrauchers geltend gemacht werden, wenn der Verkäufer seine Tätigkeit auf dieses Land ausgerichtet hatte. Zwar wird das Ausrichten teilweise nach ähnlichen Kriterien wie z.B. Werbung über das Internet oder Sprache der Website beurteilt. Dabei handelt es sich jedoch um ein anderes Regime mit unterschiedlicher Zielrichtung. Art. 15 EuGVVO dient dem Schutz der Verbraucher und wird damit weit ausgelegt. So liegt nach h.M. eine passive Website – also eine nicht auf den Wohnsitzstaat des Verbrauchers ausgerichtete Website – nur dann vor, wenn der Verbraucher die Bestellung ausschließlich telefonisch tätigen kann.[915] Eine aktive, auf den Verbraucher ausgerichtete Website liegt dann vor, wenn die Bestellung direkt online getätigt werden kann.[916]

Eine Unterscheidung zwischen aktivem und passivem Verkauf in Anlehnung an die Regelung des Art. 15 EuGVVO würde folglich dazu führen, dass Bestellungen über das Internet weitgehend eingeschränkt werden können.[917] Das Gegenteil wollte die Kommission aber mit der Vertikal-GVO und den begleitenden Leitlinien erreichen. Der Vergleich zur EuGVVO ist daher nicht zielführend.[918]

913 *EuGH*, Urt. v. 13.10.2011 – C-439/09, Slg. 2011, I-9419, Ziff. 54, MMR 2010, 50 – Pierre Fabre; *BGH*, Urt. v. 4.11.2003 – KZR 2/02, GRUR 2004, 351 (352) – Depotkosmetik; *Ellger*, in: Immenga/Mestmäcker, EU-Wettbewerbsrecht, 2012, Art. 4 Vertikal-GVO, Rn. 53; *Accardo*, Vertical Antitrust Enforcement, 2012, S. 60; *Wijckmans/Tuytschaever*, Vertical Agreements, 2011, Rn. 4.94; *Schultze/Pautke/Wagener*, Vertikal-GVO, 2011, Rn. 716; *Nolte*, in: Langen/Bunte, Kartellrecht, 2010, Art. 81 Fallgruppen, Rn. 562; *Mayr*, Internetvertrieb, 2006, S. 144; kritisch noch *Bauer*/de Bronett, EU-Gruppenfreistellungsverordnung, 2001, Rn. 256.

914 *Mayr*, Internetvertrieb, 2006, S. 146.

915 *Mankowski*, IPRax 2009, 238 (242).

916 Vgl. *Mankowski*, VuR 2006, 289 (292), sowie *Mayr*, Internetvertrieb, 2006, S. 146.

917 *Mayr*, Internetvertrieb, 2006, S. 146.

918 So auch *Mayr*, Internetvertrieb, 2006, S. 146; sowie *Pischel*, GRUR 2010, 972 (973, Fn. 20).

II. E-Mail-Werbung

Massen-E-Mails haben als Marketingmethode ausgedient[919] und verstoßen als unzumutbare Belästigung gegen § 7 Abs. 2 Nr. 3 UWG. Der Empfänger muss vorher ausdrücklich in die Zusendung der E-Mail-Werbung eingewilligt haben.[920] Das ist bei Massen-E-Mails regelmäßig nicht der Fall. Damit können Hersteller ihren Händler den Versand solcher auch als Spam-Mails bezeichneter Werbung unabhängig davon verbieten, dass die Kommission diese Werbeform in Ziff. 51 der Leitlinien als Form des aktiven Verkaufs eingestuft hat.[921] Ein Hersteller kann von seinen Händler ohne Verstoß gegen das Kartellverbot verlangen, nur im gesetzlichen Rahmen für sich zu werben. Darüber hinaus wäre ein Verbot von Massen-E-Mails auch aus qualitativen Gesichtspunkten gestattet, da diese aufgrund der ihnen innewohnenden Belästigung ohne weiteres als imageschädigend klassifiziert werden können. Insofern hat die in den Leitlinien vorgenommene Einordnung lediglich eine klarstellende Funktion.

Abgesehen von Spam-Mails zählt E-Mail-Werbung immer noch zu den effektivsten Möglichkeiten, im Internet für sich zu werben.[922] Newsletter erreichen die Empfänger in aller Regel in ihrem privaten E-Mail-Postfach, das sie regelmäßig überprüfen. So werden die potentiellen Kunden direkt angesprochen. Lässt sich ein Kunde ausdrücklich und freiwillig automatisch vom Händler informieren und führt dies zu einem Verkauf, so liegt nach den Leitlinien unabhängig vom Wohnort des Kunden passiver Verkauf vor.[923] Das bedeutet, dass ein Hersteller seinen Händlern nicht untersagen kann, einen Newsletter anzubieten, in dem er regelmäßig auf besondere Angebote hinweist. Dieser von der Kommission vorgenommenen Einordnung ist zuzustimmen. Um einen Newsletter zu erhalten, muss ein Kunde von sich aus an den Händler herantreten. Damit ist E-Mail-Werbung eine Form des passiven Verkaufs.

---

919 *Themelis*, IJLIT 2012, 346 (360).

920 *Boemke*, Teil 11, in: Hoeren/Sieber/Holznagel, Multimedia-Recht, 36. EL 2013, Rn. 95.

921 Ausführlich zur Abgrenzung bei Spam-Mails aber noch *Mayr*, Internetvertrieb, 2006, S. 171.

922 *Bühlmann/Schirmbacher*, CR 2012, 451 (456).

923 Leitlinien, Ziff. 52 Satz 6; dazu *Bühlmann/Schirmbacher*, Jusletter 30. Mai 2011, Rn. 167.

1. *Individualisierte E-Mail-Werbung*

Abgrenzungsfragen ergeben sich erst, wenn ein Händler den Empfängern individualisierte, d.h. auf einzelne Kunden angepasste Angebote zusendet. Diese Angebote können sich insbesondere an früheren Käufen des Kunden orientieren.[924] Es reicht aber auch aus, wenn der Betreiber des Online-Shops speichert, welche Produkte sich der Nutzer beim Besuch seiner Website angesehen hat.

Teilweise wird vertreten, dass in diesem Fall aktiver Verkauf vorliegt.[925] Da gezielte Werbung nach den Leitlinien eine Form des aktiven Verkaufs darstellt, kann durchaus argumentiert werden, dass die Individualisierung der E-Mail eine aktive Verkaufshandlung darstellt und somit für Kunden, die in fremden Alleinvertriebsgebieten ansässig sind, untersagt werden kann. Es ist aber zu berücksichtigen, dass auch bei personalisierten E-Mails der erste Schritt der Ansprache vom Empfänger ausging, indem er seine Einwilligung gab. Es handelt sich also nicht um eine Aktion sondern lediglich um eine Reaktion des Händlers.[926] Nimmt man für die Abgrenzung den Attraktivitätstest hinzu, so ist festzustellen, dass der Händler auch dann individualisierte E-Mails anbieten würde, wenn er damit fremde Exklusivkunden nicht erreichen würde. Denn für den Händler würde es einen zusätzlichen finanziellen Aufwand bedeuten, wenn er nur den ihm zugewiesenen Kunden (und ggf. den nicht-exklusiven Kunden) individualisierte E-Mails zukommen ließe und den übrigen Kunden einen standardisierten Newsletter. Damit handelt es sich auch bei auf einzelne Kunden zugeschnittenen E-Mails um eine nicht untersagbare Form des passiven Verkaufs.[927]

2. *Tell-a-Friend*

Auf vielen Internetseiten wird mittlerweile angeboten, dass bestimmte Produkte Freunden oder Bekannten empfohlen werden können („Tell-a-Friend“). Dies geschieht in aller Regel dadurch, dass auf dem Online-Shop in einem dafür vorgesehen Feld die E-Mail-Adresse des Bekannten eingegeben wird und dieser einen Link zu dem Produkt erhält. Unabhängig von der Ausgestaltung dieser Funktion im Einzelnen, geht die Initiative zur Ansprache des Empfängers in diesem Fall stets von den Nutzern und nicht vom Händler aus. Damit handelt es sich bei

---

924 *Schultze/Pautke/Wagener*, Vertikal-GVO, 2011, Rn. 747.

925 So im Ergebnis *Lett*, WRP 2010, 807 (815); *Bühlmann/Schirmbacher*, CR 2012, 451 (456).

926 Vgl. die Mitarbeiter der Kommission *Brenning-Louko/Gurin/Peeperkorn/Viertiö*, Competition Policy Newsletter 2/2010, 14 (18).

927 So auch *Schultze/Pautke/Wagener*, Vertikal-GVO, 2011, Rn. 747.

der Tell-a-Friend-Funktion um eine Form des passiven Verkaufs.[928] Folglich ist dem Hersteller auch untersagt, dem Händler vorzuschreiben, bestimmte Top-Level-Domains (das sind die Endungen der E-Mail-Adressen wie .de, .com oder .it) vom Versand der Empfehlungsmails auszuschließen. Denn damit könnte der Händler diese potentiellen Kunden nicht mehr passiv, also über die Empfehlungen anderer Nutzer, ansprechen.

III. Sprache des Online-Shops

Besonders umstritten ist die Frage, ob die Möglichkeit, verschiedene Sprachen für die Website auszuwählen, etwas am Grundsatz des Internetvertriebs als Form des passiven Verkaufs ändert.[929] Die Kommission gibt in den Leitlinien vor, dass die auf dem Online-Shop oder in dem Schriftverkehr wählbaren Sprachen „für sich genommen" nichts am passiven Charakter ändern.[930] An dieser Auffassung wurde bereits vielfach Kritik geübt.[931] Ein polnischer Internetshop, der auch eine deutsche Version seines Angebots vorhält, ziele viel eher auf den Verkauf an Deutsche in Deutschland als auf in Polen lebende deutsche Kunden.[932] Hier sei die deutliche Intention des Händlers zu erkennen, außerhalb seines Gebiets für sich zu werben.[933]

Gegen diese Auffassung spricht jedoch, dass kein Land in der Europäischen Union noch über eine geschlossene Bevölkerungsstruktur verfügt.[934] So hatten zum Beispiel Ende des Jahres 2011 allein in der Stadt Berlin über 100.000 Türken ihren Hauptwohnsitz. Darüber hinaus lebten dort über 40.000 Polen und fast 15.000 Franzosen.[935] Damit kann die Aufnahme verschiedener Sprachen auch der aktiven Ansprache der im Vertragsgebiet des Händlers ansässigen

---

928 *Bühlmann/Schirmbacher*, Jusletter 30. Mai 2011, Rn. 168 f.

929 Dazu *Bühlmann/Schirmbacher*, Jusletter 30. Mai 2011, Rn. 66; *Gillieron*, in: Gillieron/Ling, Les Accords de Distribution, 2005, 155 (163); *Kirsch*, WuW 2005, 986 (996).

930 Leitlinien, Ziff. 52 Satz 6.

931 Vgl. u.a. *Accardo*, Vertical Antitrust Enforcement, 2012, S. 60; *Nolte*, in: Langen/Bunte, Kartellrecht, 2010, Art. 81 Fallgruppen, Rn. 564; *Mayr*, Internetvertrieb, 2006, S. 147 ff.; *Seeliger*, WuW 2000, 1174 (1181); *Whish*, CMLR 2000, 887 (915).

932 *Galarza/Gissler*, in: Gheur/Petit, Vertical Restraints, 2011, 169 (175).

933 *Pautke/Schultze*, in: Bettinger/Leistner, Werbung und Vertrieb im Internet, 2003, 443 (466).

934 *Pautke/Schultze*, BB 2001, 317 (321).

935 Amt für Statistik Berlin-Brandenburg, Statistik abrufbar unter: http://www.statistik-berlin-brandenburg.de/pms/2012/12-02-07.pdf.

fremdsprachigen Bevölkerungsgruppen dienen.[936] Das gilt insbesondere für die Sprache Englisch. Englisch ist die internationale Wirtschaftssprache und in aller Regel die erste Fremdsprache. Daher kann allein aus dem Umstand, dass eine Website auch in englischer Sprache betrieben wird, nicht gefolgert werden, dass damit bestimmte Kunden aktiv angesprochen werden sollen.[937] Zudem kann auch argumentiert werden, dass die verfügbaren Sprachen es den im Ausland passiv angesprochenen Kunden erleichtern, den Online-Shop zu nutzen.[938] Für dieses Argument spricht, dass trotz dem Verbot des aktiven Verkaufs stets der passive Verkauf möglich bleiben muss. Passive Verkäufe an Kunden aus Spanien wären aber nur in einem stark begrenzten Umfang möglich, wenn eine Internetseite nur in deutscher und ggf. englischer Sprache angeboten würde.

Stellt man mit dem Attraktivitätstest lediglich darauf ab, ob das fremdsprachige Angebot für den Händler auch dann attraktiv wäre, wenn er die Kunden außerhalb seines Gebietes damit nicht erreichen würde, müssten bestimmte Sprachen dann als aktiver Verkauf eingestuft werden, wenn in dem Vertragsgebiet nur eine sehr kleine Minderheit die entsprechende Sprache spricht.[939] Die alleinige Anwendung dieses Tests kann in diesem Fall jedoch nicht überzeugen. Sie würde dazu führen, dass mit bestimmten Ländern oder Regionen auch passive Verkäufe ausgeschlossen werden. Eine Klausel, die einem Händler die Einrichtung bestimmter Sprachen untersagt, erfüllt damit den Tatbestand der Kernbeschränkung des Art. 4 lit. b Vertikal-GVO.

IV. Meta-Tags

Händler können auch Meta-Tags in unterschiedlichen Sprachen einsetzen, die dazu beitragen können, die Auffindbarkeit der Seite über Suchmaschinen zu verbessern. Metatags sind für die Besucher der Seite unsichtbare Informationen, die nur über den Quelltext einer Website eingesehen werden können.[940] Sie können von dem Bertreiber der Website selbst festgelegt werden. Allerdings kommt ihnen nach allgemeiner Auffassung für die Rangfolge bei der Anzeige von Sucherergebnissen nur eine geringe Bedeutung zu.[941]

---

936 *Bühlmann/Schirmbacher*, Jusletter 30. Mai 2011, Rn. 68.

937 *Bühlmann/Schirmbacher*, Jusletter 30. Mai 2011, Rn. 68.

938 *Eilmansberger*, wbl 2001, 501 (509).

939 So im Ergebnis *Schultze/Pautke/Wagener*, Vertikal-GVO, 2011, Rn. 748; sowie *Wijckmans/Tuytschaever*, Vertical Agreements, 2011, Rn. 4.95.

940 *Bühlmann/Schirmbacher*, CR 2012, 451 (454).

941 So u.a. *Bühlmann/Schirmbacher*, CR 2012, 451 (454); im Ergebnis auch *Mayr*, Internetvertrieb, 2006, S. 163.

Die Leitlinien äußern sich nicht zu Meta-Tags. In der Literatur wird allerdings vertreten, dass eine aktive Ansprache von Kunden eines Alleinvertriebshändlers dann vorliegt, wenn ein Händler fremdsprachige Meta-Tags einsetzt.[942] Meta-Tags werden in der Tat ausschließlich zu dem Zweck eingesetzt, die Auffindbarkeit der Internetseite zu verbessern. Die Nichtanwendung fremdsprachiger Meta-Tags führt aber im Gegensatz zu den Sprachen der Website nicht dazu, dass damit passive Verkäufe verhindert werden. Folglich kann die Abgrenzung in Anwendung des Attraktivitätstest beantwortet werden. Würde der Händler fremdsprachige Meta-Tags – etwa wegen in seinem Vertragsgebiet ansässigen Sprach-Minderheiten – auch einsetzen, wenn er Kunden fremder Alleinvertriebsgebiete nicht erreichen würde, handelt es sich um eine Form des passiven Verkaufs. In allen übrigen Fällen sind fremdsprachige Meta-Tags eine Form des aktiven Verkaufs.[943] Dabei ist vor allem zu berücksichtigen, dass auch fremdsprachige Kunden, die über Internetseiten in einem bestimmten Gebiet einkaufen wollen, für die Suchbegriffe in aller Regel auch die in diesem Gebiet gesprochene Sprache verwenden werden. Daher spricht eine Vermutung dafür, dass fremdsprachige Meta-Tags, mit Ausnahme der englischen Sprache, sich aktiv an Kunden fremder Exklusivgebiete richten.[944] Es sei aber nochmals daran erinnert, dass diese Unterscheidung aufgrund der geringen Bedeutung der Meta-Tags kaum praktische Auswirkungen hat.

V. Top-Level-Domains

Den Herstellern ist es gestattet, den Anbietern ihrer Produkte Vorgaben zu einem angemessenen Domainnamen zu machen.[945] Das bedeutet insbesondere, dass verlangt werden kann, dass die Händler auf imageschädigende Bezeichnungen für die Adressen ihrer Websites verzichten müssen (z.B. „Discount“ oder „Fabrikverkauf“).[946]

Davon unabhängig ist die Verwendung gebietsfremder Top-Level-Domains (TLDs) in Form nationaler Endungen zu beurteilen. Verbraucher werden von Internetseiten mit der Kennung des eigenen Landes eher angesprochen als von solchen mit anderen Endungen. Ein Händler der eine Website mit der Endung

942 *Piesker*, in: Taeger, Die Welt im Netz, 2011, 369 (377); *Pischel*, GRUR 2010, 972 (972).

943 *Bühlmann/Schirmbacher*, CR 2012, 451 (454).

944 So auch *Schultze/Pautke/Wagener*, Vertikal-GVO, 2011, Rn. 750; sowie *Gillieron*, in: Gillieron/Ling, Les Accords de Distribution, 2005, 155 (165).

945 *Rösner*, WRP 2010, 1114 (1120); *Pischel*, GRUR 2008, 1066 (1071).

946 *Haslinger*, WRP 2009, 279 (282).

.it betreibt, tritt aktiv an die in Italien ansässigen Kunden heran. Folglich ist die Nutzung gebietsfremder Top-Level-Domains mit fremden nationalen Endungen dem aktiven Verkauf zuzuordnen.[947] Umgekehrt tritt ein italienischer Kunde aktiv an einen deutschen Händler heran, der seine Seite mit einer .de-Endung betreibt. Aus Sicht des deutschen Händlers handelt es sich also um einen passiven Verkauf.[948]

Dieses Argument fällt bei der Nutzung nicht gebietsbezogener bzw. generischer Top-Level-Domain-Namen (wie z.B. .com, .net oder .info) weg, da diese keinen Hinweis auf ein Herkunftsland enthalten.[949] Unter dem Gesichtspunkt der Untersagung des aktiven Verkaufs in fremde Exklusivgebiete können diese Endungen mithin nicht untersagt werden.[950] Nur die Untersagung der Nutzung fremder nationaler TLDs ist durch die Vertikal-GVO freigestellt.

VI. Fremdwährungen

Die Leitlinien äußern sich nicht zu der Frage, ob Preisangaben in fremden Währungen unter den aktiven oder den passiven Verkauf fallen. Die ausschließliche Anwendung des Attraktivitätstests würde dazu führen, dass die Möglichkeit bei fremden Alleinvertriebshändlern in der Währung des eigenen Landes zu bezahlen, stets als aktiver Verkauf gelten würde. Die Aufnahme von Fremdwährungen zielt darauf ab, den Kunden außerhalb des Exklusivgebiets den Einkauf auf der Website des Händlers zu erleichtern. Ein deutscher Händler würde nicht für die ihm in Deutschland zugewiesenen Kunden die Bezahlung mit britischen Pfund anbieten. Der Aufwand für den Händler, Fremdwährungen als Bezahlmöglichkeit anzubieten, ist für ihn nur in Bezug auf das fremde Exklusivgebiet attraktiv.[951]

Es wird jedoch argumentiert, andere Währungen erleichterten lediglich die Abwicklung von Passivverkäufen von Kunden, die den Online-Shop selbstständig aufgefunden haben.[952] Dieser Einwand trifft nur in seltenen Fällen zu. Gerade Händler von Staaten aus dem Euroraum beschränken sich üblicherweise auf die Angabe von Euro als Währung. Dadurch werden Einkäufe aus Ländern, in denen

947 *Bühlmann/Schirmbacher*, Jusletter 30. Mai 2011, Rn. 71; *Schultze/Pautke/Wagener*, 2. Aufl. 2008, Rn. 578. *Mayr*, Internetvertrieb, 2006, S. 151.

948 Vgl. *Lindsey*, Int. Business Lawyer 1999, 253 (255).

949 *Bühlmann/Schirmbacher*, Jusletter 30. Mai 2011, Rn. 72; *Seeliger*, WuW 2000, 1174 (1181).

950 *Piesker*, in: Taeger, Die Welt im Netz, 2011, 369 (377).

951 *Mayr*, Internetvertrieb, 2006, S. 151.

952 *Bühlmann/Schirmbacher*, Jusletter 30. Mai 2011, Rn. 73.

mit anderen Währungen gehandelt wird, in aller Regel nicht erschwert. Bei Bezahlung über Kreditkarte, die sich als Zahlungsmittel weltweit etabliert hat, lässt sich die Transaktion in jeglicher Währung abwickeln. Das gleiche gilt für Online-Zahlungsdienstleister wie PayPal. So können auch Kunden aus dem Euroraum ohne weiteres Online-Bestellungen in Großbritannien tätigen und in britischen Pfund bezahlen. Insofern besteht hinsichtlich der Abwicklung der Verkäufe gar kein Bedarf, andere Währungen aufzunehmen. Eine Erleichterung der Bezahlung zur Ermöglichung passiver Verkäufe ist nicht notwendig.

Die Aufnahme einer fremden Währung als Bezahlmöglichkeit wäre ausschließlich dann als passiver Verkauf zu bewerten, wenn in dem entsprechenden Staat kaum oder nur sehr teure Zahlungsdienste verbreitet wären, die die Bezahlung in einer Fremdwährung anbieten. Nur in diesem Fall wäre die Aufnahme einer Fremdwährung notwendig, um die Abwicklung passiver Verkäufe zu ermöglichen. In allen anderen Fällen ist die Aufnahme von Fremdwährungen als aktiver Verkauf zu werten.

VII. Displaywerbung

Displaywerbung tritt in vielen unterschiedlichen Formen auf und wird beim Besuch auf händlerfremden Websites angezeigt.[953] Mit Displaywerbung werden alle Werbemaßnahmen im Internet bezeichnet, bei denen die Möglichkeit besteht, Werbeanzeigen graphisch oder als integrierte Umgebungen in eine Internetseite einzubinden (Integrierte Ads), eine überlappende Ebene vor dem eigentlichen Inhalt der Website darzustellen (Layer-Ads) oder in einem neuen Fenster bzw. Tab des Browsers zu öffnen (New-Window-Ads).[954] Daneben können z.B. auch Werbevideos vor dem Besuch einer Website oder vor dem Betrachten eines Videoclips geschaltet werden. Trotz der standardmäßig in die Browser integrierten Pop-Up-Blocker wird auch weiterhin Werbung über sich selbstständig öffnende Fenster angeboten. Dazu heißt es in den Leitlinien:

> „Nach Auffassung der Kommission ist gezielt an bestimmte Kunden gerichtete Online-Werbung eine Form des aktiven Verkaufs an diese Kunden. So sind gebietsspezifische Banner auf Websites Dritter eine Form des aktiven Verkaufs in das Gebiet, in dem diese Banner erscheinen.“[955]

Diese Auffassung wird durch den Attraktivitätstest gestützt. Werbeanzeigen, die nur oder in erster Linie in einem Gebiet erscheinen, das dem werbenden Händler

---

953 *Bühlmann/Schirmbacher*, CR 2012, 451 (452).

954 *Bühlmann/Schirmbacher*, CR 2012, 451 (452).

955 Leitlinien, Ziff. 53 Satz 3 und 4.

nicht zugeteilt ist, sind für das ihm zugeteilte Gebiet nicht finanziell attraktiv. Es handelt sich folglich um aktive Verkäufe an die in dem Werbegebiet ansässigen Kunden. Allerdings hängt das Ergebnis maßgeblich davon ab, was die Kommission unter „Websites Dritter" versteht, bzw. in welchen Gebieten die Websites, auf denen die Werbung geschaltet wird, hauptsächlich abgerufen wird.

Die Abgrenzung wird in aller Regel anhand der TLD der Werbeseite erfolgen. Eine finnische Internetseite mit der Endung .fi wird in aller Regel kaum von Deutschen abgerufen.[956] Bei der überwiegenden Zahl der über gebietsfremde TLDs abrufbaren Internetseiten wird Werbung nicht zugeteilter Händler folglich als aktiver Verkauf eingeordnet.[957]

Bei generischen Top-Level-Domains (.com, .net usw.) muss die Abgrenzung allerdings differenziert beurteilt werden.[958] So wird die Nachrichtenseite faz.net in erster Linie aus Deutschland abgerufen. Damit kann einem deutschen Händler die Werbung auf dieser Seite nicht als aktiver Verkauf in ein fremdes Exklusivgebiet untersagt werden. Das gleiche gilt aber auch für fremde nationale TLDs, wenn der Händler nachweisen kann, dass es aus seinem Vertragsgebiet hohe Zugriffsraten auf diese Seite gibt. In der Literatur wurde in diesem Zusammenhang auf das Beispiel verwiesen, in dem ein Schweizer Alleinvertriebshändler Werbung auf bild.de bucht. Dabei handelt es sich dann um eine passive Werbemaßnahme, wenn die Zugriffsraten aus der Schweiz auf diese Seite so hoch sind, dass sich die Werbung für den Händler auch dann lohnen würde, wenn er die deutschen Kunden nicht erreichen würde.[959] Diesem Ansatz ist zuzustimmen. Entscheidend ist stets, wie hoch die Anzahl der Besucher auf der Seite aus dem Vertragsgebiet des Händlers ist. Dies ist eine Frage des Einzelfalls.

Allerdings wird von den Betreibern der Websites in aller Regel angeboten, die Werbung mittels Targeting-Methoden auf ein bestimmtes Gebiet zu begrenzen. Dafür gelten die folgenden abweichenden Beurteilungsmaßstäbe.

VIII. Targeting-Methoden

Längst ermöglicht die Infrastruktur des Internets den Betreibern von Internetseiten die örtliche Lokalisierung der Nutzer, die deren Seiten besuchen. Dieses

956 *Mayr*, Internetvertrieb, 2006, S. 159.

957 *Bühlmann/Schirmbacher*, CR 2012, 451 (452).

958 So auch *Gillieron*, in: Gillieron/Ling, Les Accords de Distribution, 2005, 155 (163 f.); abweichend *Bühlmann/Schirmbacher*, CR 2012, 451 (452).

959 *Bühlmann/Schirmbacher*, Jusletter 30. Mai 2011, Rn. 134.

Verfahren wird als Geotargeting bezeichnet.[960] Ziel des Geotargeting ist die automatisierte Darstellung lokaler, auf den Abrufort des Nutzers angepasster Inhalte. Es ermöglicht die gezielte Auslieferung von Online-Werbung für bestimmte Gebiete.[961] Beim Geotargeting wird der Standort des Nutzers über seine IP-Adresse ermittelt. Diese enthält nicht nur Informationen über das Land, in dem sich der Besucher der Website befindet, sondern auch über die Region oder Stadt in der er sich gerade aufhält.[962] Die Ortung kann mittels Auslesung der Ländereinstellungen im Browser des Nutzers unterstützt werden.[963] Die Lokalisation ist nach dem derzeitigen technischen Stand bereits äußerst zielgenau. Hinsichtlich der nationalen Ebenen liegt sie bei bis zu 99 Prozent. Auf örtlicher Ebene liegt die Genauigkeit bei 80 bis 95 Prozent.[964]

Auch verhaltensbezogenes bzw. Behavioral Targeting ist möglich.[965] Dafür wird in der Regel durch sog. Cookies auf dem Rechner des Nutzers sein Surfverhalten ausgelesen und ausgewertet. Darüber kann dem Nutzer personalisierte Werbung ausgeliefert werden. Diese Variante des Targeting wird häufig gleichzeitig für viele Internetseiten innerhalb eines Targeting-Netzwerks genutzt.[966] Unter dem Stichwort Retargeting kann einem Nutzer, der sich Produkte auf einer bestimmten Website angeschaut, diese aber nicht gekauft hat, später Werbung für ebenjene Produkte oder für vergleichbare Produkte angezeigt werden.[967]

1. *Geotargeting zur Einschränkung der Erreichbarkeit*

Die Kommission betrachtet die weltweite Abrufbarkeit einer Website als Folge der technischen Entwicklung und deren Einrichtung als Form des passiven Verkaufs.[968] Damit liegen Kernbeschränkungen des passiven Verkaufs gemäß den Leitlinien dann vor, wenn die Händler Maßnahmen zu treffen verpflichtet sind, die die Verfügbarkeit ihrer Internetseite für Kunden fremder Alleinvertriebsgebiete einschränken. Solche Einschränkungen, wären über das Geotargeting möglich. Ruft ein Kunde die Website eines Exklusivhändlers auf, der nicht für sein

960 Zu dem technischen Verfahren *Howell*, New Media Age 28.4.2005, 19; sowie *Jank/Kannan*, Marketing Science 2005, 623.
961 *Bühlmann/Schirmbacher*, CR 2012, 451 (453).
962 Ausführlich *Hoeren*, MMR 2007, 3 (5 f.).
963 *Bühlmann/Schirmbacher*, CR 2012, 451 (453).
964 *Westerwelle*, in: Leible/Sosnitza, Onlinerecht 2.0, 2011, 127 (130).
965 Dazu *Rammos*, K&R 2011, 692 (693).
966 *Bühlmann/Schirmbacher*, CR 2012, 451 (453).
967 Vgl. *Bühlmann/Schirmbacher*, Jusletter 30. Mai 2011, Rn. 142.
968 Leitlinien, Ziff. 52 Satz 4.

Gebiet zuständig ist, so ließe sich einstellen, dass dieser Kunde direkt auf die Internetpräsenz des für ihn zuständigen Anbieters weitergeleitet wird. Eine solche Nutzung des Geotargeting schränkt die Abrufbarkeit einer Internetseite ein, stuft sie also herab. Dies wäre nach den Leitlinien als Beschränkung des passiven Verkaufs und damit als Kernbeschränkung zu klassifizieren.[969]

Fraglich ist aber, wie Maßnahmen zu beurteilen sind, die die Erreichbarkeit einer Internetseite erhöhen sollen.

2. *Targeting zur Verbesserung der Erreichbarkeit*

Der Einsatz von Targeting-Methoden zur Erreichung von Internetnutzern, die in fremden Exklusivgebieten ansässig sind, ist eindeutig als aktiver Verkauf einzustufen.[970] Schaltet ein deutscher Händler beispielswiese gezielt Werbung auf dem französischen (Exklusiv-)Markt, handelt es sich um eine aktive Werbemaßnahme. Das Verbot, Targeting-Methoden für fremde Exklusivgebiete zu nutzen, ist folglich nach Art. 4 lit. b Ziff. i Vertikal-GVO freigestellt.[971]

Retargeting-Methoden müssen allerdings gesondert betrachtet werden. Denn damit werden Nutzer adressiert, die eine Website bereits gefunden haben und um die sich der Betreiber zu dem Zeitpunkt nicht aktiv bemüht hat. Hier sind zwei unterschiedliche Standpunkte denkbar. Zum einen ließe sich argumentieren, dass damit lediglich Kunden angesprochen werden, die bereits von sich aus auf die Seite gestoßen sind. Eine anschließende Ansprache durch Retargeting könne damit nicht als aktiver Verkauf gewertet werden.[972] Andererseits lässt sich auch vertreten, dass die Werbung auf Initiative des Betreibers der Website beim Kunden geschaltet wird und der Kunde diese ohne sein Zutun angezeigt bekommt.[973]

Auch wenn sich die Kommission hier nicht eindeutig positioniert hat, ist davon auszugehen, dass sie die zuletzt genannte Position vertritt. In den Leitlinien äußert sie die Ansicht, dass E-Mails ohne Einwilligung des Nutzers aktive Verkäufe darstellen[974] und E-Mails mit Einwilligung passive Verkäufe.[975] Daraus lässt sich schließen, dass Retargeting in den Augen der Kommission ein Form

969 Leitlinien, Ziff. 52 lit. a und lit. b; dazu *Schultze/Pautke/Wagener*, Vertikal-GVO, 2011, Rn. 751; sowie *Robertson*, ECLR 2012, 179 (182).

970 *Bühlmann/Schirnbacher*, Jusletter 30. Mai 2011, Rn. 143.

971 *Bühlmann/Schirnbacher*, CR 2012, 451 (453).

972 *Accardo*, Vertical Antitrust Enforcement, 2012, S. 68.

973 *Accardo*, Vertical Antitrust Enforcement, 2012, S. 69.

974 Leitlinien, Ziff. 51, 1. Spiegelstrich.

975 Leitlinien, Ziff. 52 Satz 6.

des aktiven Verkaufs ist, da der Nutzer nicht ausdrücklich zugestimmt hat, diese Werbung zu erhalten. Dies gilt insbesondere dann, wenn bei der Anzeige von Werbung über Retargeting bestimmte Gebiete ausgeschlossen werden können. Folglich können auch Retargeting-Methoden für fremde Exklusivgebiete untersagt werden.

3. Verpflichtung zur Nutzung von Targeting-Methoden

Angesichts der vielfältigen Targeting-Möglichkeiten könnte es für die Hersteller sinnvoll erscheinen, ihren Alleinvertriebshändlern einen gewissen Gebietsschutz dadurch zu gewährleisten, dass sie all ihren Vertriebshändlern vorschreiben, bei der Buchung von Werbung im Internet mit Hilfe von Targeting-Methoden diejenigen Gebiete auszulassen, die einem anderen Abnehmer exklusiv zugewiesen sind. Damit stellt sich die Frage, ob die Hersteller ihre Händler verpflichten können, die technischen Möglichkeiten des Internets hinsichtlich gebietsspezifischer Werbung voll auszuschöpfen, um einen optimalen Schutz der Exklusivgebiete zu erreichen.

Nach dem von der Kommission vorgegebenen Attraktivitätstest ist eine Verpflichtung zur Nutzung von Targeting-Methoden, wodurch die Online-Werbung auf das Exklusivgebiet des Händlers bzw. auf nicht exklusive Gebiete beschränkt wird, dann durch die Vertikal-GVO freigestellt, wenn die Nutzung dieser Targeting-Methoden für den Händler nicht mit höheren Kosten verbunden ist, als eine flächendeckende Werbung. In diesem Fall wären die höheren Kosten für die Werbung über sein Exklusivgebiet hinaus für einen Händler nur interessant, weil er auch Kunden anderer Exklusivhändler erreicht. Da es für Händler aber in aller Regel günstiger ist, sich bei der Online-Werbung mittels Targeting-Methoden auf bestimmte Gebiete zu beschränken, können die Händler nach den geltenden Regeln auch verpflichtet werden, diese technischen Möglichkeiten zu nutzen.[976]

Es liegt auf der Hand, dass dies die Händler in ihren Möglichkeiten, den Bekanntheitsgrad ihrer Internetseite zu steigern, erheblich einschränkt. Zur grundlegenden Kritik an der Ausnahmeregelung zum Verbot des Aktivverkaufs siehe jedoch die vorherigen Ausführungen.[977]

976 *Bühlmann/Schirmbacher*, CR 2012, 451 (453); *Bühlmann/Schirmbacher*, Jusletter 30. Mai 2011, Rn. 144.

977 Kap. 6 C III.

IX. Mobile-Targeting

Für die Einschränkung des Targeting über Mobiltelefone gelten die gleichen Voraussetzungen wie für die klassischen Targeting-Methoden. Targeting im mobilen Kontext wird auch als Location Based Advertising bezeichnet. Der Standort des Nutzers kann dabei zielgenau mittels IP-Adresse und GPS-, Mobilfunknetz- sowie WLAN-Daten ermittelt werden.[978] Die Werbung kann entweder im Browser des Handys oder auf den installierten Apps angezeigt werden.[979]

Hersteller können ihren Händlern eine standortbezogene Werbung über Mobiltelefone in fremde Alleinvertriebsgebiete untersagen.[980] Genau so können die Händler bei der mobilen Werbung verpflichtet werden, die Methode des Location Based Advertising zu nutzen, um nur die ihnen zugewiesenen Kunden zu erreichen, soweit nicht-standortbezogene Werbung mit höheren Kosten verbunden ist.

X. Werbung über Suchmaschinen

Die Vermarktung und die damit einhergehende Auffindbarkeit einer Website im Internet ist für den Betreiber der Seite von zentraler Bedeutung. In aller Regel entscheidet die Auffindbarkeit einer Seite über eine Internet-Suchmaschine darüber, wie viele Besucher einen bestimmten Online-Shop nutzen.[981] Je besser ein Online-Shop in den Suchergebnissen und bei den Werbeanzeigen platziert ist, desto mehr Besucher werden die Seite besuchen und desto höher ist der potentielle Kundenkreis.[982] Die Positionierung der je nach dem eingegebenen Suchbegriff angezeigten Internetseite erfolgt nach einer Vielzahl geheimer Kriterien, die ständig geändert werden.[983] Die Relevanz der Website für den eingegebenen Suchbegriff bestimmt die Rangfolge bei der Anzeige des Suchergebnisses. Diese Relevanz wird wiederum zu einem großen Anteil durch die Inhalte der Website und die Zahl der auf sie verweisenden Links geprägt.[984] Mittels Suchmaschinenoptimierungen kann zu einem geringen Maß auf die Reihenfolge bei den Suchergebnissen Einfluss genommen werden.

---

978 *Bühlmann/Schirmbacher*, Jusletter 30. Mai 2011, Rn. 146.

979 *Rammos*, K&R 2011, 692 (695).

980 *Bühlmann/Schirmbacher*, CR 2012, 451 (454).

981 *Bühlmann/Schirmbacher*, Jusletter 30. Mai 2011, Rn. 148.

982 *Mayr*, Internetvertrieb, 2006, S. 162.

983 *Bühlmann/Schirmbacher*, CR 2012, 451 (454).

984 *Bühlmann/Schirmbacher*, CR 2012, 451 (454).

1. *Suchmaschinenoptimierung*

Die Positionierung einer Internetseite lässt sich – in begrenztem Umfang – vor allem durch Meta-Tags oder durch sog. Hidden Content, also zum Beispiel in der Hintergrundfarbe der Website geschriebene Inhalte verbessern. Dabei kann dem Händler untersagt werden, Begriffe zu verwenden, die einen eindeutigen Bezug zu fremden Exklusivgebieten aufweisen und nicht der Produktbeschreibung dienen.[985] Dazu zählen insbesondere Bezeichnungen von Städten, Regionen oder Ländern. Auch fremdsprachige Meta-Tags sind in aller Regel eine Form des aktiven Verkaufs. Soweit Maßnahmen der Suchmaschinenoptimierung allerdings keinen Bezug auf bestimmte Gebiete aufweisen sondern lediglich allgemein die Auffindbarkeit verbessern sollen, müssen diese den Händlern als passiver Verkauf frei stehen.[986]

2. *Keyword-Advertising*

Deutlich wirksamer als die Suchmaschinenoptimierung ist das Keyword-Advertising, insbesondere Google AdWords. Keywords sind die Suchbegriffe die Nutzer bei Suchanfragen auf der jeweiligen Suchmaschine eingeben. Die gebuchte Anzeige kann neben oder über den Suchergebnissen (also getrennt von diesen) erscheinen. Nach dem derzeit gängigen Zahlungsmodell entstehen für den Händler erst dann Kosten, wenn Nutzer auf seine Anzeige klicken. In den Leitlinien heißt es zur Suchmaschinenwerbung:

> „Zahlungen für eine Suchmaschine oder an einen Online-Werbeanbieter, damit Werbung gezielt an Nutzer in einem bestimmten Gebiet erscheinen, gelten als aktiver Verkauf in dieses Gebiet.“[987]

Tatsächlich haben die werbenden Händler die Möglichkeit, die Werbeanzeigen mittels der beschriebenen Targeting-Methoden auf ein bestimmtes Gebiet zu begrenzen. Die Anzeige der Werbung kann auf bestimme TLDs, wie z.B. auf google.de oder bing.fr, beschränkt werden. Es können aber auch Bundesländer oder Städte als Zielgebiete ausgewählt werden.[988] Es ist auch möglich, die Werbung nur bei Nutzern anzeigen zu lassen, die im Umkreis von 25 km des werbenden Händlers wohnen. Händler können sich bei der Buchung der Werbeanzeige also

985 *Schultze/Pautke/Wagener*, Vertikal-GVO, 2011, Rn. 750.
986 *Accardo*, Vertical Antitrust Enforcement, 2012, S. 67 f.
987 Leitlinien, Ziff. 53 Satz 5.
988 *Bühlmann/Schirmbacher*, CR 2012, 451 (455).

ohne großen Aufwand auf ihr Exklusivgebiet und ggf. vorhandene nicht-exklusive Gebiete beschränken.

Damit können die Hersteller von den Händlern auch verlangen, dass sie diese von den Online-Suchmaschinen gebotenen Möglichkeiten nutzen.[989] Denn Zahlungen für Klicks, die von Nutzern getätigt werden, die sich in einem fremden Exklusivgebiet befinden, sind für den Händler auch nur im Hinblick auf dieses Gebiet attraktiv.

XI. Preissuchmaschinen

Preissuchmaschinen im Internet bieten den Nutzern die Möglichkeit, die Preise der von ihnen eingegebenen Produkte in verschiedenen Online-Shops vergleichen zu lassen. Damit der Shop eines Händlers bei diesen Preisvergleichen angezeigt wird, muss er sich – anders als bei allgemeinen Suchmaschinen wie Google oder Bing – bei der Preissuchmaschine anmelden. Die Bezahlung der Suchmaschine richtet sich in aller Regel ebenfalls nach der Anzahl der Klicks auf die Preisanzeige des Händlers. So weit ersichtlich, kann die Teilnahme am Preisvergleich nicht auf bestimmte Regionen innerhalb eines Mitgliedsstaats beschränkt werden. Dass ein Händler mit seiner Anmeldung bei einer Preissuchmaschine auch Kunden außerhalb seines Exklusivgebiets erreicht, muss daher als Folge des Attraktivitätstests als passiver Verkauf eingestuft werden.

Allerdings kann beispielsweise einem deutschen Händler untersagt werden, sich bei einer französischen Preissuchmaschine anzumelden (z.B. idealo.fr), wenn es sich bei Frankreich um ein Exklusivgebiet handelt.[990] Bei einem solchen Verbot müssen die Hersteller aber genau darauf achten, innerhalb welcher Mitgliedsstaaten eine Preissuchmaschine genutzt wird. So wird idealo.fr auch aus dem französischsprachigen Teil Belgiens genutzt. Ist in Belgien kein Alleinvertriebshändler tätig, wäre die Anmeldung bei der Preissuchmaschine idealo.fr für einen Händler möglicherweise auch dann attraktiv, wenn er damit die französischen Kunden nicht erreichen würde. In diesem Fall könnte die Anmeldung als passiver Verkauf nicht untersagt werden.

---

989 *Bühlmann/Schirmbacher*, CR 2012, 451 (455); *Bühlmann/Schirmbacher*, Jusletter 30. Mai 2011, Rn. 154 f.; vgl. auch *Mayr*, Internetvertrieb, 2006, S. 169.

990 Vgl. *Bühlmann/Schirmbacher*, CR 2012, 451 (455); *Bühlmann/Schirmbacher*, Jusletter 30. Mai 2011, Rn. 158.

XII. Werbung über soziale Medien

Auch die Werbung über soziale Medien wie Facebook oder Twitter wird mittlerweile standardmäßig von Online-Händlern genutzt.[991] Dabei gelten zunächst die gleichen Voraussetzungen wie für die Online-Werbung über andere Kanäle. Besteht die Möglichkeit, die Anzeige von Werbung auf bestimmte Regionen zu beschränken, können die Händler verpflichtet werden, diese Möglichkeit auch zu nutzen. Begriffe, die Nutzer in bestimmten Regionen adressieren können ebenfalls untersagt werden, wenn es sich dabei um fremde Exklusivvertriebsgebiete handelt. Im Übrigen gelten die folgenden Besonderheiten.

1. Twitter

Twitter ist ein Kurznachrichtendienst und soziales Netzwerk, auf dem die dort angemeldeten Nutzer Nachrichten bis zur Länge von 140 Zeichen verbreiten können. Die sog. Tweets werden in erster Linie den sog. Followern eines Twitter-Mitglieds angezeigt. Daneben können die Tweets mit besonderen Schlagworten (sog. Hashtags) versehen werden, die den Tweet einem bestimmten Thema zuordnen und über die der Tweet besser gefunden werden kann. Auch Unternehmen können einen Twitter-Account einrichten und darüber regelmäßig Nachrichten über sich und ihre Produkte verbreiten oder sich an Diskussionen beteiligen. Interessierte Nutzer müssen von sich aus Follower eines Twitter-Mitglieds, also auch der angemeldeten Unternehmen werden. Es besteht keine Möglichkeit, gezielt Nutzer an den eigenen Twitter-Account zu binden.

Twitter ist damit eine rein passive Form der Kundenansprache. Es gelten in diesem Zusammenhang die gleichen Bedingungen wie für E-Mail-Werbung mit vorheriger Zustimmung des Empfängers. Soweit in der Literatur behauptet wird, das „gezielte Versenden von werbenden Direktnachrichten an die eigenen Follower" könne untersagt werden, da es eine aktive und gezielte Ansprache von Nutzern darstellt,[992] kann dem nicht gefolgt werden. Indem sich Nutzer dafür entschieden haben, den Tweets eines bestimmten Unternehmens zu folgen, sind sie von sich aus an das Unternehmen herangetreten. Nachfolgende Werbemeldungen erfolgen auf Wunsch der Nutzer und stellen keine aktive Ansprache dar.

---

991 *Bühlmann/Schirmbacher*, CR 2012, 451 (455).

992 *Bühlmann/Schirmbacher*, CR 2012, 451 (455).

2. *Facebook*

Wie beim Keyword-Advertising kann bei Facebook Werbung für bestimmte Gebiete gebucht werden. Es gelten insofern die gleichen Voraussetzungen wie für Verbote aktiver Werbung. Im Unterschied zu Twitter können die Unternehmen allerdings auch über eigene Fanpages andere Nutzer einladen, Fan (vergleichbar mit Follower) ihres Unternehmens zu werden.[993] Unternehmen können es Händlern nach Art. 4 lit. b Ziff. i Vertikal-GVO untersagen, so an Kunden heranzutreten, die in einem fremden Exklusivgebiet ansässig sind. Allerdings kann ein Hersteller nicht verhindern, dass Facebook-User von sich aus Fan eines bestimmten Unternehmens werden. So kann den Händlern kartellrechtlich auch nicht die Nutzung des Facebook-Like-Buttons untersagt werden.[994] Mit dem Like-Button können Facebook-Mitglieder ihre Netzwerk-Freunde auf die Internetseite hinweisen, auf der sie den Button angeklickt haben.

993 *Bühlmann/Schirmbacher*, CR 2012, 451 (455 f.).

994 Zur datenschutzrechtlichen Problematik siehe *Piltz*, CR 2011, 657.

Zusammenfassung und Ausblick

Mit ihrer singulären Ausrichtung auf den stationären Vertrieb werden selektive Vertriebssysteme und Alleinvertriebssysteme in ihrer bisherigen Form nicht bestehen bleiben. Dementsprechend werden sich sowohl die Hersteller als auch die gesetzlichen Bestimmungen an die neuen Entwicklungen anpassen müssen. In Zukunft werden sich vor allem die Unternehmen am Markt behaupten, die auf einen Multichannel-Vertrieb setzen, und so die Vorteile von Offline- und Online-Vertrieb miteinander verknüpfen.

Angesichts der großen Nachfrage seitens der Verbraucher, auch über das Internet einkaufen zu können, wird in der Literatur vermutet, dass die wettbewerbsrechtliche Relevanz der Regelungen zum Internetvertrieb abnehmen wird, da die Hersteller den Online-Verkauf ohnehin weitgehend freigeben werden.[995] Dies gilt jedoch allenfalls für Totalverbote des Internetvertriebs. Insbesondere Plattformverbote werden weiterhin ein bei Herstellern beliebtes Mittel sein, den Preiswettbewerb im Internet einzuschränken. Auch die Einschränkung aktiver Verkaufsstrategien, gerade der weltweiten Werbung über Suchmaschinen, erscheint weiterhin als ein probates Mittel zur Beschränkung des Online-Handels. Ebenso wird die Diskussion weitergehen, wie weit Qualitätsvorgaben für den Internetvertrieb gehen dürfen. Nicht zuletzt werden viele Hersteller bestrebt sein, die Händler so weit wie möglich zu beschränken, um sich den Onlinehandel weitgehend selbst vorzubehalten.

Die wichtigsten Ergebnisse dieser Arbeit werden an dieser Stelle kurz zusammengefasst:

Totalverbote des Internetvertriebs sind verboten. Die Auseinandersetzung mit den kartellrechtlichen Regelungen und einschlägigen Gerichtsurteilen hat gezeigt, dass Totalverbote praktisch nicht durchgesetzt werden können. Den schmalen Türspalt, den der EuGH für die Einzelfreistellung offen gelassen hat, wird kaum ein Hersteller für sich nutzen können. Wenn auch die systemwidrige Privilegierung von selektiven Vertriebssystemen weiterhin fortbestehen dürfte, wurde mit dem Wegfall der Anerkennung des Imageschutzes innerhalb des Kartellverbots dennoch der richtige Weg hin zu mehr Wettbewerb eingeschlagen.

---

995 So *Goyder*, EU Distribution Law, 5. Aufl. 2011, S. 231.

Ganz anders ist die Situation bei Plattformverboten. Diese können nach den Leitlinien der Kommission von der Vertikal-GVO profitieren, obwohl diese den Tatbestand der Kernbeschränkung erfüllen. Sind schon Leitlinien und Gruppenfreistellungsverordnung nicht widerspruchsfrei, so verwundert es nicht, dass die Gerichte in Deutschland zu diesem Thema bisher völlig uneinheitlich entschieden haben. Immerhin wurde in den jüngeren Gerichtsentscheidungen[996] erkannt, dass es sich bei Plattformverboten um Kundenkreisbeschränkungen handelt. Dennoch muss die Europäische Kommission dringend für Rechtssicherheit sorgen und im Interesse von Händlern und Verbrauchern den entsprechenden Passus zu Drittplattformen in den Leitlinien[997] streichen.

Es ist zuzugeben, dass es sich bei den sog. Brick-Store-Klauseln um empfindliche Beschränkungen des Internethandels handelt. Dennoch muss den Herstellern weiterhin die Möglichkeit offen stehen, ihren Händlern vorzuschreiben, neben dem Onlineshop auch ein Ladengeschäft zu betreiben. Nur so kann ein effizienter Multichannel-Vertrieb etabliert werden.

Dagegen verstoßen Preisparitätsklauseln für Online- und Offline-Vertrieb eindeutig gegen das Kartellverbot. Sie führen auch nicht zu nennenswerten Effizienzgewinnen, sodass sowohl eine Freistellung nach der Vertikal-GVO als auch eine Einzelfreistellung nicht in Betracht kommt.

Qualitätskriterien für den Internetvertrieb sind weiterhin von hoher Relevanz. Sie können sowohl im Interesse der Hersteller als auch der Verbraucher dafür sorgen, dass das Image der Produkte unter dem Internetvertrieb nicht leidet. Die Standards dürfen allerdings nicht so hoch gelegt werden, dass die Händler aufgrund der erforderlichen Investitionen gänzlich vom Internetvertrieb Abstand nehmen müssen.

Die Abgrenzung zwischen aktivem und passivem Verkauf im Internet, bzw. die Freistellung des Verbots aktiver Verkäufe nach Art. 4 lit. b Ziff. i Vertikal-GVO muss dringend abgeschafft werden. Die Handelsschranken innerhalb der Europäischen Union wurden so weit abgebaut, dass eine pauschale Privilegierung des Exklusivvertriebs nicht mehr zu rechtfertigen ist. In aller Regel benötigen Alleinvertriebshändler nicht mehr des besonderen Schutzes vor Verkäufen benachbarter Händler. Überdies konterkariert diese Regelung das Konzept der EU-Kommission zur Etablierung eines digitalen Binnenmarkts. Der Verfasser

---

996 *KG*, Urt. v. 19.9.2013 – 2 U 8/09 Kart, EuZW 201, 873; *LG Kiel*, Urt. v. 8.11.2013 – 14 O 44/13 Kart.

997 Leitlinien, Ziff. 54 Satz 6.

dieser Arbeit prognostiziert und fordert daher, dass Beschränkungen des aktiven Verkaufs nach einer weiteren Überarbeitung der Vertikal-GVO allenfalls noch zeitlich begrenzt freigestellt werden und das System des Exklusivvertriebs damit richtigerweise aufgeweicht und an das aktuelle Marktumfeld angepasst wird.

Index

Schriften zum Medien-, Urheber- und Wirtschaftsrecht

Herausgegeben von Prof. Dr. Georgios Gounalakis

Band 1 Thomas Lang: Immaterialgüterrechtliche Lizenzierung und kartellrechtliche Verhaltenskontrolle. Eine Untersuchung der Reichweite gemeinschaftskartellrechtlicher Eingriffsbefugnisse in Immaterialgüterrechtspositionen vor dem Hintergrund der schutzrechtsspezifischen wettbewerblichen Ausschließlichkeit. 2009.

Band 2 Anna-Karina Bonacker: Der Widerruf von Fernabsatzverträgen am Beispiel der Internetauktion eBay. 2009.

Band 3 Rainer Jürgen Scharf: Der unbefristete Widerruf internetbasierter Verträge. Zugleich ein Beitrag zur Dogmatik des § 355 BGB. 2009.

Band 4 Sebastian Gorski: Effizienz, Wahlfreiheit und Gleichbehandlung? Eine Untersuchung der Einführung von Wettbewerb zwischen musikalischen Verwertungsgesellschaften durch die Europäische Kommission. 2009.

Band 5 Daniel Walter: Die rechtliche Behandlung der Erbringung unbestellter Leistungen nach § 241a BGB. 2009.

Band 6 Richard Helwig: Die Kompetenz der Europäischen Gemeinschaft zur Schaffung eines europäischen Medienkonzentrationsrechts. Notwendigkeit, Voraussetzungen und Reichweite einer möglichen Regulierung zur Sicherung von Medien- und Meinungsvielfalt in Europa. 2009.

Band 7 Bettina Yunis: Alternative Streitbeilegung über elektronische Datennetze. 2011.

Band 8 Andreas Walter: Störerhaftung bei Handeln Dritter. 2011.

Band 9 Andreas Zenner: Die zivilrechtliche Verantwortlichkeit des Abschlussprüfers für den Bestätigungsvermerk. 2011.

Band 10 Kristine Wagner: Die Privatkopie als urheberrechtliche Schrankenregelung. 2011.

Band 11 Ina Lutz: Testierfreiheit und Pflichtteilsrecht im spanischen *Código Civil* im Vergleich mit dem deutschen Bürgerlichen Gesetzbuch. Unter besonderer Berücksichtigung von Immobilienerbschaften. 2011.

Band 12 Heiko Drebes: „Datenschutz" für Unternehmen im B2B? Schutz der Daten des geschäftlichen E-Business im Spannungsfeld zwischen technisch-organisatorischer und rechtlicher Regulierung. 2012.

Band 13 Heiko Zimmer: Zugriff auf Internetzugangsdaten. Unter besonderer Berücksichtigung der Verhältnismäßigkeit einer verdachtsunabhängigen Vorratsdatenspeicherung. Eine Interessenabwägung zwischen Datenschutz, Strafverfolgung und Urheberrecht im Internet. 2012.

Band 14 Ricarda Leffler: Der strafrechtliche Schutz des Rechts am eigenen Bild vor dem neuen Phänomen des Cyber-Bullying. Eine Untersuchung der Normanwendungs- und Auslegungsprobleme der strafrechtlichen Bildnisschutzvorschriften bei deren Verletzung im Rahmen von Internetdelikten. 2012.

Band 15 Nadine Kristin Keil: Verdachtsberichterstattung. Medienberichterstattung über Straftatverdächtige. 2013.

Band 16 Alexandra Sommerhoff: Meinungsvielfalt und Medienkonvergenz. Die Sicherung der Meinungsvielfalt in Deutschland und Großbritannien. 2013.

Band 17 Christoph Wege: Roman und Persönlichkeitsrecht. Ein partikulardogmatischer Entwurf. 2013.

www.peterlang.com

www.ingramcontent.com/pod-product-compliance
Ingram Content Group UK Ltd.
Pitfield, Milton Keynes, MK11 3LW, UK
UKHW021849290926
8980IPUK00005B/731

9 783631 658536